Todorovs ›Versuch einer allgemeinen Anthropologie‹ bewegt sich zwischen Philosophie, literarischen Texten und Psychoanalyse, um das Thema der Anerkennung zu entfalten: die unaufhebbare Angewiesenheit des Subjekts auf Anerkennung durch die anderen als das zentrale Bestimmungsstück menschlichen Lebens. Ausgangspunkt sind jene Traditionslinien der Geistesgeschichte, in denen das Individuum zur Gesellschaftlichkeit nur genötigt ist, weil es den Mangel an Autarkie zu kompensieren hat. Aus der Kritik an diesen Ansätzen gewinnt Todorov seinen positiven Begriff der Anerkennung.

Tzvetan Todorov, geboren 1939 in Sofia, lebt seit 1963 in Paris und ist Forschungsdirektor am Centre National de la Recherche Scientifique. Wichtige Veröffentlichungen in deutscher Sprache: ›Die Eroberung Amerikas. Das Problem des Anderen‹ (1983), ›Angesichts des Äußersten‹ (1993), ›Symboltheorien‹ (1995).

TZVETAN TODOROV

Abenteuer des Zusammenlebens

Versuch einer allgemeinen Anthropologie

Aus dem Französischen
von Wolfgang Kaiser

Fischer Taschenbuch Verlag

Für François Flahault

Ungekürzte Ausgabe
Veröffentlicht im Fischer Taschenbuch Verlag GmbH,
Frankfurt am Main, August 1998

Lizenzausgabe mit freundlicher Genehmigung
des Verlags Klaus Wagenbach, Berlin
© Éditions du Seuil, Paris 1995
Für die deutsche Ausgabe:
© Verlag Klaus Wagenbach, Berlin 1996
Druck und Bindung: Clausen & Bosse, Leck
Printed in Germany
ISBN 3-596-14077-3

INHALT

VORWORT

Die gegenwärtig weithin betriebene Anthropologie ist niemals »allgemein«, ihr Gegenstand sind einzelne Gesellschaften oder deren Kultur. Anthropologie kann jedoch auch im Wortsinn als »Wissen vom Menschen« verstanden werden und damit die Vorstellung bezeichnen, die man sich vom Menschen als Gattungswesen macht und die den verschiedenen Gebieten der Humanwissenschaften, den moralischen oder politischen Diskursen sowie der Philosophie zugrunde liegt. Zu dieser Anthropologie gehört der folgende Versuch.

Die allgemeine Anthropologie steht mithin zwischen den Humanwissenschaften und der Philosophie, aber nicht in Gegensatz zu ihnen. Sie bildet vielmehr eine Brücke, auf der sich beide begegnen können, ein vermittelndes Terrain, das die Verbindung zwischen ihnen erleichtert. Von Disziplinen wie der Psychologie, Soziologie oder Ethnologie unterscheidet sich die allgemeine Anthropologie darin, daß sie sich nicht auf die Beobachtung bestimmter Formen oder einzelner Aspekte des menschlichen Handelns konzentriert, sondern vielmehr die implizite Definition des Humanen an sich, die unausgesprochenen Intuitionen jener Wissenschaften zu erhellen trachtet. Sie geht nicht – wie man auf den ersten Blick vielleicht meinen könnte – von vorgefaßten Meinungen aus, welche Merkmale der menschlichen Gattung Konstanten und welche veränderliche Züge seien (mit Betonung der gleichbleibenden gegenüber den veränderlichen). Die bloße Vorstellung von Unterschieden zwischen Gesellschaften oder Individuen impliziert das Vorhandensein gemeinsamer Eigenschaften, das den Vergleich und die Suche nach Unterschieden fruchtbar oder überhaupt erst möglich macht. Richtig ist freilich, daß die allgemeine Anthropologie dazu anregt, sich vom Jargon freizumachen, der jeder Disziplin oder jeder Schule innerhalb der Wissenschaftszweige eigen ist – einem Jargon, dessen Beherrschung zuweilen das alleinige Ziel seiner berufsmäßigen Adepten zu sein scheint.

Eine allgemeine Anthropologie, die anstrebt, das Gemeinsame der verschiedenen Forschungsfelder freizulegen, muß notwendigerweise nach einer gemeinsamen, verständlichen Sprache suchen.

Die allgemeine Anthropologie unterscheidet sich ferner von dem, was man gemeinhin als Philosophie bezeichnet (mit Ausnahme der »philosophischen Anthropologie«), insofern sie einen empirischen Gegenstand hat, den Menschen, statt sich mit der Prüfung der Prinzipien und Prolegomena, der Möglichkeiten und Grenzen der Erkenntnis, des Urteils oder der Existenz zu befassen. Sie speist sich mithin aus Beobachtungen und Beschreibungen, die sie bei den Humanwissenschaften findet, statt sich damit zu begnügen, sie wegen ihrer philosophischen Naivität zu belächeln. – Insofern ist die Anthropologie konkret *und* allgemein, und genau diese Dualität begründet, daß sie heute dringend notwendig ist.

Das Feld einer so verstandenen Anthropologie ist sehr weitgesteckt. Ich möchte mich nur einem Teilbereich von vielen zuwenden: nicht wie üblich die Stellung des Menschen in der Gesellschaft behandeln, sondern umgekehrt den Platz der Gesellschaft im Menschen. Was genau bedeutet die allgemein anerkannte Tatsache, daß der Mensch ein Gesellschaftswesen ist? Welche Konsequenzen hat die Feststellung, daß es kein *Ich* ohne ein *Du* gibt? Worin besteht für den einzelnen der Zwang, nichts anderes zu kennen als ein Zusammenleben mit anderen?

Den Stoff für meine Reflexion habe ich aus unterschiedlichen Quellen geschöpft – wichtig war mir allein der Wert einer Beobachtung, nicht der wissenschaftliche oder pseudowissenschaftliche Apparat, mit dem sie sich umgab. Im ersten Kapitel versuche ich, einen Blick auf die Geschichte der westlichen Philosophie zu werfen, der sich indes keineswegs anmaßt, grundlegende Forschungen zur Philosophiegeschichte ersetzen zu können. Das philosophische Denken der Vergangenheit ziehe ich zur Veranschaulichung heran und suche es nicht als solches zu interpretieren. Dennoch sollte ich gleich zu Beginn darauf verweisen, daß meine gesamte Reflexion als das Weiterverfolgen einiger kühner Hypothesen präsentiert werden könnte, die Jean-Jacques Rousseau vor nunmehr bald zweihundertfünfzig Jahren formuliert hat.

Ich habe mich auch auf Forschungen aus den Humanwissenschaften gestützt, angesichts meiner Fragestellung insbesondere aus der Psychologie und Psychoanalyse. Beide Disziplinen besitzen jedoch in meinen Augen nicht den privilegierten Status, der einer Wissenschaft ermöglichen würde, über ihr eigenes Wesen hinaus Aussagen zu treffen. Sie waren für mich kein Passepartout, der uns alle Schlösser öffnen würde, sondern erschienen mir ebenso wie alle anderen Disziplinen als Schlösser – als Wissenschaftsdiskurse, die es zu interpretieren gilt, nicht als letzter Sinn aller anderen Diskurse. Unter den verschiedenen Richtungen und Schulen, die heute diese Disziplinen bilden, haben mich zwei besonders interessiert: zum einen die Entwicklungspsychologie des Kleinkindes und zum anderen die Psychoanalyse der Beziehungen.

Mehr als üblich habe ich literarische Werke herangezogen, Gedichte, Romane, Autobiographien oder Essays. Dieses Vorgehen verdient eine ausführlichere Erklärung, denn es könnte als ketzerisch gelten, sowohl bei den Literatur- als auch den Humanwissenschaftlern. Tatsächlich hat für beide die Literatur nichts mit wissenschaftlicher Erkenntnis zu tun, die ernste Wahrheit nichts zu schaffen mit dem spielerischen Lied. Die Literatur, sagen die einen, ist ein rein formales Spiel der Elemente, aus denen sie besteht; sie verweist nur auf sich selbst oder sperrt sich und dekonstruiert ihre Pseudo-Aussagen. Sie ist ein vager Reflex der wirklichen Welt, sagen die anderen, und läßt sich nicht auf Aussagen reduzieren, die man entkräften oder bestätigen kann. Den einen wie den anderen ließe sich entgegnen: wenn die Literatur uns nicht etwas Wesentliches über die *Conditio humana* mitteilen würde, so würde sich niemand die Mühe machen, bisweilen zu zweitausend Jahre alten Texten zurückzukehren. Und wenn die literarische Wahrheit sich nicht mit gängigen Kriterien auf wahr und falsch prüfen läßt, so vielleicht deshalb, weil es mehrere Arten der Verifizierung geben könnte. Diejenige der literarischen Texte ist eben nicht referentiell, sondern intersubjektiv: sie besteht in der Zustimmung der Leser über Landes- und Epochengrenzen hinweg. Aus diesem Grund erfüllen Sophokles und Shakespeare, Dostojewski und Proust nicht nur weiterhin unsere ästhetischen

Erwartungen, sondern auch unser Bedürfnis, etwas zu erfahren und zu verstehen.

Das literarische Denken ist nicht nur durchaus wert, in den Kreis der Diskurse des Wissens aufgenommen zu werden, es hat sogar besondere Verdienste. Wer sich in Form von Geschichten oder poetischen Bildern ausdrückt, entgeht den Klischees, die das Denken unserer Zeit prägen, oder der Wachsamkeit unserer moralischen Zensur, die vor allem gegenüber den Behauptungen ausgeübt wird, die wir explizit formulieren können. Die unangenehmen Wahrheiten – über die menschliche Gattung, der wir angehören, oder über uns selbst – haben in einem literarischen Werk eine größere Chance, ausgesprochen zu werden, als in einer philosophischen oder wissenschaftlichen Arbeit. Das literarische Denken ist sicherlich ungeeignet für empirische oder logische Überprüfungen, aber es erschüttert tiefgreifend unseren Apparat symbolischer Interpretation und unsere Assoziationsfähigkeit; die von ihm ausgelöste innere Bewegung, Widerhall und die Schockwellen pflanzen sich noch lange nach der ersten Begegnung fort. Das literarische Denken tut dies durch einen evozierenden Wortgebrauch, durch die Arbeit mit Geschichten und Exempla und durch die Schilderung eines einzelnen Schicksals. In diesem Sinn sind die Werke intelligenter als ihre Autoren und unsere Interpretationen der Werke klüger als wir selbst. Warum sollte man sein Vergnügen verbergen, wenn man sieht, daß La Rochefoucauld klar und deutlich, dabei ohne unzulässige Vereinfachung ausspricht, was der dunkle Diskurs eines Psychoanalytikers unserer Zeit schulmeisterlich nachzuweisen trachtet?

Schließlich gibt es noch eine letzte Quelle anthropologischer Erkenntnisse, die nur wegen der vorgeblich »objektivistischen« Wende in den heutigen Humanwissenschaften erwähnt zu werden verdient: die Introspektion. Ich hätte niemals über das *Zusammenleben* geschrieben, wenn es mich nicht leidenschaftlich interessiert hätte und mir nicht wesentlich schiene; ich habe zu begreifen versucht, warum das so ist.

Es gilt noch eine spezifische Dankesschuld gegenüber meinem Freund François Flahault zu begleichen. Seit gut zwanzig Jahren ist das Zusammenleben der Menschen unser häufigstes Gesprächsthema, und er hat ihm mehrere Bücher und Aufsätze gewidmet. Es ist mir heute unmöglich auszumachen, welchen Anteil seine Gedanken an den hier unter meinem Namen präsentierten Reflexionen haben; ich weiß nur, daß er sehr groß ist. Als Zeichen meines Dankes sei ihm dieser Essay gewidmet.

ERSTES KAPITEL

Ein Blick auf die Geistesgeschichte

Die asozialen Denkströmungen

Schaut man sich an, wie die bedeutenden Strömungen der europäischen Philosophie das Humane definieren, kommt man zu einem merkwürdigen Schluß: die soziale Dimension, das Faktum des Zusammenlebens, wird im allgemeinen nicht als für den Menschen *notwendig* angesehen. Diese »These« wird jedoch nicht als solche aufgestellt, sie ist vielmehr eine unausgesprochene Voraussetzung, und genau deshalb hat der jeweilige Autor keine Gelegenheit, sie zu begründen. Um so leichter akzeptieren wir sie. Zudem bildet sie den kleinsten gemeinsamen Nenner von ansonsten gegensätzlichen und widerstreitenden Theorien: wessen Partei man auch ergreift, stets übernimmt man zugleich eine Bestimmung des Menschen als solitäres, nicht gesellschaftliches Wesen.

Die verschiedenen Versionen dieser asozialen Vision sind leicht zu unterscheiden. Wenden wir uns zunächst den großen Moralisten der französischen Klassik zu, die statt Moral zu predigen lieber Sitten und Verhalten der Menschen untersuchten und ihrerseits in die Fußstapfen der antiken Denker traten. Ihre Vision stellt uns die Menschen als zwischen zwei Zuständen schwankend dar. Der eine ist das wirkliche Leben, zugleich aber auch ein Leben inmitten unserer Illusionen: der Mensch ist eingebunden in ein Geflecht sozialer Beziehungen, doch nur aus Schwäche. Der andere Zustand ist unser wahres Leben, auch wenn es nur schwer zu erreichen ist. In ihm begegnet man höchstens den Göttern, von den anderen Menschen ist man jedoch befreit: das oberflächliche

Getriebe der Geselligkeit haben wir weit hinter uns gelassen. Der Verkehr mit den anderen Menschen ist eine Last, von der man versuchen muß, sich zu befreien. Von den anderen Beifall zu erheischen ist eitel, eine sündhafte *Vanitas*, die der Weise keinesfalls dulden darf. Der Weise strebt zur Autarkie, zur Selbstgenügsamkeit.

Montaigne beispielsweise gibt seinen Mitmenschen folgenden Rat: »Sorgen wir … dafür, daß unsere Zufriedenheit nur von uns abhänge: entsagen wir allen Bindungen, die uns an andere Menschen ketten, gewinnen wir es über uns, wahrhaft allein und mit Wohlbehagen allein leben zu können.«[1] »Werft mit allen übrigen Genüssen auch den von euch, der aus dem Beifall anderer entspringt.«[2] Es ist also möglich und löblich, sich von den Bindungen an andere Menschen zu befreien – namentlich davon, ihren Beifall zu erheischen. Diese stoische Weisheit gibt uns Montaigne mit auf den Weg. Und schlägt La Bruyère nicht einen ähnlichen Ton an, wenn er bedauernd feststellt, »der Mensch scheint sich manchmal nicht selbst genügen zu können«?[3] Doch diese Einschränkungen gelten glücklicherweise nicht immer und überall: manchmal überwindet der Mensch seine Illusionen und es gelingt ihm, das Ideal des selbstgenügsamen Lebens zu erreichen. Pascal schreibt zwar aus einer ganz anderen Perspektive, hat jedoch die gleiche Sicht des Menschen: »Wir geben uns nicht mit dem Leben, das wir für uns und als unser eigenes Dasein leben, zufrieden: wir wollen in der Vorstellung der andern ein Scheinleben führen, und deshalb bemühen wir uns zu scheinen.«[4] Mit Bedauern stellt Pascal fest, daß wir uns selbst nicht zu genügen verstehen; melancholisch beobachtet er, wie wir uns unablässig gesellschaftlicher Zerstreuung hingeben. Das Leben in Gesellschaft ist das wirkliche Leben – das anzustrebende Ideal, zugleich die tiefe innere Wahrheit unserer Natur, ist indes die Einsamkeit: so sieht die erste bedeutende Version der individualistischen Konzeption aus, die unseren Vorstellungen vom menschlichen Leben zugrunde liegt.

Dies ist jedoch nicht die dominierende Version. Die Gegenüberstellung von Ideal und Wirklichkeit, von Einsamkeit und Gesellschaftsleben sieht gemeinhin anders aus. Tatsächlich verbindet man seit der Renaissance die »Natur« nicht mehr mit dem »Ideal«

und entdeckt sie stärker in dem, was man später die Wirklichkeit nennt. Diese Wende vollzieht sich gleichzeitig in der politischen Theorie und in der Psychologie, und dieselben Denker sind dafür verantwortlich (Machiavelli und Hobbes sind gleichsam die emblematischen Vertreter dieses Denkens). Nach der neuen herrschenden Lehre (die freilich so radikal neu nicht ist: die Weisheit der Völker lehrt seit Jahrhunderten, daß der Mensch dem Menschen ein Wolf ist) kümmert sich der Mensch um die anderen nur zum Schein und um den Anforderungen der offiziellen Moral Genüge zu tun. In Wirklichkeit ist er ein reiner Egoist, der nur seine Interessen verfolgt und für den die anderen Menschen nur Rivalen oder seiner Entfaltung hinderlich sind. Wäre er nicht starken Zwängen unterworfen, den Geboten der Gesellschaft und der Moral, würde der im Grunde solitäre Mensch im unaufhörlichen Krieg mit seinen Mitmenschen leben, in einem hemmungslosen Kampf um die Macht. Was Montaigne und La Bruyère als ein Ideal ansahen – Selbstgenügsamkeit und Autarkie –, ist die Wirklichkeit des Menschen, aber eine stets bedrohte. Die Gesellschaft und die Moral sind der menschlichen Natur zuwider; sie zwingen die Regeln des Zusammenlebens einem im Grunde solitären Wesen auf. Diese amoralische Auffassung vom Menschen hat sich gegenüber dem Menschenbild der Moralisten durchgesetzt, und genau diese Konzeption findet man noch in den gegenwärtig einflußreichsten psychologischen und politischen Theorien.

Nach der Feststellung, der Mensch sei von Natur aus ein solitäres und egoistisches Wesen, kann man jedoch zwei entgegengesetzte Richtungen einschlagen: die menschliche Natur bekämpfen oder sie im Gegenteil verherrlichen. La Rochefoucauld, der erste bedeutende Vertreter dieser Vision des Menschen, entschied sich eher für die Bekämpfung: das Leben in der Gesellschaft dämpfe das ungezügelte Verlangen der Menschen und zwinge sie, Reziprozität zu erlernen; das gesellschaftliche Ideal sei der egoistischen Wirklichkeit vorzuziehen. Für La Rochefoucauld war der Mensch ganz zweifellos beherrscht von der Eigenliebe [*amour propre*], hier gleichbedeutend mit der Selbstsucht, oder vom Interesse – Interesse im weitesten Sinn, aber stets eingeschränkt auf die Perspektive des begehrenden Subjekts. Wenn wir auch Höflichkeit und Hilfsbereitschaft dem Geiz und dem Hochmut vorzögen, so müßten wir doch damit beginnen, uns selbst die Augen zu öffnen: alle dem Anschein nach guten Gefühlsregungen seien nur Täuschung und Verstellung. »Wir lieben alles nur im Hinblick auf uns«, und es »ist ... bloß Eigennutz, der unsere Freundschaft erzeugt«.[5] Das Ich ist zu hassen, fügt Pascal hinzu, und dies aus einem doppelten Grund: »Es ist unrecht an sich, soweit es sich zum Mittelpunkt von allem macht, und es ist andern unbequem, soweit es sie beherrschen will: denn jedes *Ich* ist der Feind aller anderen und möchte sie alle beherrschen.«[6]

Man kann bei La Rochefoucauld (und vor ihm bei Hobbes) beobachten, wie eine Argumentationskette ausgebildet wird, die jahrhundertelang fast unversehrt Bestand haben sollte. Zuerst tut man so, als ob alle sozialen Beziehungen sich auf löbliche Eigenschaften zurückführen ließen, auf Großherzigkeit und Nächstenliebe; anders gesagt deutet man den Gegensatz zwischen Einsamkeit und Gesellschaftsleben entsprechend demjenigen zwischen Egoismus und Altruismus, eine zweifellos überzogene Interpretation. Dann beginnt man in einem zweiten Schritt mit der Desillusionierung und reißt der Tugend die Maske herunter. Diese Geste ist für uns um so überzeugender, als sie eben nicht als Schmeichelei erscheint (denn, so sagen wir uns unbewußt, man würde doch nicht etwas Unangenehmes behaupten und dem zustimmen, wenn es nicht wahr wäre). Unversehens bleibt man nach der Zurückweisung eines zu wohlwollenden Menschenbilds mit der Idee eines egoistischen Einzelwesens zurück. In Gesellschaft zu leben ist tugendhaft, die Tugend aber ist ein Trugbild; folglich ist der Mensch in Wahrheit asozial. La Rochefoucauld konnte somit schließen: »Die Menschen würden nicht so lange in Gemeinschaft leben, wenn sie nicht Betrüger und Betrogene zugleich wären.«[7] Und Pascal sagt: »Auf dieser gegenseitigen Täuschung ist die Einigkeit der Menschen begründet.«[8] Fälschlich glaubt man, die anderen seien uns wohlgesonnen; würden wir hellsichtig, so verschwände die Gesellschaft!

Doch handelt es sich nicht um eine Beweisführung ad absurdum, weil ihre Prämissen falsch sind? Das moralische Urteil, Tugenden und Laster seien identisch, scheint die zugrundeliegende anthropologische Konzeption kontaminiert zu haben. Wenn La Rochefoucauld erklärt, allein das Interesse erzeuge die Freundschaft, sieht er darin gleichsam einen Extremfall: mit noch größerem Recht ließe sich ihm zufolge seine Maxime auf unsere anderen Beziehungen anwenden, die schon auf den ersten Blick weniger uneigennützig sind als die Freundschaft. Aber eine solche Erklärung der Freundschaft greift nicht nur etwas kurz, denn wenn ich jemanden vollständig meinen eigenen Interessen unterwerfen würde, wäre seine Zuneigung mir nicht sehr viel wert. Grundsätzlicher impliziert die Aussage La Rochefoucaulds die Existenz eines autonomen, sein Interesse verfolgenden Selbst, das jedem Gemeinschaftsleben *vorgängig* ist, eine Art Eigentümer, der allein nach der Anhäufung von Besitz strebt, als ob unsere Beziehungen zu Menschen durch unsere Beziehungen zu Sachen erklärt werden könnten. Die Beziehung zu anderen ist aber nicht das Produkt der Interessen eines Selbst, sie ist sowohl dem Interesse wie dem Selbst vorgängig. Es gibt keinen Anlaß, sich wie Hobbes zu fragen: Warum entscheiden sich die Menschen, in Gesellschaft zu leben? Oder wie Schopenhauer zu grübeln: Woher rührt das Bedürfnis nach Gesellschaft? Denn die Menschen vollziehen niemals einen solchen Schritt zum Zusammenleben: die Beziehung zu anderen geht dem einzelnen voraus. Die Menschen leben nicht aufgrund von Interessen, aus Tugend oder sonst irgendeinem starken Grund in Gesellschaft. Sie tun es, weil es für sie keine andere mögliche Daseinsform gibt.

Man findet fast die gleiche Konzeption des Menschen bei Kant, der ein großer Moralist, aber zweifelhafter Psychologe war. Der grundlegende Antagonismus der menschlichen Gattung besteht Kant zufolge in der »ungeselligen Geselligkeit« des Menschen, in seinen widersprüchlichen Neigungen, die Gesellschaft zu suchen und zu fliehen. Während jedoch die erste Neigung ermöglicht, die besten Anlagen im Menschen zu entfalten (diese Neigung gehört zum Bereich des Ideals, zur Bestimmung des Menschengeschlechts, sie ist ein regulierendes Prinzip), ist der zweite Hang derjenige, der uns die innere Wahrheit über den Menschen mitteilt, seine natürliche Neigung, »weil er in sich zugleich die ungesellige Eigenschaft antrifft, alles bloß nach seinem Sinne richten zu wollen, und daher allerwärts Widerstand erwartet, so wie er von sich selbst weiß, daß er von seiner Seite zum Widerstande gegen andere geneigt ist«.[9] Vom Standpunkt des einzelnen gesehen sind die anderen nur Rivalen oder hinderlich für sein eigenes Fortkommen; er wünscht folglich ihr Verschwinden. Die Menschen sind gespalten zwischen ihrem Streben nach unbegrenzter, ungeteilter Macht und ihrem Unvermögen, sich der Gesellschaft zu begeben – Ergebnis ihrer Schwäche. »Wer nur nach eines *anderen* Wahl glücklich sein kann (dieser mag nun so wohlwollend sein, als man immer will), fühlt sich mit Recht unglücklich.«[10]

Dieses Menschenbild führt Kant zu einer sehr merkwürdigen Deutung des ersten Schreis, den ein Neugeborenes ausstößt. Manifestiert sich in ihm nicht die natürliche Neigung des Menschen, andere so weit möglich von sich entfernt zu halten, selbst wenn man dazu Krieg gegen sie führen muß? »Ja das Kind, welches sich nur eben dem mütterlichen Schoß entwunden hat, scheint, zum Unterschiede von allen andern Tieren, bloß deswegen mit lautem Geschrei in die Welt zu treten; weil es sein Unvermögen, sich seiner Gliedmaßen zu bedienen, für *Zwang* ansieht und so seinen Anspruch auf Freiheit… so fort ankündigt.«[11] Schreit ein Neugeborenes, so verlangt es nicht die für sein Leben und Dasein notwendige Bestimmung, es protestiert vielmehr gegen seine Abhängigkeit von anderen: der Mensch wird geboren als Kantisches Subjekt, das nach Freiheit strebt!

Wenn Kant daran geht, den zentralen menschlichen Drang zu beschreiben, der jeden dazu treibt, sich Macht anzueignen und sich die anderen zu unterwerfen, unterscheidet er je nach dem Gegenstand drei Modalitäten dieses zentralen Dranges: Ehrsucht, Herrschsucht, Habsucht. Während die letzte Spielart sich gut in das ökonomische Modell der Akkumulation einpaßt und die zweite alle anderen Menschen als potentielle Knechte (oder Sklaven) betrachtet, sieht es mit der Ehrsucht ganz anders aus. Das Eigentümliche der Ehren (im Plural) ist ja, daß sie uns von anderen, die dazu befugt sind, verliehen werden müssen. Diese autorisierten anderen können folglich nicht auf die Rolle von Konkurrenten oder Gegnern reduziert werden, die ähnlich wie wir selbst nach den gleichen Auszeichnungen streben. Der Andere ist hier zugleich unreduzierbar verschieden vom Selbst und zu ihm komplementär. Doch trifft dies nicht auch auf eine ganze Reihe anderer sozialer Beziehungen zu, auf die zwischen Freunden, zwischen Lehrenden und Lernenden und selbst auf diejenigen zwischen dem Neugeborenen und seiner Mutter?

Auch La Rochefoucauld beeilte sich, erschrocken von der überzogenen Ausweitung seines Erklärungsprinzips, zu präzisieren (im Vorwort einer späteren Auflage seiner *Maximen*): »Unter dem Wort *Interesse* versteht man nicht immer ein Interesse an Besitz, sondern meist ein Interesse an Ruhm und Ehre.«[12] Das ist völlig richtig, nimmt aber der ursprünglichen Aussage viel von ihrer Radikalität: wenn die wesentliche Triebkraft des menschlichen Handelns nicht die egoistische Befriedigung ist, das Begehren von Gütern, die materiellen Gütern gleichen, sondern das Streben nach Ruhm und Ehren, wie könnte man sich dann der anderen begeben, die allein mögliche Verleiher von Ehren sind? Das alleinige Augenmerk La Rochefoucaulds gilt unseren sozialen Leidenschaften, und doch vertritt er die Ansicht, der Mensch sei zuallererst und seinem Wesen nach ein Einzelgänger: sicherlich könnten wir uns der anderen nicht begeben, aber nur aus Eigennutz. Die Einzelfälle, die La Rochefoucauld und Kant erörtern, erschüttern jedoch ihr eigenes allgemeines Deutungsmuster – und dies um so mehr, als es niemals explizit definiert worden ist. Wer könnte aber ohne eine solche Grundlegung glauben, Rivalität und Unterwerfung seien die einzigen Formen zwischenmenschlicher Beziehungen?

In dieser ersten Version des Menschenbilds, wonach der Mensch ein Egoist und Einzelgänger sei, wendet man sich der Moral zu (man muß seine Neigungen überwinden, lehrt Kant). Nach einer zweiten, spätestens Ende des achtzehnten Jahrhunderts formulierten Auffassung sollte man lieber das Ideal der Wirklichkeit anpassen, statt beide einander gegenüberzustellen. Die psychologische Konzeption des Menschen bleibt indes davon unberührt. Diese Position vertraten häufig die Enzyklopädisten und Materialisten, Helvétius, Diderot, Holbach und – sehr viel überzogener – de Sade. Helvétius sagt in *Über den Geist* wie vor ihm La Rochefoucauld, Interesse und Eigennutz bestimmten das Verhalten der Menschen – aber im Gegensatz zu seinem Vorgänger bedauert er dies nicht. Diderot übernimmt die Doktrin und fügt hinzu:»Dies macht den Menschen doch zu dem, was er ist, daß… er die Moral, die ihm angemessen ist, selbst begründen muß«[13] – anders gesagt muß sich das Ideal der Wirklichkeit unterordnen. Der Marquis de Sade setzt den Schlußpunkt:»Kennt keine anderen Fesseln als die eurer Neigungen, keine anderen Gesetze als eure Triebe, keine andere Moral als die der Natur.«[14]

Nietzsche mag sich zwar kritisch zeigen gegenüber seinen Vorgängern im siebzehnten und achtzehnten Jahrhundert, dennoch teilt er mit ihnen das Menschenbild. Er hat nur Verachtung übrig für seine bürgerlichen Zeitgenossen, die jedes Streben nach Ruhm und Größe vergessen haben und sich damit begnügen, mit vollem Bauch hinter dem warmen Ofen zu sitzen. Sein eigenes Ideal, der Übermensch, ist dagegen ebenfalls ein Wesen, das nach der Einsamkeit strebt. An die Stelle der Eigenliebe und des Egoismus bei La Rochefoucauld tritt die »Herren-Moral« mit dem Willen zur Macht als ihrem Kern. »Meine Vorstellung ist, daß jeder spezifische Körper danach strebt, über den ganzen Raum Herr zu werden und seine Kraft auszudehnen (– sein Wille zur Macht:) und alles das zurückzustoßen, was seiner Ausdehnung widerstrebt. Aber er stößt fortwährend auf gleiche Bestrebungen andrer Körper und endet, sich mit denen zu arrangieren (»vereinigen«), welche ihm verwandt genug sind: – *so konspirieren sie dann zusammen zur Macht.*«[15] Der Mensch strebt nach Herrschaft und unterscheidet sich darin nicht von anderen Lebewesen. Die anderen, ihm gleichgearteten, sind nur Konkurrenten oder aber Mitstreiter, wenn die Aufgabe nicht von einem einzelnen allein bewältigt werden kann. Allein die besten haben Erfolg: »Die Reichen und Lebendigen wollen Sieg, überwundene Gegner, Überströmen des Machtgefühls über weitere Bereiche als bisher«.[16]

Nietzsche hat eine merkwürdig egalitäre Psychologie: alle Menschen sind gleich und konkurrieren um denselben Platz; sie sind folglich entweder meine Gegner oder meine Mitstreiter, oder aber (im Fall des Sieges) Unterworfene, meine Knechte. So als ob wir, vorausgesetzt, wir überwinden die Hemmungen, die uns eine konventionelle Moral – eine Schafsmoral – zum Schutze der Schwachen auferlegt, alle danach streben würden, als einsame Herren zu herrschen. Aber liegt darin wirklich die Regel des menschlichen Verhaltens? Gibt es nicht eine Verzweiflung des Tyrannen?

Die Rolle, die hier die Begriffe Ehre und Ruhm spielen, verdienen genauere Betrachtung. Richtig ist, daß sie notwendig einen Bezug auf das Gesellschaftsleben implizieren und man sie im übrigen beständig in der Reflexion über den Menschen findet, sowohl bei den antiken wie den neuzeitlichen Denkern. Bemerkenswert ist jedoch auch, daß trotz des tiefgreifenden Einstellungswandels ihnen gegenüber das Verlangen nach Ehren und Ruhm immer als fakultativ angesehen wurde, als ein Begehren, auf das man genausogut verzichten könnte. Für die antiken Denker galt es, das Beste im Menschen zu entfalten: Achill zog den ruhmvollen Tod einem glanzlosen Leben vor. Doch diese Tugend ist eben nicht bei allen vorhanden, sondern nur bei den Besten: sie ist ein Ideal, kein vitales Bedürfnis.

Für die neuzeitlichen Denker hingegen, angefangen mit Hobbes, ist das Verlangen nach Ruhm und Ehren eine Quelle unserer Laster; man muß lernen, diese Begierde zu zähmen, sie sehr viel wesentlicheren Interessen unterzuordnen: der soziale Frieden ist wichtiger als der Ruhm der Helden. Die Philosophen der Aufklärung, Montesquieu oder Kant, beklagen dann unser Streben nach Ruhm, diese unkontrollierbare Leidenschaft, ein überlebter Rest des feudalen Verhaltenskodex. Deshalb schlossen Hobbes oder La Rochefoucauld in ihrem Plädoyer für die ehrbare Geselligkeit als Arznei gegen unseren grundlegenden Egoismus das Verlangen nach Ruhm und Ehren nicht darin ein – diese waren auf die Seite der egoistischen Bestrebungen gewechselt, von denen es sich just zu befreien galt. *Ehrsucht* taucht nur noch in einer Reihe mit *Habsucht* und *Herrsucht* auf, sie ist nur noch eine Spielart des »Eigennutzes«

(Nietzsche dagegen beklagt den Verfall des Strebens nach Ruhm in der Neuzeit, für ihn ein weiterer Beleg für die Mittelmäßigkeit, wie sie die neuen Demokratien propagierten). Gegenwärtig empfiehlt man dem einzelnen wieder gern, er möge sich um seine eigenen Angelegenheiten kümmern, um seine Selbstverwirklichung, statt sich in einem leeren Wettrennen nach Prestige zu erschöpfen – als ob das Selbst ohne Bezug nach außen existieren könne, als ob Eitelkeit und Egozentrismus völlig das Feld der Intersubjektivität beherrschen würden.

Eine Entdeckung und ihre Reduktion

Es wäre gewiß falsch zu behaupten, diese asoziale Vision entspräche allen Vorstellungen vom Menschen, die in der westlichen psychologischen Tradition präsent sind. Sie ist sicherlich die dominierende, aber nicht die einzige Vision. Hinzuweisen ist auf die »solitären« Tendenzen der klassischen antiken Philosophie, die indes auch »soziale« Tendenzen hat. Auch wenn die Autarkie das Ideal des Weisen bleibt, meinen die griechischen Philosophen zugleich, der Mensch sei ein gesellschaftliches Wesen, müsse mit seinen Mitmenschen zusammenleben und sich in der Polis verwirklichen. Die Spannung zwischen beiden Aussagen wird häufig aufgelöst durch die Akzeptierung verschiedener »Lebensweisen«, die allesamt löblich sind, wenn auch innerhalb einer Rangfolge: so steht das praktische oder aktive Leben dem gemeinen Volk offen und wird in der Gesellschaft geführt; das kontemplative Leben in selbstgenügsamer Einsamkeit hingegen eignet sich insbesondere für den Weisen. Doch selbst wenn sie das grundlegende Faktum der Pluralität des Menschen anerkennen, sehen die griechischen Philosophen im allgemeinen kein vom *Ich* unterschiedenes *Du* – andere, die gleichwohl für die Entfaltung des *Selbst* notwendig sind. Die Differenz zwischen dem *Selbst* und dem *Anderen* wird nicht thematisiert. Die natürliche Sympathie zwischen den Menschen ist die zwischen seinesgleichen. Die anderen sind notwendig, damit sich die Tugend entfalten kann (Aristoteles vertritt die Ansicht, »daß für uns das Glück eine Bezogenheit nach außen hat«),[17] nicht etwa, weil der einzelne ohne sie unvollständig wäre. Auch die Freundschaft ist eher ein Verdienst als ein Bedürfnis. Cicero ist noch klarer: »Uns [ist] die Freundschaft von Natur gegeben, um die Tugenden zu fördern ... Weil die Tugend für sich allein nicht zur höchsten Vollendung gelangen kann, soll sie in enger Verbindung mit einer Begleiterin dieses Ziel erreichen.«[18]

Aristoteles hat uns ebenfalls die bekannte Formulierung hinterlassen: »Wer aber nicht in Gemeinschaft leben kann oder in seiner Autarkie ihrer nicht bedarf, der ist kein Teil des Staates, sondern ein wildes Tier oder Gott.«[19] Die wilden Tiere und die Götter sind sich selbst genug, man kann sie sich mithin alleinlebend vorstellen. Der Mensch hingegen ist unheilbar unvollständig und bedarf der anderen. Doch man sieht sehr gut, daß diese anderen als ein natürliches Milieu des Individuums notwendig sind, nicht zur Erfüllung dieser oder jener spezifischen Funktion. Die von Aristoteles ins Auge gefaßte Beziehung ist die gleichzeitige Präsenz der Individuen in der Polis, nicht die Komplementarität des Betrachtenden und des Betrachteten. Im Aristophanes-Mythos, den Plato im *Gastmahl* erzählt, braucht jeder Mensch »sein anderes Stück« (*symbolon*)[20] in Gestalt eines anderen Wesens, er ist mithin in seinen Inneren unvollständig; aber diese Komplementarität erklärt eher die sexuelle Anziehung, als daß sie das Zusammenleben begründete: das Eindringen des männlichen Glieds in das weibliche Geschlecht wird hier zum Bild der gewünschten Vollständigkeit. Plato selbst postuliert den »Mut« (*thymos*) als Bestandteil der Seele und verbindet ihn mit dem Drang nach Ehren und der Liebe zum Triumph; aber er bemerkt nicht, daß uns nur die anderen diese Belohnung gewähren können. Und die Stoiker sehen die Eitelkeit als allgegenwärtig, meinen jedoch, man könne sich von ihr befreien.

Von einigen anderen Anzeichen und Vorläufern des nun folgenden einmal abgesehen, kann man sagen, daß es in der Mitte des achtzehnten Jahrhunderts zu einer wirklichen Revolution kommt, als Jean-Jacques Rousseau als erster eine neue Konzeption des

Menschen entwirft als einem Wesen, das *der anderen bedarf.* Man muß sogleich hinzufügen, daß zwei Merkmale des Rousseauschen Diskurses seine Botschaft etwas verzerrten und verhindert haben, seine Tragweite zu begreifen. Das erste besteht darin, daß seine philosophische Anthropologie, die er im *Diskurs über den Ursprung der Ungleichheit* darlegt, die Form eines historischen Exposés annimmt, während uns Rousseau selbst vor jeder Projektion seiner gedanklichen Entwürfe in die Geschichte warnt. Der »Naturzustand«, den er imaginiert, so sagt er gleich zu Beginn des *Diskurses,* ist ein Zustand, »der nicht mehr existiert, der vielleicht nie existiert hat, der wahrscheinlich nie existieren wird und von dem zutreffende Begriffe zu haben dennoch notwendig ist, um über unseren gegenwärtigen Zustand richtig zu urteilen.«[21] Man hat große Mühe, sich beständig zu vergegenwärtigen, daß die von Rousseau imaginierten ersten »Stadien« der Menschheit nur »hypothetische und bedingungsweise geltende Schlußfolgerungen« sind, und die einzige wirkliche die gegenwärtige Menschheit ist.[22] Die zweite Schwierigkeit rührt daher, daß Rousseau als Mensch überempfindlich und argwöhnisch war, sich verfolgt glaubte und deshalb häufig die Einsamkeit dem Zusammensein mit anderen vorzog – eine um so ersehntere Einsamkeit, als sie zu seiner Zeit unendlich weniger erreichbar war als heute. Doch diese persönliche Vorliebe für das Alleinsein vermengt sich im Denken Rousseaus nicht mit einer Doktrin vom solitären Wesen des Menschen. Rousseau verdeutlicht sehr gut den Abstand zwischen der allgemeinen Regel (die Empfehlungen, die er Emil gibt) und der Ausnahme (sein eigenes Lebensschicksal). Und in den *Gesprächen* berichtet er uns zwar von seiner Neigung, sich zurückzuziehen, hält es aber für notwendig, an folgendes zu erinnern: »Gänzliche Einsamkeit [ist] ein trauriger Zustand, der der Natur widerspricht.«[23] Man muß folglich erst die Schleier zerreißen, die unsere Wahrnehmung des Rousseauschen Denkens stören, damit es sich in seiner ganzen Kühnheit enthüllt.

Rousseau geht allerdings einen Teil des Weges zusammen mit denjenigen, die ich hier (in der Tradition Montaignes) die »Moralisten« genannt habe: er verurteilt das Leben in der Gesellschaft und stellt das solitäre Leben des Einzelnen in günstigem Licht dar. Dazu bedient er sich der begrifflichen Unterscheidung zwischen »Selbstliebe« [amour de soi] und »Eigenliebe« [amour-propre]. Die Selbstliebe wird positiv bewertet, sie ist der einfache Instinkt der Selbsterhaltung, der für jedes Lebewesen unabdingbar ist. Die Selbstliebe geht zwar moralischen Einstellungen voraus, gehört aber nicht auf die Seite des Egoismus, sondern zu den Tugenden (deren Grundlage sie abgemildert durch das Mitleid bildet). Der zweite Begriff ist bei Rousseau negativ besetzt: es ist ein Gefühl, das allein in der Gesellschaft existiert und darin besteht, uns mit den anderen zu vergleichen, uns selbst für höherstehend zu halten und sich die anderen als niedriger stehende Wesen zu wünschen. Die »Eigenliebe« Rousseaus ist mithin nicht jene La Rochefoucaulds, bei dem der Begriff mit der Selbstliebe zusammenfällt: die Eigenliebe entspricht eher dem, was die anderen Moralisten Eitelkeit nennen: unsere Abhängigkeit vom Urteil der anderen. »Die Eigenliebe, das heißt … eine relative [bei Rousseau gleichbedeutend mit ›soziale‹] Empfindung, vermöge deren man Vergleiche mit sich anstellt, Vorzüge erlangt, deren Genuß doch bloß negativ ist, und welche ihre Befriedigung nicht durch unser eigenes Wohl, sondern durch das Unglück anderer zu befördern trachtet.«[24]

Bliebe Rousseaus Gedankengang hier stehen, so wäre er nur ein – besonders heftiger und beredter – Geißler der menschlichen Eitelkeit und des Bestrebens, die anderen zu übertreffen. Die menschlichen Beziehungen, die er hier ins Auge faßt, gehören noch wie bei den Moralisten ins Ressort der Ähnlichkeit und Gleichartigkeit der Menschen: man vergleicht sich mit den anderen, möchte den Platz des anderen einnehmen, bekämpft seine Rivalen. Die zentrale Frage ist nun, ob dieser Typus von Beziehungen das Feld des Sozialen völlig ausfüllt, wie dies seine Vorgänger vertraten, die darauf ihre Verurteilung des Lebens in der Gesellschaft gründeten, oder ob es andere, ebenfalls soziale Beziehungen gibt, die nicht auf Ähnlichkeit beruhen und deshalb nicht zum Vergleich, dem Wunsch, den anderen zu verdrängen oder zur Rivalität führen.

Rousseaus Verdienst besteht genau darin, diesen anderen Typus sozialer Beziehungen in Betracht gezogen und seine Auswirkungen auf die Identität des Menschen gesehen zu haben – selbst wenn der von ihm dafür geprägte Begriff nicht auf der gleichen Stufe der Allgemeinheit steht wie die Selbstliebe und die Eigenliebe. Dieses dritte Gefühl in der Mitte zwischen den anderen beiden ist »die Vorstellung der Achtung«.[25] Sobald die Menschen in Gesellschaft leben (gemessen an der historischen Zeit, also: immer), verspüren sie das Bedürfnis, den Blick der anderen auf sich zu ziehen. Das spezifisch menschliche Organ sind die Augen: »Jeder begann, die anderen zu beachten und selbst beachtet werden zu wollen.«[26] Der Andere hat nun nicht mehr eine mit mir vergleichbare Position inne, sondern eine benachbarte und komplementäre; er ist zu meiner eigenen vollen Erfüllung notwendig. Die Auswirkungen dieses Bedürfnisses ähneln denen der Eitelkeit: man will beachtet werden, sucht öffentliches Ansehen, versucht, die anderen für sein Schicksal zu interessieren. Der Unterschied liegt darin, daß es sich um ein konstitutives Bedürfnis der menschlichen Gattung (wie sie für uns erkennbar ist) handelt, und nicht um eine verderbte Neigung. Rousseaus Innovation besteht nicht in der Aussage, die Menschen würden vom Verlangen nach Ruhm oder Prestige bewegt – das wußten alle Moralisten –, sondern darin, dieses Begehren zu der Schwelle erklärt zu haben, jenseits derer man von Humanität sprechen könne. Das Bedürfnis, beachtet zu werden, das Bedürfnis der Wertschätzung – diese von Rousseau entdeckten spezifischen Merkmale des Menschen sind sehr viel allgemeiner und weitgespannter als das Streben nach Ehre.

Die Geselligkeit ist nichts Unwesentliches oder Zufälliges, sondern die Grundbestimmung der *Conditio humana.* Man versteht nun den feierlichen Ton, den Rousseau im *Versuch über den Ursprung der Sprachen* anschlägt: »Derjenige, der wollte, daß der Mensch gesellig sei, berührte die Achse der Erdkugel mit dem Finger und neigte sie zur Achse des Weltalls. Mit dieser geringen Bewegung sehe ich die Erde ihr Gesicht verändern und die Berufung des Menschengeschlechts sich entscheiden.«[27] Doch diese »Berufung« bedeutet, daß wir notwendig der anderen bedürfen. Nicht um unsere Eitelkeit zu befriedigen, sondern weil wir, gezeichnet durch eine ursprüngliche Ungenügsamkeit, ihnen unsere bloße Existenz verdanken. An anderer Stelle schreibt Rousseau: »Jede Anhänglichkeit ist ein Zeichen der Schwäche, denn wenn keiner den anderen brauchte, so dächte er nicht daran, sich mit ihm zu vereinen.«[28] Doch wir sind nun einmal als Mängelwesen geboren, sterben im Mangel, sind gefangen im Bedürfnis der anderen, immer auf der Suche nach dem, was uns mangelt. Gott allein kennt das Glück in der Einsamkeit: Rousseau nimmt hier das Denken des Aristoteles auf, wie er auch den Gedanken akzeptiert, daß die Gesellschaft aus der Schwäche des einzelnen geboren wird. Doch sein wesentlicher Beitrag besteht in der Aussage, daß der Mensch mit einem angeborenen Mangel zur Existenz kommt und jeder von uns folglich die anderen braucht, das Bedürfnis hat, *beachtet zu werden*, das »Bedürfnis seines Herzens nach Anhänglichkeit«.[29]

Was gibt dem Menschen das Gefühl seines eigenen Daseins? Manchmal verwendet Rousseau den Begriff des Lebens- oder Daseinsgefühls als Synonym für die Selbstliebe und den Selbsterhaltungsinstinkt. Wenn er jedoch die soziale Dimension einführt, siedelt er sie zu Recht in der »Vorstellung der Achtung« an. Dies ist die Schlußfolgerung des *Diskurses über den Ursprung der Ungleichheit*: »Der Wilde lebt in sich selbst, der soziable Mensch [doch dies heißt, vergessen wir das nicht, der wirklich existierende Mensch] weiß sich immer außer sich, nur in der Meinung der anderen zu leben; und sozusagen aus ihrem Urteil allein bezieht er das Gefühl seiner eigenen Existenz.«[30] Rousseau bekräftigt diesen Standpunkt in den *Gesprächen*: der Mensch unterscheidet sich vom Tier darin, daß er außer seiner körperlichen Reizbarkeit (die seinem Selbsterhaltungsinstinkt dient) eine soziale, sittliche Reizbarkeit besitzt, »das Vermögen, unsere Gefühle an Wesen zu heften, die uns fremd sind«; und die Ausübung dieses Vermögens bewirkt, »das Gefühl unseres Daseins auszudehnen und zu verstärken«.[31] Die Beziehungen zu anderen erweitern das Selbst und machen es keineswegs geringer. Dieses Merkmal des Menschen macht ihn zu dem, was er ist, es ist die Quelle seiner

Tugenden und seiner Laster, seiner unaufhörlichen Mißgeschicke und seines zerbrechlichen Glücks.

Indem er in die Bestimmung des Menschen als Gattungswesen das Bedürfnis nach dem Blick der anderen einschreibt, trennt sich Rousseau von der klassischen Tradition, auch wenn in ihr verschiedene Bestandteile seiner Lehre bereits vorhanden gewesen sein mochten. Was, außer seinem Genius, ermöglichte ihm, diesen entscheidenden Schritt für das Verständnis der *Conditio humana* zu tun? Vielleicht spielte, worauf Charles Taylor hingewiesen hat, der historische Kontext eine Rolle: Mitte des achtzehnten Jahrhunderts wurde das überkommene System der Ehren, die wenigen Privilegierten vorbehalten waren, langsam ungebräuchlich. Alle strebten nunmehr ihre eigene öffentliche Anerkennung an, ihre Würde, wie sie in der Folge hieß. Das scheinbar Selbstverständliche wurde zum augenfälligen Problem. Rousseau sei damals einer der ersten gewesen, der diesen Wandel bemerkt habe. Doch sein Beitrag geht weit über das hinaus, was sich aus der Beschränkung auf die Analyse des historischen Kontexts ergibt.

Hier ist nicht der Ort, das weitere Schicksal der Entdeckung Rousseaus im Detail nachzuzeichnen. Zwei Reaktionen von Zeitgenossen verdienen jedoch, in Erinnerung gerufen zu werden, denn sie belegen, welches Echo die Entdeckung auslöste und wie unterschiedlich es war.

Die erste Reaktion findet sich bei dem schottischen Philosophen und Nationalökonomen Adam Smith. Smith ist dreißig Jahre alt und lehrt Moralphilosophie in Glasgow, als Rousseaus Schrift erscheint. Smith liest sie sogleich und widmet ihr 1756 eine lobende Besprechung. Ganz besonders bewundert er an Rousseau, welchen Raum dieser dem Mitleid und mithin der Sozialität einräumt; er ist froh, einen Verbündeten im Kampf gegen die asozialen Theorien von Hobbes, La Rochefoucauld oder Mandeville zu finden. Smith selbst meint, Hobbes' Auffassung berücksichtige die Sympathie nicht, den Eckstein seines eigenen Systems, von ihm definiert als unsere Fähigkeit, die Gefühle anderer, welche es auch seien, zu teilen. Das Mitgefühl ist seiner Meinung nach eine Kategorie, deren Existenz von der Alltagserfahrung eines jeden bestätigt wird.

Als er 1759 seine eigene *Theorie der ethischen Gefühle* veröffentlicht, bezieht sich Smith nicht mehr offen auf Rousseau. Doch die zentrale These des *Diskurses über die Ungleichheit*, wonach der Blick, den wir aufeinander richten, uns zu Menschen werden läßt, spielt darin eine zentrale Rolle, insbesondere, um die Motivationen des menschlichen Handelns zu erklären. Welches Ziel verfolgt man im Leben, worin besteht diese Verbesserung unserer Verhältnisse, nach der wir alle streben? »Daß man uns bemerkt, daß man auf uns acht hat, daß man mit Sympathie, Wohlgefallen und Billigung von uns Kenntnis nimmt, das sind alle Vorteile, die wir daraus zu gewinnen hoffen dürfen.« Daß man Notiz von uns nimmt, sei zugleich »die angenehmste Hoffnung« und »das brennendste Verlangen der menschlichen Natur«. Niemand – außer dem vollkommenen Weisen und dem zum wilden Tier hinabgesunkenen Menschen – vermöge unempfindlich zu bleiben gegenüber der Anziehungskraft der öffentlichen Anerkennung.[32] Wir würden jeden Preis dafür zahlen, denn »es hat Menschen gegeben, die freiwillig ihr Leben fortwarfen, um nach dem Tode einen Ruhm zu erwerben, dessen sie sich doch nicht mehr erfreuen konnten« (klassisches Beispiel für die Überlegenheit der Leidenschaften über die Interessen). »Im Vergleich mit der Verachtung der Menschen sind alle anderen äußeren Übel leicht zu ertragen.« Die hohen Herren werden »von aller Welt beobachtet«, und ihr ständig dräuendes Elend besteht darin, nicht mehr »von jenem bewundernden Pöbel von Narren, Schmeichlern und Vasallen umgeben« zu sein, nicht mehr »von großen Menschenmengen angestarrt« zu werden. Adam Smiths Beschreibung unserer Abhängigkeit von anderen ist gespickt mit visuellen Ausdrücken: zeigen, verhehlen, bemerken, betrachten, beobachten, ignorieren, Beachtung, Ansicht, Augen, Augenmerk, Blick ...

Das Bedürfnis, beachtet zu werden, ist nicht ein menschlicher Beweggrund unter anderen – es ist der Wahrheitsgrund aller anderen Bedürfnisse. Dies gilt beispielsweise für die materiellen Güter: sie sind nicht ein Ziel an sich, sondern das Mittel, uns der Achtung anderer zu versichern. »Es ist die Eitelkeit, nicht das Wohlbefinden oder das Vergnügen, was uns daran anzieht.« Der

Reiche ist glücklich, weil er die Aufmerksamkeit der Welt auf sich zieht, auch wenn er in der Folgezeit seine Reichtümer zu verbergen trachtet. Ebenso steht es mit den Vergnügungen: den intensivsten Genuß ziehen wir aus denen, welche die Blicke der anderen auf uns ziehen. »Als die Natur den Menschen für die Gesellschaft bildete, da ... lehrte sie ihn Freude über deren [seiner Brüder] freundliche Gesinnung, und Schmerz über ihre unfreundliche Gesinnung zu empfinden.« Die anderen Vergnügungen sind demgegenüber unerheblich: »Es ist nicht das Wohlergehen oder das Vergnügen, welchem der Ehrgeizige tatsächlich nachjagt, sondern immer die Ehre, eine Ehre dieser oder jener Art«.[33] Daraus folgt, bemerkt Jean-Pierre Dupuy in seinem Kommentar zu Adam Smith, daß »das Subjekt Smiths ganz entschieden ein Mängelwesen ist«, denn es kann ohne den Blick der anderen nicht sein: »Es ist hoffnungslos angewiesen auf seine Mitmenschen, um sich eine Identität zurecht zu zimmern.«[34] Adam Smith war also sehr wohl ein Schüler Rousseaus.

Die Ehre wird hier nicht wie später bei Kant eingeordnet in eine undifferenzierte Reihe von Begierden (nach Gütern, Macht, Ehren); sie ist – im weiteren Sinn verstanden, mit Bezug auf den Blick und das Urteil der anderen – der Wahrheitsgrund der anderen Begierden. Smith kommt das Verdienst zu, damit einen über die Jahrhunderte tradierten Gegensatz zwischen unseren eitlen Bestrebungen auf der einen und den auf Nützlichkeit gerichteten Bemühungen auf der anderen Seite überwunden zu haben; oder mit den Worten Albert Hirschmans, den Gegensatz zwischen Leidenschaften und Interessen. Oft hat man von folgender Einteilung geträumt: zur Rechten das, was die Menschen aus »guten« Gründen tun, beispielsweise um sich zu bereichern, zur Linken ihre Torheiten, das Streben nach Ruhm, ihr Hang für Ehrenzeichen und Symbole. Doch handelt es sich nach Aussage Adam Smiths dabei nur um verschiedene Mittel, zum gleichen Ziel zu kommen. »Smith weigert sich, in die Falle der Lüge des bürgerlichen Individualismus oder des Eigennutzes zu tappen«, schließt Dupuy.[35] Genau in diesem Punkt geht Adam Smith einen Schritt weiter als Rousseau. Dieser hatte wie gesehen die Selbstliebe allen Lebewesen zugeschrieben, die Vorstellung der Achtung und ihre Perversion, die Eigenliebe, dagegen nur den Menschen. Adam Smith gibt nun jeden Gedanken an eine autonome Selbstliebe beim Menschen auf: die Eigenliebe sage die Wahrheit über die Selbstliebe, das egoistische Anhäufen von Reichtümern ist nur ein Mittel, um sich der Beachtung der anderen zu versichern.

Diese Beispiele können zu dem Glauben verleiten, Adam Smith habe die konstitutive Abhängigkeit des Menschen vom Blick der anderen negativ beurteilt. Das ist keineswegs so – man muß ihm zufolge diese *Conditio humana* akzeptieren, wie sie ist. Das hindert Smith keineswegs daran, zwischen Tugend und Laster zu unterscheiden, denn wie Rousseau, der zwischen »Eigenliebe« und »Vorstellung der Achtung« unterscheidet, hält Smith die Eitelkeit und die wechselseitige Abhängigkeit der Menschen auseinander. Genau dies macht er La Rochefoucauld und Mandeville zum Vorwurf: sie verwischten in einem ersten Schritt jeden Unterschied zwischen den Blicken, die wir auf uns zu ziehen trachten, um dann behaupten zu können, der Eigennutz allein beherrsche uns. Mandeville »betrachtet alles, was aus dem Gefühl für das sittlich Richtige, aus Rücksicht auf das, was anerkennenswert und lobenswürdig ist, getan wurde, als etwas, das aus Verlangen nach Lob und Anerkennung oder, wie er es nennt, aus Eitelkeit getan wurde.« Doch die Liebe zum wahren Ruhm ist nicht zu verwechseln mit der Eitelkeit, die Tugendliebe nicht mit der Freude, die man empfindet, wenn man gelobt wird.

Die menschlichen Leidenschaften, die uns den Mitmenschen zuneigen lassen, sind folglich nicht per se schlecht. Was zur Quelle der Verderbnis werden kann, ist anfangs notwendig für das Leben in Gesellschaft, für das menschliche Leben. Man muß sogar dem »allweisen Schöpfer« danken, der auf diese Weise »den Menschen gelehrt hat, die Gefühle und Urteile seiner Brüder zu achten« und den Menschen »zum unmittelbaren Richter der Menschen gemacht« hat. Denn jedes Urteil kommt erst durch die anderen zustande: wie für Rousseau können auch für Adam Smith die Werte, mithin Ethik und Ästhetik, nur in der Gesellschaft entstehen. Wir können kein Urteil über uns selbst fällen, ohne aus uns herauszutreten und uns durch die Augen der anderen zu betrachten. Gelänge es, einen Menschen in völliger Isolation aufzuziehen, so könnte dieser über nichts urteilen, nicht einmal über sich selbst: ihm fehlte ein Spiegel, um sich zu sehen.»Bringe diesen Menschen in Gesellschaft anderer und er ist sogleich mit dem Spiegel ausgerüstet, dessen er vorher entbehrte.«[36] So sprach freilich schon Montaigne über sich:»Weil ich mich von Jugend auf gewöhnet habe, mein Leben in anderer ihren zu spiegeln …«[37]

Heißt das nun, wir sollten mit aller Kraft nach dem positiven Urteil der anderen streben? Wir wissen zugleich, wie oberflächlich und wetterwendisch dieses sein kann. Wenn Gott existierte, könnten wir allein auf seinen Weitblick vertrauen und auf menschliche Wertschätzung verzichten. Aber in der strikt menschlichen Welt Adam Smiths wird diese Möglichkeit nicht in Betracht gezogen. Statt dessen bietet er uns eine jedem zugängliche gedankliche Konstruktion an, einen »unparteiischen und wohlunterrichteten Zuschauer«,[38] der in uns wohnt, die reine Idealgestalt aller »anderen«, denen wir in unserem Leben begegnen (George Herbert Mead sollte ihn im zwanzigsten Jahrhundert den »generalisierten Anderen« nennen, Michail Bachtin den »Überadressaten«).[39] Dieser Zuschauer ist rein menschlich, aber zugleich frei von den Fehlern, die jedem eigen sind; er ermöglicht uns, der Eitelkeit zu entkommen, ohne das Streben nach der Beachtung der anderen aufzugeben.

Dieser unparteiische und aufgeklärte Zuschauer ist mithin nicht nur eine philosophische Fiktion. Wir alle besitzen in uns eine Repräsentation unserer selbst, der wir den Namen *Bewußtsein* geben; dieses ist in Wirklichkeit nichts anderes als ein generalisierter Anderer, der Blick der anderen in unserem Inneren. Und vom Urteil dieses generalisierten Anderen hängt letztlich unser Verhalten ab. Es irren sich also sowohl diejenigen, die voll guter Absichten den Menschen aus Menschenliebe handelnd darstellen, als auch jene, die uns aus unerbittlicher Wahrheitsliebe mit der Aussage schockieren, der Mensch handle allein aus Eigennutz. Der Mensch kann nicht allein Erfüllung finden, doch er gehorcht auch nicht unbedingt einer Pflicht, die er als von der Gesellschaft auferlegt ansieht. »Es ist nicht die Liebe zu unserem Nächsten, es ist nicht die Liebe zur Menschheit, was uns in vielen Fällen zur Betätigung jener göttlichen Tugenden antreibt. Es ist eine stärkere Liebe, eine mächtigere Neigung, die in solchen Fällen im allgemeinen eingreift: die Liebe zu allem, was ehrenwert und edel ist, das Verlangen nach Größe, Würde und Erhabenheit unseres Charakters.«[40] Die mächtigsten Beweggründe des menschlichen Handelns heißen nicht Lust, Interesse, Gier oder umgekehrt Edelmut, Menschenliebe, Selbstaufopferung – sondern: Verlangen nach Ruhm und Achtung, Schande und Schuld, Furcht vor mangelnder Wertschätzung, Heischen nach dem Blick der anderen ...

Adam Smith akzeptiert die Intuition Rousseaus und entwickelt sie weiter, ohne sie zu verraten. Eine ganz andere Behandlung erfährt sie unter den Händen Hegels. Hegel, ein Bewunderer und Leser von Rousseau und Adam Smith, erörtert das Problem unseres konstitutiven sozialen Wesens auf den berühmten Seiten der *Phänomenologie des Geistes* (1807), die der »Dialektik von Herr und Knecht« (oder Sklave) gewidmet sind – Seiten, die ich wie viele andere vor mir in der Interpretation lesen werde, die Alexandre Kojève in den dreißiger Jahren unseres Jahrhunderts vorgeschlagen hat (*Hegel: eine Vergegenwärtigung seines Denkens. Kommentar zur »Phänomenologie des Geistes«*). Nicht etwa, daß Kojèves Deutung dem Original vollkommen entspräche. Wie jeder, der einen Text auslegt, modelt Kojève den Text, den er liest, um und biegt ihn zurecht. Doch diese Interpretation hat gegenüber dem Original den Vorteil, sehr klar und deutlich zu sein. Zudem sind die Umdeutungen Kojèves zum Teil jene, die bereits im neunzehnten Jahrhundert an Hegel vorgenommen wurden: das Hegelsche Denken hat in der Welt gewirkt, als ob es sich bereits in seiner Deutung durch Kojève präsentiert hätte.

Tatsächlich deutet Hegel (der sich auf den Seiten der *Phänomenologie* weder auf Rousseau noch auf Adam Smith bezieht) Rousseaus Denken um und bildet zwei Richtungen aus. Einerseits bekräftigt und erweitert er es. Statt die »Vorstellung der Achtung« als Übergangsstadium zwischen Selbstliebe und Eigenliebe aufrechtzuerhalten, macht er diese zum Merkmal der Gattung des

Menschen. Und statt sie als selbstsüchtige »Eigenliebe«, »Stolz« oder »Eitelkeit« zu verurteilen, beschreibt er sie in moralisch neutralen Begriffen. Worin besteht der Unterschied zwischen Tier und Mensch? Das Tier handelt im Namen seines Selbsterhaltungsinstinkts, eignet sich zu diesem Zweck die notwendigen Dinge (zum Beispiel Nahrung) an und schiebt Hindernisse beiseite (die Rivalen). Der Mensch tut das gleiche, begnügt sich indes nicht damit, sondern sucht mehr als seine materielle Befriedigung: er strebt nach einer Anerkennung seines Wertes, die ihm nur durch den Blick anderer zukommen kann. *Anerkennung* – mit diesem Begriff bezeichnet Hegel, was Rousseau »Achtung« und Adam Smith »Beachtung« nannte; den ersten Begriff werde ich ebenfalls verwenden.

Das Humane beginnt dort, wo sich »die biologische Begierde nach Erhaltung des Lebens« der »menschlichen Begierde nach Anerkennung« unterordnet. »Seine menschliche Begierde in ihm [muß] wirklich seine tierische Begierde überwinden. Anders gesagt, der Mensch ›bewährt sich‹ nur dann als Mensch, wenn er den Einsatz seines (animalischen) Lebens um seiner menschlichen Begierde willen wagt«. Darauf hatte bereits Adam Smith hingewiesen: der Mensch ist bereit, sein Leben zu verlieren, um Ruhm zu gewinnen. Achill, der den Ruhm dem Leben vorzieht, ist der erste echte Repräsentant der Menschheit und nicht nur ein großer Held. Das Bedürfnis nach Anerkennung ist das konstitutive menschliche Faktum. In diesem Sinn existiert der Mensch nicht vor der Gesellschaft und das Menschliche gründet im Zwischenmenschlichen. »Daher kann die menschliche Wirklichkeit nur eine soziale sein.« »Zumindest muß man zu *zweien* sein, um *Mensch* zu sein.« Nun hat Hegel nicht die persönlichen Gründe Rousseaus, die *Conditio humana* zu beklagen, und begnügt sich deshalb damit, sie zu beschreiben.[41]

Gleichzeitig mit dieser Erweiterung grenzt Hegel–Kojève jedoch die Idee der Anerkennung ungeheuer ein. Diese Einschränkung vollzieht sich in mehreren Etappen. Die erste besteht in der sehr harten Anwendung des Gesetzes vom ausgeschlossenen Dritten. Um seinen tierischen Zustand zu überwinden, darf der

Mensch nicht nur das suchen, was unmittelbar seine Begierden und seinen Selbsterhaltungsinstinkt befriedigt, sondern auch »etwas, das die daseiende Wirklichkeit übersteigt. Das einzige aber, was diese daseiende Wirklichkeit übersteigt, ist die Begierde selbst«. Oder: »Die Begierde muß, um anthropogen zu sein, sich auf ein Nichtseiendes beziehen, d.h. auf eine andere Begierde, auf ein anderes lechzendes Leeres, auf ein anderes Selbst«.[42] Teilt sich indes die Welt der Objekte der Begierde notwendig in diese beiden einander ausschließenden Bereiche auf, die der materiellen Objekte und die der anderen Begehren?

Der zweite Schritt ist sehr viel spektakulärer. Während ich vom anderen Anerkennung verlange, fordert dieser sie gleichzeitig von mir; da wir sie uns aber nicht gegenseitig gewähren können, darf der eine sie nicht haben, damit der andere sie erhält. Das Verlangen nach Anerkennung ist notwendigerweise ein Kampf, und da für die Menschen die Anerkennung im Wert höher steht als das Leben, ist es ein Kampf auf Leben und Tod. Dieser Gedanke fehlte freilich nicht bei Rousseau (und anderen Autoren vor ihm), aber für ihn bezog er sich auf die »Eigenliebe« (negativ), nicht auf die Vorstellung der Achtung oder das Bedürfnis nach den anderen (neutral). Er schrieb: »Ich würde darauf aufmerksam machen, wie sehr jenes universelle Verlangen nach Reputation, Ehren und Auszeichnungen, das uns alle verzehrt,... alle Menschen zu Konkurrenten oder vielmehr Feinden macht,... wie viele Schicksalsschläge, Erfolge und Katastrophen aller Art es täglich dadurch verursacht, daß es so viele Bewerber dasselbe Rennen laufen läßt.« Doch Hegel-Kojève macht keinen Unterschied zwischen diesen verschiedenen Instanzen (Selbstliebe/Eigenliebe), er wendet diese Beschreibung auf die Idee der Anerkennung selbst an. Da jeder der beiden bereit ist, eher sein Leben zu geben als nachzugeben, »kann ihre Begegnung nur ein tödlicher Kampf sein«, ein »reiner Prestigekampf auf Leben und Tod«, den man indes nicht verurteilen dürfe, denn dieser Kampf sei schließlich die Bestimmung der Menschheit. Es sei »ein *Kampf* auf Leben und Tod,... denn jeder will sich den anderen, *alle anderen*, unterwerfen, durch ein negierendes, zerstörerisches Tun.« Sich anerkennen zu lassen heißt, sich gegenüber anderen durchzusetzen. Damit wird die Idee der Anerkennung unwiderruflich mit der Idee des Kampfs um die Macht verknüpft.

Dieser zweite Schritt ist seinerseits durch eine dritte Einschränkung vorbereitet worden, wonach jede Anerkennung die eines Werts ist. Die Anerkennung ist in der Sprache von Hegel-Kojève gleichbedeutend mit Bewunderung, Billigung, Lob – und drückt somit eine untergeordnete Stellung gegenüber einem Höherstehenden aus. »Jede Begierde ist Begierde nach einem Wert.«

Eine weitere Reduktion vollzieht Hegel-Kojève schließlich in seinem nächsten Gedankengang, wenn er die Konsequenzen dieses ursprünglichen Kampfes erörtert. Einer der beiden Kämpfer ist als Sieger aus dem Kampf hervorgegangen, der andere ist besiegt und – falls er nicht getötet worden ist – zum Sklaven oder Knecht geworden (er hat das Leben dem Ringen um Anerkennung vorgezogen). Doch dadurch hat er auf seine spezifisch menschliche *Conditio* verzichtet. Unversehens ist der Sieger seinerseits enttäuscht: er hat zwar Anerkennung erhalten, aber nicht die eines anderen *Menschen*, das heißt nicht die Anerkennung, die er erstrebt hatte. Seine Begierde ist zutiefst tragischer Natur: entweder erhält er die Anerkennung nicht, weil er besiegt wird, oder die Anerkennung, die er erhält, ist wertlos, weil sie von einem Besiegten kommt. Der Herr »wird … von jemandem anerkannt, den er (seinerseits) nicht anerkennt … Die Haltung des Herrn ist also eine existenzielle Sackgasse.«[43]

Man wird hier gewahr, daß nicht nur jedes Verlangen nach Anerkennung Kampf, sondern auch jeder Kampf Verlangen nach Anerkennung ist: der Sieg bringt keinerlei Befriedigung, weil er nicht von Anerkennung und Bewunderung gekrönt sein kann; und wenn Hegel-Kojève behauptet, »es müssen zumindest zwei sein«, sollte das heißen – »und nur zwei«: in diesem Szenario ist die Welt zu jedem Zeitpunkt nur von einem Sieger und einem Verlierer bewohnt. Auch in diesem Punkt läßt sich bezweifeln, ob eine solche Reduktion legitim ist. Sicherlich kann ein SS-Mann, der einen Häftling im Konzentrationslager tötet oder wie einen Sklaven behandelt, nicht die Lust empfinden, die ihm die Anerkennung seines Opfers verschaffen würde. Doch kann er nicht *gleichzeitig* die Anerkennung seiner Kameraden der SS einfordern, die seine »Härte« bewundern, oder die seiner Vorgesetzten, die seine Treue und Beflissenheit schätzen? Dazu müßte man jedoch von Beginn an nicht nur zwei, sondern drei Akteure annehmen: die beiden Kontrahenten und einen *Zeugen*, einen *Zuschauer*, vor dessen Augen sich der Kampf abspielt.

Die Geschichte, die uns Hegel-Kojève erzählt, gleicht derjenigen Rousseaus im *Diskurs über die Ungleichheit* und anderen, ähnlichen Schilderungen: es ist eine Geschichte des Ursprungs der Menschheit. Hegel-Kojève schildert uns die ersten Menschen, den Geburtsakt der Gattung. Deshalb spricht er ständig vom »anthropogenen«, »werdenden«, »ursprünglichen« Menschen. Noch einmal zusammengefaßt: »Der Mensch wurde geboren und die Geschichte begann mit dem ersten Kampf, der mit dem Auftauchen eines Herrn und eines Knechts endete.« Die Geschichte der Menschheit ist nichts anderes als die Entwicklung dieser Beziehung zwischen Herren und Sklaven.[43]

Die Spekulationen über die Ursprünge der Menschheit, die bis in die jüngste Vergangenheit in der Philosophie gang und gäbe waren, gehören in den Bereich des Mythos. Sie können sicherlich sehr suggestiv sein, lassen sich aber niemals bestätigen oder widerlegen. Sie liefern uns bestenfalls ein logisches Modell, eine erklärende Darstellung, deren wirkliche Existenz man nicht einklagen darf. Nun läßt sich aber auch eine andere Geburt beobachten: nicht diejenige der Gattung, sondern des einzelnen Menschen. Selbst wenn man dem Individuum keine privilegierte Rolle zubilligen will, bleibt dieses Ereignis doch ein Beispiel, so aufschlußreich wie andere auch, wie sich die Identität des Menschen herausbildet. Die beiden wackeren Kämpfer im Szenario von Hegel-Kojève müssen doch auch einmal Kinder gewesen sein, bevor sie Erwachsene wurden? Und sie sind doch wohl eher aus dem Schoß einer Mutter geboren als einem Philosophenhirn entsprungen? Wenn man sich jedoch bei der Lektüre des Mythos von Hegel-Kojève zur Veranschaulichung die Geburt des einzelnen Menschen vergegenwärtigt, erscheinen viele Elemente des Mythos als sehr strittig, wenn nicht gar lächerlich. Das Modell erweist sich mithin als unbrauchbar.

Wie im Ursprungsmythos der Gattung muß es in der Wirklichkeit des Ursprungs des Individuums mindestens zwei Menschen geben, damit das Humane auftaucht. Aber diese beiden sind nicht wie bei Hegel-Kojève zwei Männer in einem ritterlichen Turnier oder einem Boxring; es sind vielmehr die Mutter und das Kind (oder wenn man zur Empfängnis zurückgeht, ein Mann und eine Frau).

Die Beschreibung des Ursprungs, der Geburt, des »Anthropogenen« als Kampf auf Leben und Tod gilt mit Sicherheit nicht für die Beziehung zwischen Mutter und Kind. Der Mensch wird nicht aufgrund eines Kampfes, sondern vielmehr aus Liebe geboren. Und das Ergebnis dieser Geburt ist nicht das Paar Herr-Knecht, sondern prosaischer die Verbindung von Eltern und Kind.

Doch, so wird man einwenden, die Geburt eines Menschenkinds hat nichts spezifisch Humanes an sich; sie gleicht jener der anderen Säugetiere, selbst wenn die Spuren, die sie im Gedächtnis der Mutter und vielleicht auch in der Erinnerung des Kindes hinterläßt, in der Tierwelt keine Entsprechung haben. Die ersten Bewegungen von Mutter und Kind aufeinander zu sind ebenfalls nicht spezifisch human: das Kind »verlangt« zwar, genährt und gewärmt, kurz beschützt zu werden, die Mutter »verlangt« zu beschützen, doch diese erste Beziehung findet man gleichermaßen in der Tierwelt. Das ist richtig. Nach einigen Wochen jedoch kommt es zu einem Ereignis, das bei den anderen Säugetieren keine Entsprechung hat: das Kind erheischt den Blick seiner Mutter, nicht nur, damit sie es stillt oder tröstet, sondern weil dieser Blick als solcher ihm eine unabdingbare Ergänzung bringt: er bestätigt es in seiner Existenz. Anders ausgedrückt »verlangt« das Kind nunmehr die Anerkennung der Mutter (oder des Erwachsenen, der diese Rolle wahrnimmt, das kann auch der Vater oder eine dritte Person sein). Die Mutter sucht dem Kind die Anerkennung zu geben, es seiner Existenz zu versichern. Und gleichzeitig, ohne daß sie sich dessen immer bewußt wäre, sieht sie sich selbst anerkannt in ihrer Rolle als Maklerin der Anerkennung, durch den verlangenden Blick ihres Kindes. Die Existenz des Individuums als spezifisch menschliches Wesen beginnt nicht auf einem Schlachtfeld, sondern im Erheischen des mütterlichen Blicks durch den Säugling – eine sehr viel weniger heroische Situation ...

Fügen wir sogleich hinzu, um jedes Mißverständnis zu vermeiden, daß der Begriff »Blick« sich hier auf das erste und beste Sinneswerkzeug bezieht, über das der Mensch verfügt, um einen Kontakt mit anderen herzustellen. Sollte es fehlen – wie etwa bei den Blinden –, so erfüllen die anderen Sinne, vor allem Tastsinn und Gehör, dieselbe Aufgabe.

Nunmehr läßt sich ermessen, wie gewaltsam die Reduktionen von Hegel-Kojève am Prozeß der Anerkennung ausfallen. Man muß sie nur mit dem konfrontieren, was sich in der Mutter-Kind-Beziehung beobachten läßt. Ist es legitim, jedes Begehren von nichtmateriellen Gütern (konkret: anderen als Nahrung) auf die Begierde nach einer anderen Begierde zu reduzieren? Begehrt der Säugling die Begierde seiner Mutter? Er begehrt ihren Blick, ihre Gegenwart, mit einem Wort ihre Anerkennung; doch diese kann nur durch eine Überanstrengung der Einbildungskraft als Begierde bezeichnet werden. Zweitens, ist dieses Verlangen nach Anerkennung notwendigerweise ein Kampf oder gar ein tödlicher Kampf? Man hat Mühe, dies zuzugestehen. Sehr viel später kann es zu einer Konkurrenz zwischen Eltern und Kind kommen, kann das Kind seinen Vater oder seine Mutter bekämpfen, aber mit Sicherheit nicht in diesem Anfangsstadium. Der Gedanke an einen Kampf liegt dem einen wie dem anderen fern; das Kind bekämpft seine Eltern nicht, es ist vielmehr ein Bittsteller. Die Ungleichheit zwischen beiden ist anfangs so groß, daß es absurd wäre, sich vorzustellen, ihre Beziehung könnte sich *zur Ungleichheit hin* entwickeln; die Hierarchie verhütet den Konflikt. Und dadurch, daß es die Anerkennung des Anderen (der Mutter) erheischt, geht das Kind nicht das geringste Risiko ein, sondern bekräftigt damit sehr stark seine Menschlichkeit. Drittens fordert das Kind keine Bestätigung seines Wertes (es weiß nicht, was das ist), sondern verlangt nur die Anerkennung seiner Existenz, nicht mehr (das ist schon sehr viel). Und viertens schließlich bemerkt man in der weiteren individuellen Entwicklung, daß die konfliktuellen Beziehungen nicht immer mit einer Forderung nach Anerkennung verbunden sind (mithin auch nicht mit dem Gegenteil): die Konflikte gehören vielmehr zu den Dreieckssituationen, in denen es neben den Konkurrenten auch einen Zeugen, Richter, Verwahrer der Anerkennung gibt. Die beiden Prozesse, Anerkennung und Kampf, können sich folglich unabhängig voneinander abspielen. Ein anderer Beweis für die Möglichkeit, sie voneinander zu trennen, stammt aus der Tierbeobachtung (die wohlgemerkt zu Lebzeiten Hegels erst am Anfang stand). Die in Rudeln lebenden Tiere entsprechen weitgehend dem Hegelschen Schema des Kampfes, der zur Herrschaft oder Sklaverei führt: die Konkurrenten verwickeln sich in tödliche Kämpfe, aus denen sich indes jeder befreien kann, indem er dem Sieger ein Zeichen der Unterwerfung gibt. Gleichsam beiläufig belegt dies zugleich, daß sein Leben wagen, um Herrschaft zu erringen, uns noch nicht in das spezifisch Humane eintreten läßt. Eine ältere Studie erklärt, wie sich das Leben auf einem Hühnerhof organisiert: anfangs gibt es einen Konflikt, dann Unterordnung. Soll man daraus schließen, daß die menschliche Gesellschaft nur ein großer Hühnerhof ist? Nein, denn dieser Kampf spielt sich eben ohne irgendeine Forderung nach Anerkennung ab: es ist eine Kraftprobe. Zudem reduziert sich das Leben auf dem Hühnerhof keineswegs darauf: bei den Tieren wie bei den Menschen ist nicht der Konflikt die erste soziale Beziehung, sondern die Abstammung.

Kann man das Verhältnis zwischen Eltern und Kind dem zwischen Herrn und Sklaven gleichstellen? Das läßt sich kaum vertreten. Müßte man das Kind eher mit dem Sklaven identifizieren (weil es niedriger steht) oder mit dem Herrn (weil es Anerkennung fordert und erhält)? Die beiden Beziehungen miteinander zu vermengen wäre nicht nur unnütz: man verlöre damit zudem die Möglichkeit, zu beobachten, daß *bestimmte* Beziehungen zwischen Eltern und Kind an *bestimmten* Momenten der Entwicklung wirklich der Logik von Herr und Knecht entsprechen können.

Eine Schlußfolgerung drängt sich auf: die Beschreibung von Hegel-Kojève, so glänzend sie sein mag, sagt nicht die Wahrheit über die *Conditio humana*, sie beschreibt vielmehr eine ganz besondere Beziehung: die der Begierde, die gerade durch ihre Erfüllung enttäuscht wird, die der Rivalität, verbunden mit der paradoxen Forderung nach Anerkennung durch den Konkurrenten. Die Beschreibung ist nicht falsch, aber ihr Anspruch auf Allgemeingültigkeit ist maßlos übertrieben. Die Realität der menschlichen Beziehungen ist unendlich viel reicher. Nicht alles Immaterielle ist Begierde, nicht jede Anerkennung ist Teil des Kampfs um die Macht oder die Bestätigung eines Werts, und nicht jeder Kampf ist begleitet von der Forderung nach Anerkennung. Die menschliche Welt ist vielgestaltiger, als die von Hegel-Kojève exponierte »Dialektik von Herrschaft und Knechtschaft« erahnen läßt. Damit fällt es schwer, die Hegelsche Schlußfolgerung zu unterschreiben: »Menschliche, geschichtliche, ihrer selbst bewußte Existenz ist also nur da möglich, wo es blutige Kämpfe, wo es Prestigekriege gibt oder wenigstens gegeben hat.«[45] Die außerordentliche Mannigfaltigkeit der Forderungen nach Anerkennung und ihrer Vergabe wird hier auf die Monotonie eines Kampfs um die Macht reduziert. Kaum hat man begonnen, sie zu erkunden, wird die Anerkennung bereits auf eine ihrer Spielarten zurückgeführt und praktisch in eins gesetzt mit jenem anderen müden Dauerbrenner der westlichen Philosophie, dem unaufhörlichen Krieg aller gegen alle. Genau diese selbstverstümmelnde Beschränkung gilt es heute zu überwinden.

Fortleben im zwanzigsten Jahrhundert

Es ist selbstverständlich unmöglich, in diesem Überblick alle verschiedenen Theorien zu berücksichtigen, die sich in unserem Jahrhundert auf die Entdeckung Rousseaus berufen haben, die versucht haben, sie umzuformen, oder sich dagegen wandten. Festhalten läßt sich indes, daß die einflußreichsten Theorien die früheren asozialen Tendenzen weiterschreiben und verlängern: diejenige von Hobbes oder La Rochefoucauld, die von Helvétius oder aber die Hegelsche Umdeutung (und Reduktion) Rousseaus, die sich schon lange vor der Interpretation Kojèves durchgesetzt hatte, vermittelt durch den Marxismus, der die Dialektik von Herr und Knecht in den erbarmungslosen Klassenkampf übersetzt, oder durch Nietzsches Begriff des Willens zur Macht. Einige Beispiele sollen dies veranschaulichen, ohne den Anspruch zu erheben, eine systematische Darstellung ersetzen zu können.

Die klassische Psychoanalyse, eine Denkschule, die heute ihre Konkurrenten auf dem Feld der psychologischen Theorie beinahe völlig ausgeschaltet hat, knüpft häufig an die Konzeptionen La Rochefoucaulds und Kants an: der Mensch ist ein egoistisches und im Grunde solitäres Wesen, er denkt nur an die Befriedigung seiner Begierden; erst das Leben in der Gesellschaft lehrt ihn Selbstlosigkeit und Großherzigkeit – die indes nur ein Ideal sind, nicht die Wirklichkeit. Freud teilt in dieser Hinsicht die Ideen seiner berühmten Vorgänger, Gedanken, die im neunzehnten Jahrhundert besonders populär waren. Er schreibt in *Unbehagen in der Kultur:* »*Homo hominis lupus*; wer hat nach allen Erfahrungen des Lebens und der Geschichte den Mut, diesen Satz zu bestreiten? … Wenn die seelischen Gegenkräfte, die sie [die Aggression] sonst hemmen, weggefallen sind, äußert sie sich auch spontan, enthüllt den Menschen als wilde Bestie, der die Schonung der eigenen Art fremd ist.« Diese wilde Bestie (aber hat man je wilde Tiere sich so verhalten sehen?) erkennt den anderen nur insofern an, als dieser ihm ermöglicht, bestimmte Triebe zu befriedigen: er fungiert als Sexualobjekt oder Helfer bei der Erfüllung einer besonders schwierigen Aufgabe; ansonsten sind sie Konkurrenten. Dieses aggressive, auf Wettstreit fixierte Wesen ist also im wesentlichen vereinzelt, isoliert, autark.

Die Gesellschaft stellt sich in dieser Perspektive als ein Notbehelf gegen die schädlichen Folgen des ständigen Kriegs aller gegen alle dar. Sie gehört also in den Bereich der Moral und der Kultur: sie ist ein Kunstprodukt. »Es [ist] unmöglich zu übersehen, in welchem Ausmaß die Kultur auf Triebverzicht aufgebaut ist, wie sehr sie gerade die Nichtbefriedigung (Unterdrückung, Verdrängung oder sonst etwas) von mächtigen Trieben zur Voraussetzung hat.« Es gibt also einen ständigen Konflikt zwischen der Kultur und der rohen Gewalt (das wäre die Befriedigung unserer Triebe). »Infolge dieser primären Feindseligkeit der Menschen gegeneinander ist die Kulturgesellschaft beständig vom Zerfall bedroht.«[46] Die Natur besteht aus individuellen Instinkten, das Leben in Gesellschaft ist eine kulturelle Errungenschaft, also existiert das Individuum vor seinem Eintritt in die Gesellschaft. Kant sagte nichts anderes: »Da [im Leben in Gesellschaft] geschehen nun die ersten wahren Schritte aus der Rohigkeit zur Kultur, die eigentlich in dem gesellschaftlichen Wert des Menschen besteht«.[47] Jedesmal wird das Gesellschaftliche auf das Tugendhafte reduziert, das eben dem natürlichen Menschen fehlt.

Die untergründige Auffassung vom Menschen als einem ursprünglich vereinzelten Individuum erklärt einige der einflußreichsten Thesen der Freudschen Lehre, zum Beispiel die Theorie des primären Narzißmus. Wie Michael Balint gezeigt hat, bleibt Freud in diesem Punkt unentschieden, indem er einmal »ursprünglich« eine Objektbeziehung (also zu anderen), ein andermal einen Autoerotismus vertritt, dann wieder von Narzißmus spricht. Aber in den letzten zusammenfassenden Darstellungen seiner Theorie wie auch in der psychoanalytischen Orthodoxie wird vertreten, daß der Primärzustand des Menschen sich durch »das völlige Fehlen einer Beziehung zur Umgebung« auszeichnet, es ist ein streng »objektloser« Zustand.[48] Die Libido ist ursprünglich einzig dem Ich vorbehalten, nur schrittweise verwandelt sich die narzißtische Libido in die Objektlibido. Ein anderes Beispiel für das gleiche untergründige Wirken der Freudschen Anthropologie findet sich in der entscheidenden Rolle, die der Begründer der Psychoanalyse dem »Ödipuskomplex« beigemessen hat, in dem sich das Begehren des Subjekts untrennbar mit Konkurrenz- und Haßbeziehungen verknüpft. Diese Verknüpfung ist von Freud wie von den orthodoxen Psychoanalytikern immer als eine zentrale Bezugsachse gedacht worden, sowohl in der Entwicklung des Individuums wie der Gattung, denn der Vatermord in der Urhorde wird in *Totem und Tabu* als Ursprung der Menschheit angesehen.[49] Alles, was sich nicht auf Ödipus zurückführen läßt, erhält die Bezeichnung »präödipal«, eine aufschlußreiche Begriffsprägung, welche die weitere Entwicklung bereits vorzeichnet: etwas, was nur den entscheidenden Augenblick vorbereiten hilft. Wie Hegel postuliert auch Freud: Am Anfang war der Krieg, der Kampf auf Leben und Tod.

Es mag lehrreich sein, die Wiederholung dieses Schemas bei einem abweichenden Schüler Freuds wie Alfred Adler zu beobachten, der indes eigentlich eine stärker »soziale« Vision des Menschen als die klassische Psychoanalyse präsentieren wollte. Sein Fall ist interessant. Bei Adler findet man einerseits die These, der Mensch sei ein egoistischer Einzelgänger, oft in nietzscheanischer Sprache ausgedrückt. Jeder Mensch sei beherrscht von einem »übermächtigen Machtstreben«, und sein einziges Ziel bestünde darin, die »Anforderungen der Außenwelt … siegreich« zu bestehen. Das Leben sei nur ein »Kampf um Erfolg«, und »alles Verhalten eines Menschen [ist] durch ein Ziel festgelegt, das sich als nichts anderes darstellt, als ein Ziel der Überlegenheit, der Macht, der Überwältigung des anderen.«[50] In dieser Perspektive sind die anderen mithin nur Konkurrenten, die es auszuschalten gilt, oder potentielle Knechte.

Gleichzeitig richtet Adler sein Augenmerk auf eine andere Facette des menschlichen Verhaltens (dabei vielleicht beeinflußt durch seine sozialistische Überzeugung): die Kooperationshandlungen, die nicht auf Konkurrenz beruhen und sich nicht auf Verschwörungen gegen einen Höherstehenden reduzieren lassen. So etwa der Drang des neugeborenen Kindes zur Mutterbrust, den er nicht in kantischer Manier als Affirmation der Freiheit deuten will, aber auch nicht Freud folgend als einen Aggressionsakt. »Es ist leicht verständlich, daß der erste Akt des neugeborenen Kindes, das Trinken an der Mutterbrust, Kooperation ist – und nicht, wie Freud zugunsten seiner vorgefaßten Theorie glaubt, Kannibalismus, ein Zeugnis für den angeborenen sadistischen Trieb –, daß dieser Akt der Mutter ebenso zugute kommt wie dem Kinde«. Allgemeiner noch stellt er bei seiner Beschäftigung mit dem Verhalten von Frauen (Adler unterstützt auch Positionen der Frauenbewegung) fest, daß er in dem Akt keine Bestätigung für seine Theorien über das Streben nach Macht findet. »Die Unsicherheit des Lebens hat bisher – allgemein – keine bessere Lösung gefunden als das Streben nach Macht. Nun ist es Zeit, nachzudenken, ob dies der einzige, der beste Weg zur Sicherung des Lebens und zur Entwicklung der Menschheit ist. Man kann auch aus der Struktur des Frauenlebens lernen.« Und bei der Reflexion über die Geschichte der Menschheit kommt er nicht umhin festzustellen, daß man es niemals mit einem isolierten Individuum zu tun hat. »Vor dem Einzelleben der Gemeinschaft war die Gemeinschaft«, schreibt er in der *Menschenkenntnis*; und im *Sinn des Lebens* heißt es: »In der ganzen Menschheitsgeschichte finden sich keine isolierten Menschen.«[51]

Wie lassen sich jedoch zwei derart unterschiedliche Behauptungen miteinander versöhnen? Auch hier bringt Adler nichts Neues: die Unterscheidung zwischen Realität und Ideal ermöglicht ihm die wundersame Verknüpfung. Die Konkurrenz ist natürlich, die Kooperation eine Kulturleistung (er vergißt, daß auch bei den anderen Säugetieren das Junge an der Brust seiner Mutter säugt und auch die Tiere die Zusammenarbeit kennen). Ein Abschnitt der *Menschenkenntnis* bestimmt die Tragweite der oben zitierten Beobachtung genauer: »Es gibt in der Geschichte der *menschlichen* Kultur keine Lebensform, die nicht als gesellschaftliche geführt worden wäre.« Ähnlich ist die Mutter-Kind-Beziehung nicht die Keimform jedes menschlichen Lebens, sondern stellt den Prototyp der Kultur dar: »Wahrscheinlich verdanken wir dem mütterlichen Kontaktgefühl den größten Teil des menschlichen Gemeinschaftsgefühls und damit auch den wesentlichen Bestand der menschlichen Kultur.« (Adler nimmt hier die Gedanken Bachofens auf, mit denen auch Freud vertraut war, der sie jedoch bekämpfte.)

Adler stellte das menschliche Leben so dar, als sei es beherrscht von zwei widerstreitenden Bewegungen: auf der einen Seite der Machthunger, das Streben nach Überlegenheit, auf der anderen das menschliche Gemeinschaftsgefühl; auf der einen Seite die Einsamkeit, auf der anderen die Geselligkeit; auf der einen Seite die (schlechte) Natur, auf der anderen die (gute) Kultur, der schlechte Egoismus und der gute Altruismus (Selbstsucht und Selbstlosigkeit). Das ganze Bemühen Adlers als Therapeut und Erzieher besteht nun darin, uns zur Annahme des Gefühls der *Mitmensch-lichkeit* zu drängen – in diesem Wort resümiert sich sein Ideal. Denn die Gesellschaft – wenngleich man ihre Abwesenheit niemals feststellen kann – ist nicht natürlich, sondern ein Heilmittel gegen die ursprüngliche Schwäche des Individuums. Der Mensch »ist nicht stark genug, um allein leben zu können«, daraus erwächst Adler zufolge, der hier Rousseau wiederholt, »die Notwendigkeit«, in Gemeinschaft zu leben.

Adler bemerkt also nicht, daß seine beiden Richtungen des Seelenlebens gleichermaßen sozial sind, nur daß die eine es mit Beziehungen der Ähnlichkeit oder Gleichartigkeit zu tun hat, die andere Richtung dagegen mit solchen der Angrenzung und Ergänzung (mit »symmetrischen« und »asymmetrischen« Beziehungen). Er will sich auch keine »schlechte« (das heißt nicht tugendhafte) Gesellschaft vorstellen, wird dazu aber gezwungen, wenn er die Eitelkeit erwähnt und damit den Ton der Moralisten in der Nachfolge Montaignes wiederfindet. »Die Eitelkeit [beeinträchtigt] das Gemeinschaftsgefühl.«[52] Doch ist die Eitelkeit nicht nur ein verzweifeltes Streben nach Anerkennung, die uns der Blick anderer gewähren kann, ein soziales Gefühl schlechthin?

Einer der wichtigsten Beiträge Adlers zur psychologischen Theorie betrifft die Identifizierung und Beschreibung des »Minderwertigkeitsgefühls«, das zu einem »Minderwertigkeitskomplex« werden kann; man findet hier die gleichen Widersprüche und Blockierungen wie in der allgemeinen Theorie. Worum handelt es sich? Dieses Gefühl sei Adler zufolge charakteristisch für das Kind, denn wie jedes andere menschliche Wesen sei es beherrscht von einem »*Streben nach Macht*…, das dazu bestimmt ist, zur Überlegenheit über die Umwelt zu führen«. Doch in seinem kindlichen Alter muß dieses Streben scheitern, »dadurch, daß es in die Umgebung von Erwachsenen gesetzt ist, verleitet, sich als klein und schwach zu betrachten, sich als unzulänglich, minderwertig einzuschätzen«. Zu diesem allgemeinen Grund kommen eventuelle organische Fehlbildungen hinzu; alles zusammen trägt dazu bei, uns ein Minderwertigkeitsgefühl einzupflanzen, das sich erst, wenn überhaupt, mit Erreichen des Erwachsenenalters auflöst, also mit dem Erlangen der Macht, selbst wenn diese durch das Gefühl der Mitmenschlichkeit gemildert ist.

Aber es trifft nicht zu, daß ein Kind an der Überlegenheit seiner Eltern leidet: es genügt, ein Kind zu beobachten, um dies festzustellen. Der Jugendliche kann an einer hierarchischen Überlegenheit leiden, deren Berechtigung er nicht einsieht; das Kind hegt dieses Gefühl eher gegenüber seinen Brüdern und Schwestern oder seinen Spielkameraden. So wie das Neugeborene andere (seine Mutter) zum Leben braucht, so benötigt das Kind die anderen (seine Eltern), um zu existieren, das heißt, um über die Anerkennung, die ihm die anderen gewähren, zum Selbstbewußtsein zu gelangen. Selbst wenn es zu seinen Eltern sagt: »Ich bin der Stärkste!«, strebt das Kind ihnen gegenüber nicht nach Überlegenheit, sondern nach der Anerkennung seines Daseins und der Bestätigung seines Werts, die allein die anderen ihm geben können und die sehr viel wichtiger sind als der Sieg über einen Konkurrenten. Indem er die Komplementaritätsbeziehung, die für die Eltern-Kind-Beziehung charakteristisch ist, in Begriffen der Konkurrenz und mithin der Ähnlichkeit deutet, projiziert Adler auf die Welt der Kindheit eine häufige (aber keineswegs durchgängige) Situation zwischen Erwachsenen.

Wenn er jedoch einzelne Fälle erörtert, verrät Adler seine eigene Theorie. In seiner Beschreibung des verwöhnten Kindes sagt er, dieses suche »sich in der Liebe der Eltern zu sonnen«, »die Aufmerksamkeit der Eltern auf sich zu lenken, zu erzwingen«, lasse »kein Mittel unversucht…, um in den Vordergrund zu kommen« und so fort. Wo sind das Streben nach Macht und das Verlangen nach Überlegenheit geblieben? Doch diese richtige Feststellung wird nicht auf die allgemein-theoretische Ebene gehoben. Der gewählte theoretische Rahmen läßt den Ergebnissen der Beobachtung keinen Raum. Dies zeigt insbesondere ein Satz der *Menschenkenntnis*: »Bereits in den ersten Tagen der Kindheit macht sich der Zug bemerkbar, sich in den Vordergrund zu drängen, die Aufmerksamkeit der Eltern auf sich zu lenken, zu erzwingen. Das sind die ersten Anzeichen für das erwachte Geltungsstreben des Menschen, das sich unter der Einwirkung des Minderwertigkeitsgefühls entwickelt und das Kind dazu führt, sich ein Ziel zu setzen, bei dem es der Umwelt überlegen scheint.«[53] Adler nimmt seinen Ausgangspunkt vom Verlangen nach Anerkennung, Achtung, »Geltung«, zwängt seine Intuition dann aber in die ungeeignete theoretische Zwangsjacke des Machttriebs.

Die diesbezüglichen Beobachtungen Adlers sind richtig, müssen aber in eine andere Sprache übertragen werden. Was er in der Kondition des Kindes gesehen hat, ist nicht dessen Unterlegenheit, sondern seine konstitutive *Unvollständigkeit*. Das Kind braucht von Geburt an die anderen, nicht nur um zu überleben, sondern um zu existieren, es braucht ihre Wärme, ihren Geruch oder Geschmack, ihre Stimme und ihren Blick, später zunehmend ihre Stimme. Dabei handelt es sich nicht um ein Mittel, das ein bereits autonomes Subjekt wählt, weil es feststellt, daß es ganz allein nicht wirklich zu seinem Ziel gelangen könnte! Doch diese ursprüngliche Unvollständigkeit kann niemals ganz ausgefüllt werden. Das Kind lernt, während es größer wird, sich selbst die Bestätigung seines Daseins zu geben. Doch das will nicht heißen, daß der Erwachsengewordene, selbst wenn er längere Zeit zu leben weiß, ohne daß sich die anderen um ihn kümmern, völlig auf ihren Blick verzichten könnte.

Adler steht in der Tradition La Rochefoucaulds – und blieb darin Freud treuer als er glauben mochte: der Mensch ist ein egoistischer Einzelgänger, aber man muß ihn dazu bringen, sozial und großmütig zu werden. Andere haben sich (bewußt oder nicht) dafür entschieden, die Tradition Helvétius' fortzusetzen, indem sie jede moralische Betrachtung beiseite schoben. Nicht zufällig findet man entsprechende Darlegungen in einigen Kapiteln der *Erotik* Georges Batailles, die dem Denken Sades gewidmet sind. Nach der Deutung Blanchots (der sehr häufig zitiert wird) und Batailles selbst habe Sade das Denken der menschlichen Isolation bis zu einem nie gekannten Punkt vorangetrieben. Blanchot zufolge gründet alles bei Sade »auf der Urtatsache der absoluten Einsamkeit. Sade hat es ausgesprochen und in allen Formen wiederholt: die Natur läßt uns einzeln zur Welt kommen, es gibt keinerlei Beziehung zwischen einem Menschen und einem anderen« (die

Zitate Blanchots stammen aus *Lautréamont et Sade*). »Der wahre Mensch weiß, daß er allein ist, und er akzeptiert es.«[54] Bataille stimmt dem zu: »Der Einsame, dessen Wortführer er [Sade] ist, nimmt in keiner Weise Rücksicht auf seinesgleichen.« Genau aus diesem Grund müsse man Sade dankbar sein, denn so »haben wir ein getreues Bild jenes Menschen erhalten, für den der andere nicht mehr zählt«.

Man weiß aber, daß Sade in seinem Leben keineswegs gleichgültig war gegenüber den Beziehungen, die ihn mit anderen verbanden, und Bataille macht sich auch ein Vergnügen daraus, dieses Paradox aufzuzeigen: ein Autor bemüht sich, den anderen (seinen Lesern) zu zeigen, wie unbedeutsam eben jene anderen seien! Er meint auch, aufgrund der Sade auferlegten Einsamkeit (das Gefängnis) habe dieser den Zwang als freie Entscheidung verkleiden wollen. Andererseits weiß Bataille ganz genau, daß die Geselligkeit dem Menschen angeboren ist, er läßt nicht »die tatsächliche Struktur jedes wirklichen Menschen außer acht, den wir uns ohne die Beziehungen, die andere zu ihm aufnahmen und die er selbst zu andern herstellte, nicht vorstellen können. Die Unabhängigkeit eines Menschen blieb immer nur eine Grenze, die der gegenseitigen Abhängigkeit, ohne die es kein menschliches Leben gäbe, gesetzt wurde.« Bataille meint aber zugleich, Sades Beitrag zur Erkenntnis des Menschen sei von zentraler Bedeutung und das Menschenbild in seinem Werk im großen und ganzen zutreffend. Sade habe also eine entscheidende Entdeckung gemacht. Aber wie wäre das möglich gewesen, wenn Sade wirklich für seine Beweiszwecke das konstitutive Merkmal des Menschen nur gleichsam beiläufig erwähnt hätte?

Die Erklärung dieses neuen Paradoxons liegt darin, daß Batailles Denken dualistisch ist, denn ihm zufolge ist der Mensch selbst gespalten. »Das Menschenleben [besteht] aus zwei heterogenen Teilen ..., die sich niemals vereinigen. Der eine ist vernünftig, und seine Bedeutung liegt in den nützlichen, folglich untergeordneten Zwecken: dieser Teil erscheint im Bewußtsein. Der andere ist souverän ... er entzieht sich also auf jede Weise dem Bewußtsein.« Auf der einen Seite also die gewöhnliche Existenz der normalen

Menschen, die aus Arbeit, Sorge um die Kinder, Gutmütigkeit und Loyalität besteht; die Vernunft, das Gewissen, die Sprache, die Ordnung, die Nützlichkeit, die Kultur – aber auch die Ängste und Feigheit. Auf der anderen Seite die Pathologie (die freilich zur Bestimmung des Menschen gehört), die Exzesse, das Bedürfnis zu töten und erbarmungslos zu foltern, die Barbarei, die Gewissenlosigkeit, das Lachen, das Schweigen – aber auch die Leidenschaften, die Lust, die Erotik. Sade hatte das Verdienst, diesen für gewöhnlich schweigenden Teil zum Sprechen gebracht zu haben, die Gewalt, und aus diesem Grund muß man ihm aufmerksam zuhören. Unser soziales Leben verdrängt die Gewalt, doch diese ist in uns; schließen wir nicht die Augen, wenn man sie einmal mit entblößtem Antlitz (bei Sade) beobachten kann.

Ein Begriff, der diesen Pol der Gewalt beim Menschen kennzeichnet, ist besonders wichtig: der Begriff der Souveränität. Die Könige der antiken Völker waren Souveräne in dem Sinn, daß nichts ihre Macht beeinträchtigte. Doch einzig in der Literatur hat man eine wirklich absolute Souveränität in Betracht ziehen können (im Leben muß man immer Kompromisse machen), und hier war der Pionier eben Sade. Die Entfaltung der Souveränität eines Menschen impliziert nun aber die Aufhebung aller anderen, ihr Verschwinden oder ihre Versklavung: die Verwandlung in ein Werkzeug, die ihnen ihren eigenen Willen nimmt. In der Umgebung des souveränen Menschen teilen sich die anderen in zwei Kategorien ein: die ihm gleichenden Libertins auf der einen, und die unterworfenen Opfer auf der anderen Seite. »Wer den Wert des anderen zugibt, setzt sich notwendigerweise Grenzen ... Die Solidarität mit allen anderen hindert den Menschen, eine souveräne Haltung einzunehmen.« Sades Lehren stimmen hier mit denen Hegels überein.

Man kann Sade und seinen modernen Schülern und Interpreten, Blanchot oder Bataille, dankbar sein, daß sie die Gewalt im Menschen anerkannt haben, statt scheinheilig die Augen vor ihr zu verschließen – wenngleich man sich fragen kann, ob Sades Originalität wirklich so radikal war wie behauptet wird. Aber dies lehrt uns noch nichts darüber, welche Stellung die Gewalt einnimmt und welche Rolle sie im menschlichen Seelenleben spielt. Ist sie einer seiner beiden Pole, der das gesamte Unbewußte erfaßt, die Leidenschaften und die Erotik, oder ist sie nur ein Mittel unter anderen, um zu einem Ziel zu gelangen, das wir genauso mit unseren bewußten und offenkundig vernunftgeleiteten Handlungen, in der Arbeit und der Familie anvisieren?

Seinen eigenen Warnungen zum Trotz faßt Bataille die menschliche Unabhängigkeit doch nicht als einfache Grenze der gegenseitigen Abhängigkeit. Es gibt für ihn wie für Blanchot einen Menschen, der im Kern die anderen nicht braucht. Wenn die anderen doch eingreifen, muß man den Grund dafür suchen. Dieser ist die Feigheit, die Schafsschwäche, sagen Blanchot und Bataille mit zustimmendem Bezug auf Nietzsche (Blanchot: »Alles, was sich in ihm [dem wahren Menschen], eine Erbschaft von siebzehn Jahrhunderten Feigheit, auf andere und nicht auf ihn selbst bezieht, negiert er«; Bataille: »Er ist allein und tritt niemals in die Bande ein, die ein gemeinsames Gefühl der Schwäche zwischen ihm und den anderen schafft« – die Bande rühren nur aus ihrer gemeinsamen Schwäche). Man sucht die anderen aus Solidarität und Respekt für sie, sagt Bataille, wenn er sich auf den Standpunkt des gesunden Menschenverstandes stellen will (den Humanismus), als ob Großherzigkeit und Edelmut alle Formen der sozialen Interdependenz ausschöpfen würden. Aber in beiden Fällen ignoriert er das Menschliche, und sogar das Humane schlechthin, das rein Menschliche, das Soziale; das Zwischenmenschliche benötigt eine Erklärung, es taucht nur als Reaktion auf eine Schwierigkeit auf.

Weigert man sich, die Souveränität tautologisch durch die Negation der anderen zu definieren, könnte man sie als Machtgenuß interpretieren. Aber kann man ganz allein die Macht genießen? Wenn ich dem anderen jeden Wert abspreche, brächte mir seine Beherrschung keinen Genuß. Deshalb löscht die radikale Negation der anderen die Souveränität aus, statt sie zu verstärken: dies war das Paradox, das Hegel mit Vergnügen erkundete. Bataille gelangt zum gleichen Schluß, aber über einen größeren Umweg: der Zerstörungstrieb, der das Subjekt antreibe, greife ihn schließlich selbst an, der radikale Sadist könne sich seinen eigenen Schlägen nicht entziehen und entdecke, daß er Masochist sei. »Geht man von Sades Prinzip der Negierung des anderen aus, so ist es eigenartig, daß die unbegrenzte Negierung des anderen auf ihrem Höhepunkt mit der Selbstnegierung zusammenfällt.« Aber diese Selbstverneinung ist nichts Merkwürdiges und vollzieht sich wohlgemerkt lange vor dem Höhepunkt der Negation des anderen: beides beginnt gleichzeitig, denn das menschliche Wesen existiert nicht ohne den anderen. Der absolute Tyrann ist ganz unglücklich; der Weg des Herrn, sagte Hegel, ist eine Sackgasse. Wirklich einsame Genüsse, für die ich weder den Blick noch die Anerkennung eines anderen brauche, um mein Vermögen zu genießen, die anderen ungestraft zu einem Nichts zu machen, sind mögliche Grenzfälle, die aber nicht die Wahrheit über die *Conditio humana* enthüllen. Die Einsamkeit ist nur ein Sonderfall der sozialen Interaktion und nicht ihr absolutes Gegenteil – das es nicht gibt.

Bei den verschiedenen Beschreibungen, die er für den menschlichen Dualismus vorschlägt, greift Bataille auch auf das Modell der Ökonomie zurück. »Das erotische Verhalten steht zum normalen in demselben Gegensatz wie die Verausgabung zum Erwerb. Wenn wir uns vernünftig aufführen, versuchen wir Güter aller Art zu erwerben; … mit allen Mitteln suchen wir uns zu bereichern und unseren Besitz zu vergrößern. … Aber im Moment des sexuellen Fiebers verhalten wir uns auf entgegengesetzte Weise: wir verausgaben unsere Kräfte, ohne Maß zu halten.« Dieser Gedanke der willkürlichen Verausgabung bildet dann die Grundlage der »allgemeinen Ökonomie« Batailles, die er im *Verfemten Teil* darlegt. So entdeckt er mit neuen Kosten den klassischen Gegensatz zwischen Interessen und Leidenschaften, den Adam Smith zu überwinden wußte (für Smith, sagt Dupuy sehr richtig, »sind die Moral und die Ökonomie Gegenstand derselben Wissenschaft«). Aber kann man die Wohltaten des Austauschs zwischen den Menschen anhäufen wie Besitz und Reichtum? Kann man die Liebe oder Freundschaft oder Zusammenarbeit im Beruf als einen Versuch beschreiben, zu empfangen, ohne zu geben? Umgekehrt, empfängt man nichts vom anderen in der erotischen Leidenschaft? Wenn ich den anderen zu einem intensiven Erleben bringe, gewinne ich daraus eine größere Erfüllung: Der Austausch zwischen den Menschen läßt sich nicht in die üblichen Rubriken der Kontorbücher aufteilen. Als Jesus zu seinen Jüngern sagte, »Leihet, ohne etwas zurückzuerwarten, und euer Lohn wird groß sein«, erwies er sich als besserer Psychologe als Bataille.[55]

Die Anthropologie Batailles bleibt also innerhalb der asozialen psychologischen Tradition, angereichert durch einige Elemente der Hegelschen Variante. Der Mensch ist im Wesen ein Einzelgänger, er gesellt sich nur aus Schwäche und Mangel an Mut zu seinen Mitmenschen. Die Gesellschaft gehört zum Bereich der Kultur und der Moral, das Unbewußte schweigt und ist gewaltsam. Indem er diese traditionellen Dichotomien reproduziert, hat Bataille uns ein Bild des Gesellschaftslebens hinterlassen, das ebenso unbefriedigend ist wie seine Vorstellung des Unbewußten. Die Sozialität ist nichts Abgeleitetes oder erst spät Entstandenes, und das Verlangen nach einer Anerkennung durch den Blick anderer ist weder moralisch (Edelmut) noch unmoralisch (Eitelkeit), sondern einfach notwendig. Das Unbewußte ist niemals unabhängig von den anderen, von denen, die uns – immer schon – umgeben. Die Gewalt steht nicht im Gegensatz zum Nützlichen, denn auch sie ist zu etwas nutze.

Die Positionen der klassischen Psychologie und von Autoren wie Bataille sind heute noch sehr populär. Heißt das aber, daß die asozialen Theorien das Feld der allgemeinen Psychologie völlig beherrschen? Selbst wenn man die großen europäischen Romanciers beiseite läßt, die immer – René Girard hat es in Erinnerung gerufen – den Menschen in seiner Abhängigkeit von den anderen Menschen gezeigt haben (das »mimetische Begehren« Girards ist nur eine andere Bezeichnung für die Eigenliebe Rousseaus), lassen sich doch Strömungen sowohl in der Philosophie als auch in der Psychoanalyse ausmachen, die von der konstitutiven Sozialität des Menschen ausgehen. Ludwig Feuerbach macht in seinen *Grundsätzen der Philosophie der Zukunft* (1842) die Konversation zwischen den Menschen und die Gemeinschaft des Menschen mit dem Menschen zur Bestimmung der Menschheit schlechthin. Diesen Sinn nimmt bei Feuerbach auch die vielzitierte Aussage an, wonach der Unterschied zwischen Menschen und Tieren daran zu messen sei, ob es ein Bewußtsein gebe oder nicht – das heißt die Vorstellung des Daseins im Innern des Geistes. Wer jedoch Bewußtsein sagt, der sagt Intersubjektivität, Gemeinschaft, Kommunikation. Das bloße Gefühl, zu existieren, die Grundlage des Bewußtseins, folgt bei Feuerbach wie bei Rousseau aus dem Leben in Gesellschaft. Im zwanzigsten Jahrhundert geht – häufig in den Randbereichen der Philosophie – die Ausarbeitung einer neuen philosophischen Anthropologie, einer intersubjektiven Anthropologie (manchmal äußerst abstrakt formuliert) weiter, bei so unterschiedlichen Autoren wie Martin Buber und Michail Bachtin, Emmanuel Lévinas und Jürgen Habermas.

Auf seiten der Psychoanalyse ist das asoziale Modell des Menschen, das der Freudschen Lehre zugrunde liegt, ebenfalls seit vielen Jahren in Frage gestellt worden. Zwei Subtraditionen sind hier zu unterscheiden. Die eine, die man bis auf Ferenczi zurückführen kann, bestreitet Freuds »Vaterorientierung« und betont die Beziehungen, die in der »präödipalen« Phase zwischen Mutter und Kind gebildet werden; wieder anknüpfend an Bachofens Spekulationen über das »Mutterrecht«, entdeckt sie am Ursprung des individuellen Lebens konfliktfreie Beziehungen. So tief man auch in den menschlichen Geist vordringt, man wird niemals ein isoliertes Wesen finden, sondern nur Beziehungen zu anderen Wesen. Die bedeutendsten Vertreter dieser Tendenz sind zunächst zwei Ungarn, die die Verbindung mit der »britischen Schule« sichern: Alice Balint, die sich dem Studium der »primären Liebe« (zwischen Mutter und Kind) widmet, und Michael Balint, dessen Konzept der »Grundstörung« den Ursprung präödipaler psychischer Störungen beschreibt.

Britische Forscher, insbesondere Melanie Klein und W. R. D. Fairbairn, bezeichneten sich dann als Spezialisten für die »Objektbeziehungen«. Macht man sich jedoch klar, daß das »Objekt«, um das es hier geht, ein anderes Subjekt ist (*alter ego* gegenüber dem *ego*), müßte man zutreffender von einer *intersubjektiven* Psychoanalyse sprechen. Michael Balint kritisiert heftig die Freudsche Vorstellung eines Primärnarzißmus wie auch eines ursprünglichen

Autoerotismus, also der anfänglichen Selbstgenügsamkeit des Individuums. Er zeigt, daß die Beziehung zu den Eltern (zur Mutter) von vornherein vorhanden ist und dies nicht nur bei gestörten Individuen. Und unter den »Objektbeziehungen« muß man bestimmte besonders privilegieren. Aus dem Blickwinkel dieser Schule, bei Balint und Fairbairn, bildet nicht mehr der »Ödipuskomplex«, ein Knotenpunkt der Rivalität und des Konflikts, den Grundstein des menschlichen Seelenlebens, sondern die sehr viel frühere Beziehung, die das Neugeborene und seine Mutter verbindet und aus Zuneigung und Abhängigkeit besteht (die »primäre Liebe« Alice Balints).[56] Die andere Subtradition hat ihren Ausgangspunkt in der marxistischen Kritik der Freudschen Lehre und der Freudianer bei Erich Fromm, der sozialen, kulturalistischen und feministischen Kritik Karen Horneys, und schließlich der interpersonellen Psychiatrie von H. Sullivan in den Vereinigten Staaten (in den 1930er Jahren – wie einige Jahre später Bettelheim – trafen die vor den Nazis geflohenen Fromm und Horney in den USA Sullivan). Zu ihnen gesellten sich dann bestimmte Psychologen des »Selbst«, die auch eine enge Zusammenarbeit mit den Ethnologen aufbauten. Die Vertreter dieser psychoanalytischen Strömung haben bei Freud sein fehlendes Interesse für die soziale Interaktion beklagt und versucht, die psychoanalytischen Einblicke mit dem Studium der sozialen Formen zu verbinden, die den verschiedenen zeitgenössischen politischen Regimes, dem Totalitarismus und der Demokratie, eigen sind.

Fromm hat die Aufmerksamkeit auch auf einen anderen Aspekt des Freudschen Modells gelenkt: den Rückgriff auf das ökonomische Modell, um das Seelenleben der Menschen zu beschreiben. Es handelt sich nun aber nicht um irgendein Modell, sondern um das im neunzehnten Jahrhundert gängige, das ebenfalls die Einsamkeit und grundlegende Autarkie des Menschen impliziert. »So tritt das Individuum in wirtschaftliche Beziehungen zu andern und dies zu dem einzigen Zweck: zu verkaufen und zu kaufen. Im wesentlichen ist Freuds Vorstellung von den menschlichen Beziehungen von gleicher Art: Der Einzelne erscheint reichlich mit biologisch bedingten Trieben versehen, die nach Befriedigung rufen.

Um ihnen Genüge zu tun, tritt das Individuum in Beziehung zu andern ›Objekten‹; andere Individuen sind so immer nur Mittel zur Befriedigung von Bedürfnissen, die schon entstanden waren, ehe noch der Einzelne in Berührung mit anderen trat. So gleicht das Feld menschlicher Beziehungen im Freudschen Sinn einem Markt; es ist ein Tauschplatz zur Deckung biologisch gegebener Bedürfnisse«.[57] Es muß nicht weiter betont werden, daß eine solche Vorstellung vom Austausch zwischen den Menschen zutiefst unbefriedigend und in doppelter Weise verzerrend ist. Einerseits läßt sich mit diesem ökonomischen Modell die wirtschaftliche Realität nicht begreifen, und andererseits zwingt es uns, die Beziehungen zu Personen nach dem Modell der Beziehungen zu Sachen zu denken. In diesem Fall gibt es aber keine Güter, die unabhängig von den miteinander in Kontakt getretenen Subjekten übermittelt würden. Und Liebe zu schenken ist keine Aufgabe wie die anderen: Je mehr man in ihr gibt, um so mehr besitzt man. Selbst wenn sich zahlreiche Darlegungen in der Theorie Freuds nicht in diesen allgemeinen Rahmen pressen lassen (man könnte beispielsweise das Agieren des Über-Ichs nicht durch irgendein »Lustprinzip« erklären und es sich auch nicht außerhalb der Beziehung zu anderen vorstellen), so bleibt doch bestehen, daß diese Theorie auf einem wenig wahrscheinlichen psychologischen Hedonismus beruht.

Nur wenige Thesen der ursprünglichen Freudschen Theorie haben sich einer gerechtfertigten Kritik entziehen können; aber das Prestige Freuds ist bis heute unversehrt geblieben – zu Recht. Dies liegt daran, daß ein Werk wie das Freuds nicht allein aus inhaltlichen Darlegungen über das Seelenleben des Menschen besteht. Es ist geprägt von der außergewöhnlichen Persönlichkeit Freuds, durch die Intensität seines existenziellen Engagements (etwas ganz anderes als ein selbstgefälliger Narzißmus) sowie die Kraft seiner Sprache und seines Stils. Die Kehrseite dieser verdienten Bewunderung ist jedoch die Zurückhaltung der Theoretiker nach Freud, sich offen gegen seine Theorie zu wenden. Dabei ist klar, daß die Verwandlung des Freudschen Erbes in einen heiligen Text und ein Dogma dem Geist von Freuds wissenschaftlichem

Tun widerspricht. Freud stellte im Prinzip die Suche nach der Wahrheit höher als den Respekt vor der Autorität und hoffte zumindest eine Zeit seines Lebens, daß seine Hypothesen überholt und aufgegeben werden würden. Doch den nachfolgenden Theoretikern und Praktikern der Psychoanalyse lag es fern, sich zu verbünden und gemeinsam – Freuds Theorie folgend »den Vater zu verspeisen«. Sie machten ihre Lehr- und Kontrollanalysen unter den wachsamen Augen der Hüter der Freudschen Lehre und arbeiteten innerhalb seiner Begrifflichkeit. Folglich geben sie allesamt vor, Freud treu zu bleiben, selbst wenn sie die grundlegenden Postulate seines Systems in Zweifel ziehen. Dies gilt für so verschiedene Autoren wie Fromm oder Lacan, Balint oder Winnicott.

Man muß gleichwohl festhalten, daß dank ihrer Bemühungen eine neue Psychoanalyse – nicht mehr vom Trieb ausgehend und folglich individuell wie diejenige Freuds, sondern relational – sich seit fünfzig Jahren stillschweigend etabliert hat. Wenn Fairbairn in seiner berühmt gewordenen Formulierung sagt: »Die Libido sucht nicht vor allem die Lust(erfüllung), sondern das Objekt«, vollzieht er eine veritable Revolution: das »Objekt«, das heißt das andere Subjekt, wird zum Ziel des menschlichen Handelns (und es gibt keinen Grund mehr, dies immer »Libido« zu nennen). Leider hatte keiner dieser Neuerer in der Psychoanalyse die Kraft des Denkens und das Engagement im Schreiben, um ein Werk zu schaffen, das dem Freuds ebenbürtig wäre.[58]

Meinungsverschiedenheiten gibt es weiterhin zwischen den Vertretern dieser verschiedenen Zweige der heutigen Psychoanalyse, aber ihre Beiträge ergänzen sich und stehen nicht in Widerspruch zueinander. Beispielsweise hat die amerikanische »kulturalistische« Schule das Bedürfnis nach Anerkennung und den Prestigekampf betont, während die englische Schule der »Objektbeziehungen« das Bedürfnis des Kindes nach Trost und Zuneigung oder die Prozesse der »Introjektion« guter und schlechter »Objekte« beleuchtet hat. Man könnte ähnliches über andere Beiträge zur Erkenntnis der menschlichen Sozialität sagen, die aus der Soziologie, der Ethologie oder aus dem ganz besonders anregenden Gebiet der Entwicklungspsychologie stammen, die sich nicht mehr damit begnügt, allein die Prozesse des Erwerbs kognitiver Fähigkeiten zu untersuchen, sondern die »affektive«, also relationale Entwicklung des Kindes analysiert. Brücken zwischen den Schulen und mehr noch zwischen den Disziplinen sind jedoch nur langsam und schwierig zu bauen (das Werk des Briten John Bowlby ist der Anfang einer solchen Synthese).

Bleibt noch eine andere Frage zu stellen. Wenn man derart die großen philosophischen und psychologischen Traditionen und das in ihnen enthaltene Menschenbild untersucht, muß man zwangsläufig nach einer Erklärung für ihre Blindheit angesichts so ins Auge springender Tatsachen suchen, für das unausgesprochene oder ausdrückliche Akzeptieren einer derart unwahrscheinlichen Konzeption. Warum hat man die Schilderung des Ursprungs des Individuums, der sich von jedermann beobachten läßt (die Entwicklung des Kindes), durch einen notwendigerweise sagenhaften Bericht über den Ursprung der menschlichen Gattung, eine ideologische Ausgeburt, ersetzt? Warum hat man nur Konkurrenzbeziehungen, die Rivalität von Gleichgearteten, zwischen den Menschen in Betracht gezogen, andere, in denen die Menschen einander ergänzen, dagegen ignoriert? Warum muß man jede Form von Geselligkeit auf die Moral zurückführen und alles Amoralische auf die Einsamkeit? Die Antwort auf diese Fragen ist mit Sicherheit nicht in der intellektuellen Schwäche unserer Autoren zu suchen. Aber worin dann? Selbst wenn ich sie nicht abschließend beantworten kann, verdienen diese Fragen doch gestellt zu werden. Hier also einige Reflexionen, zu denen sie mich angeregt haben.

Wenn man systematisch den Ursprungsmythos der Gattung der Schilderung der Entstehung des Individuums vorgezogen hat, die Phylogenese der Ontogenese, so liegt dies sicherlich zumindest zum Teil daran, daß die Autoren dieser Schilderungen Männer und keine Frauen sind. Der Ursprung des Individuums, das heißt die Geburt und die ersten Monate und Jahre des Kleinkinds, war dagegen jahrhundertelang ausschließlich den Frauen vorbehalten. Die Schilderung der Geschichte der Gattung ist reine Spekulation, diejenige des Individuums stützt sich dagegen auf Beobachtung.

Aber die angestammten Erzähler hatten dazu keinen Zugang oder interessierten sich nicht dafür, und die Beobachterinnen durften sie nicht schildern.

Man kann sich sogar fragen, ob es nicht ein unbewußtes kompensatorisches Begehren bei den Männern gab, die keine Gewalt über die Sphäre der individuellen Fortpflanzung besaßen und sich damit trösteten, sich die Geburt der Welt zu erzählen. Doch dies erklärt nicht alles: es waren ebenfalls Männer, die in den vergangenen Jahrhunderten versucht haben, die Herrschaft dieses Erzählungstypus zu erschüttern und das Augenmerk auf die Entwicklung des einzelnen, auf das Verhältnis zwischen Kind und Mutter zu lenken; bis in die jüngste Vergangenheit war der theoretische Diskurs einfach ein männliches Vorrecht.

Ein zweiter Grund für die Bevorzugung des Individuums gegenüber den Beziehungen zwischen den Menschen, des Menschlichen gegenüber dem Zwischenmenschlichen, mag die Anziehungskraft einfacher Lösungen sein. Michael Balint hat darauf hingewiesen, daß man eine ähnliche Situation in mehreren Disziplinen findet: zu einer bestimmten Zeit haben die Ökonomen häufig ihre Reflexion auf der »Robinsonhypothese« aufgebaut und die Biologen meinten, die Amöbe, ein einzelliges Lebewesen, habe am Anfang des Lebens auf der Erde gestanden.

Ein möglicher dritter Grund für diese Blindheit könnte die gegenseitige Durchdringung psychologischer und moralischer Auffassungen sein: die Gleichsetzung von Vereinzelung und Egoismus und andererseits von zwischenmenschlichen Beziehungen und Generosität. Das Soziale ist zu oft als Beweis für angeborene Sympathie und Zivilität beschrieben worden. Nun gibt es aber in uns eine unwiderstehliche Neigung zu jeder Aussage, die uns erklärt, der Mensch sei im Grunde schlecht, sprich egoistisch. Dies ist sicherlich einer der prominenten Züge der neuzeitlichen Philosophie: mit wenigen Ausnahmen glaubt sie, das Böse sage die Wahrheit über den Menschen. Wir verdächtigen jede Aussage, die mit den Forderungen der Moral übereinstimmt, nur eine fromme Lüge zu sein. In Wahrheit ist zwar jede Moral gesellschaftlich, aber nicht jede Sozialität ist moralisch. Doch wir ignorieren diese Differenz und sind deshalb immer bereit, die Aussage, der Mensch sei von Natur aus schlecht, also egoistisch, folglich ein Einzelgänger, als mit verstaubten Meinungen aufräumende Wahrheit anzunehmen. Diejenigen, die sich gegen eine solche Reduktion wehren, werden überdies sogleich beschuldigt, sie seien Moralapostel, ängstlich, kleinmütig und würden es nicht wagen, der Wahrheit ins Gesicht zu sehen.

4. Eine andere, spezifisch moderne Ursache dieser Verdrängung könnte die Vermengung von psychischen Kategorien und diesmal nicht moralischen, sondern politischen Kategorien sein. Unsere Bindung an die Gleichheit als politisches Ideal bewirkt, daß wir ihr Modell auf die gesellschaftliche Wirklichkeit selbst projizieren. Folglich reduzieren wir, wenn wir zugestehen, daß soziale Beziehungen unvermeidbar sind, diese Beziehungen auf diejenigen, die Gleichheit voraussetzen: Konkurrenz, Nachahmung und Wettstreit. Unbewußt betrachten wir die Gesellschaft vor der Folie der Demokratie, wie sie aus den Schriften ihrer ersten Kritiker hervorgeht: ein unaufhörlicher Kampf zwischen Konkurrenten ohne Rangordnung. Was Bonald über die Demokratien dachte (daß sie den unbegrenzten Wettbewerb förderten), schrieb Nietzsche allen Menschen zu. Doch jedwede Gesellschaft, einschließlich der demokratischen, enthält mindestens ebenso viele, wenn nicht mehr hierarchisierte Beziehungen wie egalitäre. Wie anders soll man die Beziehungen zwischen Eltern und Kindern, Schülern und Lehrern, Arbeitnehmern und Arbeitgebern, Künstlern und dem Publikum verstehen? Genau diese Omnipräsenz des Gleichheitsgedankens in unserer Gesellschaft erklärt vielleicht, daß wir dazu neigen, uns die menschliche Interaktion mit Hilfe des ökonomischen Modells vorzustellen: die Verwandlung von allem in Waren ermöglicht, die hierarchischen Rangunterschiede zwischen Personen aufzuheben (zu ignorieren).

5. Ein letzter Grund für unsere Blindheit wäre in der Eigenliebe zu suchen, hier derjenigen des Denkers, Gelehrten oder Philosophen. Es ist vielleicht nicht sehr schmeichelhaft für die menschliche Gattung, den Menschen als böse und schlecht zu beschreiben. Aber es ist schmeichelhaft für den einzelnen, sich als ein Wesen zu

denken, das anderen nichts verdankt und schuldet und das ganz allein die Wahrheit sucht, statt den Beifall seines Publikums zu erheischen. Aus Stolz vertreten die Menschen die verschiedenen Spielarten der asozialen Konzeption, beschuldigen sie sich so vieler Sünden und Verbrechen, des Egoismus, der Grausamkeit, ja des Vatermords! Denn indem sie sich als Böse zeichnen, bestätigen sie sich selbst: der Gewinn, den sie aus dieser unausgesprochenen Überlegung ziehen, kompensiert bei weitem die aus der Erklärung folgenden Nachteile. Indem sie sich dieser Verbrechen beschuldigen, können sie ihre konstitutive Unvollständigkeit verdunkeln und sich als Herren ihres Schicksals darstellen. Sie sind bereit, alles zu gestehen, nur nicht, daß sie von anderen abhängig sind und sie brauchen. Sie gelangen zu ihrem Ziel, indem sie die Beziehung zu anderen als rein freiwillig ansehen. So garantiert der Inhalt der Theorie den Wert desjenigen, der sie verkündet.

ZWEITES KAPITEL

Sein, Leben, Dasein

Jenseits des Todestriebs

Es ist heutzutage schwierig, über den psychischen Apparat des Menschen zu diskutieren, ohne sich auf die Theorie Freuds zu beziehen. Die zu ihrer Entstehungszeit so unangepaßte Lehre ist zu unserer Lehrmeinung geworden; die Begrifflichkeit Freuds hat sich eingebürgert und bildet auch für uns gleichsam den obligaten Ausgangspunkt. Allerdings hat Freud die allgemeinen Zusammenhänge in seiner Theorie zwischen seinen ersten Positionen und den eigenen letzten Synthesen merklich verändert. Zunächst hatte Freud nämlich die These aufgestellt, zwei Triebgruppen bestimmten unser Handeln: der (auf mich gerichtete) Selbsterhaltungstrieb und der (auf andere gerichtete) Sexualtrieb. Er selbst war sich bewußt, daß er damit in einer langen Tradition stand: einem Vers von Schiller zufolge regieren Liebe und Hunger die Welt (der Hunger ist nun bei Freud das privilegierte Beispiel für die Selbsterhaltung). Auch Kant reduzierte unsere Instinkte auf zwei Antriebe, die »*Liebe zum Leben*, und [die] *Liebe zum Geschlecht*; die erstere um das Individuum, die zweite um die Spezies zu erhalten«.[1]

Eine Reihe klinischer Beobachtungen und tiefergehende Reflexionen führten Freud jedoch dazu, diese traditionelle Unterscheidung zwar nicht ganz fallenzulassen, doch in ihrer Tragweite einzuschränken und sie in einen anderen, nunmehr beherrschenden Zusammenhang einzugliedern. Zum einen brachte die Erforschung des Narzißmus Freud zur Auffassung, daß die Selbsterhaltung der Selbstliebe assimiliert werden könne. Folglich gab es keinen deutlichen Gegensatz mehr zwischen diesen beiden Spielarten der Liebe, wenn der Begriff Liebe (oder »Eros«, »Libido«) nur hinreichend weitgefaßt ist. Dieses Ineinanderfallen mußte aber schon auf der begrifflichen Ebene Freud stören, der sich selbst als Dualist bezeichnet hatte und stets in Gegensatzpaaren dachte. Die Dualität findet sich folglich auf einer anderen Ebene wieder: der Gesamtheit der »erotischen« oder Lebenstriebe stehen nunmehr die Todestriebe gegenüber, die manchmal auch »Nirwanaprinzip« genannt werden (in seinen Jugendschriften spricht Freud auch vom »Trägheitsprinzip«).

Die strukturellen Gründe (das Denken in Gegensatzpaaren) waren freilich nicht die einzigen, die Freud (in *Jenseits des Lustprinzips*) zur Einführung des Todestriebs führten. Es gab auch positive, inhaltliche Gründe, im wesentlichen zweierlei Natur. Erstens beobachtete Freud bestimmte Wiederholungsphänomene, darunter äußerst unangenehme Situationen, die sich nicht durch irgendein Luststreben und mithin den Lebenstrieb erklären ließen. Zweitens mußte er zugestehen, daß die aggressiven und zerstörerischen Verhaltensweisen, ob gegen das eigene Ich oder gegen die äußere Welt und folglich die anderen gerichtet, nicht immer durch die Sexualität erklärt werden konnten. Die sexuellen Verirrungen, die einem sogleich in den Sinn kommen, Masochismus und Sadismus, waren für Freud nunmehr in Wirklichkeit sekundäre Ausformungen, Verbindungen zwischen Sexual- und Todestrieb. Seiner Meinung nach gingen ihnen ein originärer (nicht sexueller) Masochismus und eine ursprüngliche Aggressivität, die Selbstzerstörung und die Zerstörung des Anderen voraus. »Und nun scheiden sich uns die Triebe, an die wir glauben, in die zwei Gruppen der erotischen, die immer mehr lebende Substanz zu größeren Einheiten zusammenballen wollen, und der Todestriebe, die sich diesem Streben widersetzen und das Lebende in den anorganischen Zustand zurückführen. Aus dem Miteinander und Gegeneinanderwirken der beiden gehen die Lebenserscheinungen hervor, denen der Tod ein Ende setzt.«[2]

Fraglich ist jedoch, ob die beiden positiven Quellen dieses neuen Begriffs, die Tendenz zur Wiederholung und zur Aggressivität, wirklich auf denselben Prozeß verweisen. Übrigens bemerkt man bei Freud selbst ein gewisses Schwanken in der Begrifflichkeit, das Laplanche und Pontalis im *Vokabular der Psychoanalyse* sehr gut herausgearbeitet haben. Freud schwankt in seiner Deutung der Wiederholung zwischen der progressiven Zurückführung einer Substanz auf Null (was sie der Aggressivität annähern würde) und deren Erhaltung auf dem vorangegangenen Stand, was dafür spräche, sie von der Aggressivität zu unterscheiden. »Die ... vorgeschlagenen Definitionen« sind Laplanche und Pontalis zufolge »immer doppeldeutig: die Tendenz zur absoluten Verminderung und die Tendenz zur Konstanz werden als äquivalent betrachtet.«[3] Freud wird somit dazu geführt, von »Zerstörung« und »Erhaltung« zu sprechen, als handle es sich um Synonyme. Er schwankt zwischen mehreren Begriffsketten: das Trägheits- und das Nirwanaprinzip gehen in Richtung der Zurückführung auf Null; das Konstanzprinzip (angeregt wahrscheinlich durch den von Fechner eingeführten Begriff des »Stabilitätsprinzips«) und die Homöostase hingegen, mit ihren Anspielungen auf den zweiten Grundsatz der Thermodynamik, verweisen auf den Gedanken der Erhaltung, des unveränderlichen Gleichgewichts, der immergleichen Wiederholung.

Man verläßt also nicht wirklich das Denkgebäude Freuds, wenn man diese beiden Bestandteile nur säuberlich zu trennen sucht. Im tiefsten Innern jedes Menschen soll es also einen Trieb geben, mit sich selbst identisch und unveränderlich zu bleiben. Warum aber sollte man dann nur vom Menschen sprechen? Ist nicht dieselbe Tendenz in jedem Lebewesen und sogar in jeder Materie am Werk? Auf diese Eigentümlichkeit der Materie scheint sich Spinoza in seinem berühmten Lehrsatz zu beziehen: »Jedes Ding strebt, so viel an ihm liegt, in seinem Sein zu beharren«.[4] Aber dieses hartnäckige Streben zum Sein ist nicht das Leben. Es ist auch nicht der Tod, das heißt der Übergang vom Organischen zum Unorganischen, wie Freud meinte, obgleich es sicherlich morbide Züge aufweist. Es bestätigt, was im Lebewesen zur unbeweglichen, trägen Materie gehört. Mithin gibt es nicht den Übergang vom einen zum anderen, sondern die Manifestation des unorganischen Elements im organischen Sein, den Ausdruck der bloßen Materie. Sich dieser Versteinerung des Selbst (die jeder Mensch als psychischen Zustand kennt), dieser Faszination für das Nichts hinzugeben, ist sicherlich ein morbides Verhalten, das als solches aber keinerlei aktive Zerstörung oder Aggressivität impliziert, die sich im weiteren je nach der Stellung des Angegriffenen zum Angreifer genauer bestimmt. Die am häufigsten genannte Situation impliziert eine gewisse Ähnlichkeit zwischen Angreifer und Angegriffenem: wir konkurrieren um dasselbe Objekt, dieselbe Gunst, und ich greife den anderen an, um als erster (und einziger) den umworbenen Platz zu besetzen. Die Aggression ist also nur ein Mittel, das auf der Suche nach Anerkennung eingesetzt wird: sie dient der Ausschaltung der Rivalen. Man findet bei Bataille eine andere Art von Aggression gegen diejenigen, die man für niedriger stehend hält. Das Streben nach Anerkennung fehlt auch bei ihm nicht, nimmt jedoch eine paradoxe Gestalt an: die Unterwerfung oder gar physische Vernichtung des Anderen wird bei Bataille zum Mittel, vor sich selbst oder in den Augen anderer seine Souveränität zu beweisen (dies ist das Vergnügen des Folterers oder Mörders). Eine dritte Form der Aggression ist noch unmittelbarer mit dem Streben nach Anerkennung verbunden: meine Aggression gegen diejenigen, die potentiell über sie verfügen, meine Vorgesetzten, um mich dafür zu rächen, daß sie mir die Anerkennung verweigert haben. Das ist die Aggression des abgewiesenen Liebhabers, des vernachlässigten Kindes gegen seine Eltern, des schlechten Schülers, der sich auf seinen Lehrer stürzt, des Bettlers, der einen Passanten wegen seiner zu geringen Gabe beschimpft.

Eine vierte Form mag auf den ersten Blick als davon verschieden erscheinen: die Aggression gegen sich selbst. Läßt sie sich als ein ins Gegenteil verkehrtes Mittel begreifen, nach Anerkennung zu streben? Gibt es nicht einen originären, nicht weiter rückführbaren Masochismus? Die Frage verdiente eine aufmerksame Prüfung, aber man kann hier schon sagen, daß die selbstzerstörerischen Handlungen – vom Kind, das sich bewußt selbst verletzt, um die Aufmerksamkeit seiner Eltern zu erregen, bis zum Selbstmörder, der den Menschen, an deren Liebe es ihm mangelte, eine Botschaft hinterläßt – häufig Bestandteil einer Interaktion mit anderen und des Verlangens nach Anerkennung sind. Mit großer Wahrscheinlichkeit ist die Aggressivität oder der Zerstörungstrieb kein eigenständiger Trieb, sondern nur ein Weg unter anderen, den unsere Psyche, wie wir sonst auch, bei ihrer Suche nach Befriedigung einschlägt.

Zudem stellt sich die Frage, ob nicht ein gewisses Eingeständnis des Unvermögens, unser Verhalten zu erklären, darin liegt, willkürlich einen »Trieb« oder »Instinkt« als hinreichende Ursache anzunehmen: zu sagen, ein »Aggressionstrieb« bewirke unsere Aggressivität, ist so, als wollte man unseren Schlafdrang durch einen »Schlafinstinkt« erklären. Ich schließe mich hier Fromms Schlußfolgerungen an (hinsichtlich des Aggressionstriebs, nicht bezüglich des Wiederholungszwangs), der zum Lebens- und Todestrieb feststellt: »Es handelt sich dabei jedoch nicht um die Dualität von zwei biologisch inhärenten Trieben, die relativ konstant sind und immerzu miteinander kämpfen, bis schließlich der Todestrieb siegt…«[5]

Aggressions- und Haßtrieb unterscheiden sich nicht qualitativ von den Antrieben, die Freud den Lebens-, Sexual- und Selbsterhaltungstrieb nannte, den Antrieb der »Liebe« und des »Hungers«. Doch stellt sich aus dem Blickwinkel des Strebens nach Anerkennung die Frage, ob diese verschiedenen Begriffe die gleichen Wirklichkeitsbereiche abdecken. Mit Sicherheit gibt es in uns einen Instinkt zur Fortpflanzung und zum Erhalt der Gattung. Zu seiner Befriedigung ist es nicht nötig, den Blick des Anderen zu erheischen, wie auch großteils nicht in der physischen Lust – die man ebensogut im Sexualleben eines Hundes beobachten könnte. Selbstverständlich läßt sich aber das weite Gebiet der Liebe und Erotik nicht auf diese Art der Befriedigung reduzieren; für die Liebe und Erotik spielt die Existenz des Anderen eine konstitutive Rolle. Anders gesagt, drängen uns Hunger und Durst zweifellos, zu essen und zu trinken, aber sie erklären nur sehr lücken- und mangelhaft den Inhalt unserer Schüsseln, Teller und Gläser: wir essen und trinken gemäß unseren ethnischen, sozialen und familialen Traditionen, entsprechend dem gesellschaftlichen Wert der verschiedenen Nahrungsmittel und je nachdem, mit wem wir gerade zusammen sind.

Es gibt anders gesagt in unseren »Lebenstrieben« zwei verschiedene Organisationsebenen: die eine teilen wir mit allen Lebewesen – Befriedigung von Hunger und Durst, Streben nach Wohlbefinden; die andere, dem Menschen eigentümliche, gründet sich darauf, daß wir Mängelwesen und von Natur aus gesellig sind: dies ist die Ebene der Beziehungen zwischen den Individuen. Victor Hugo sagte: »Die Tiere leben, der Mensch existiert«; daran anknüpfend könnte man von einer ersten Ebene des »Lebens« und von einer zweiten des »Daseins« sprechen.[6]

Ausgehend von Freuds Unterscheidung zwischen Lebens- und Todestrieb gelangen wir nunmehr zu einer Dreiteilung: Sein, Leben, Dasein. Den Seinstrieb teilen wir mit jeder Materie, den Lebenstrieb mit allen Lebewesen; der Daseinstrieb dagegen ist spezifisch menschlich.

Die drei Grundpfeiler

Man darf das Humane nicht auf das dem Menschen Eigentümliche beschränken. Der Mensch ist zunächst einmal Materie, und diese Eigenschaft diktiert bestimmte Verhaltensweisen. Er ist zugleich ein Lebewesen – ein Tier – und teilt mit den Tieren deren eigentümliche Züge, wodurch sich eine zweite Gruppe von Verhaltensweisen erklären läßt. Aber er ist auch ein – keinem anderen Lebewesen vergleichbarer Mensch, der in Gesellschaft, zusammen mit anderen Menschen existiert. Diese drei Ebenen, die kosmische, animalische und soziale, sind nicht aufeinander rückführbar, selbst wenn es immer Grenzfälle gibt.

Die erste Grenze besteht also zwischen Sein und Leben, zwischen Stabilität und Veränderung, zwischen Selbstidentität und Verwandlung. Die extremen Verhaltensweisen, in denen sich der Seinstrieb manifestiert, sind die Verzweiflung, tiefe Niedergeschlagenheit, der Selbstverlust im Nichts. Sehr viel häufiger aber sind Gefühlszustände oder Handlungen, die nur teilweise von diesem Trieb beeinflußt sind. Wer erinnert sich nicht jener Augenblicke, in denen man sich zu Holz, Stein oder Zement erstarren fühlt, in denen unser ganzes Wesen zu versteinern scheint? Nichts interessiert uns mehr, wir haben keine Lust zu sprechen, kaum mehr, uns zu bewegen (oder nur noch zu den gewohnheitsmäßigen Verrichtungen); die anderen existieren nicht mehr, man nimmt bloß Nahrung auf statt zu essen, unsere Empfänglichkeit schwindet und eine unüberwindliche Trägheit bemächtigt sich unser. Diese Trägheit und Erstarrung ist sicherlich nicht bereichernd, aber das verlangt man nicht von ihr: sie übt auf uns eine beruhigende Wirkung aus, selbst wenn diese in Wirklichkeit negativ ist. Paradoxerweise ist dies auch unsere einzige unmittelbare Erfahrung des Unendlichen und Absoluten: allein das Nichts hat an ihr teil, während unsere stets provisorischen Konstruktionen des Lebens notwendigerweise endlich, partiell, relativ sind.

Eine aktivere Form dieses Zustands besteht darin, mechanisch, zwanghaft bestimmte Gesten aneinanderzureihen, sinnlose Handlungen, die wir aber früher schon einmal getan haben. Solches Tun scheint an bestimmten Tagen das gesamte Dasein auszufüllen: die Gartenhecke schneiden, Hausputz oder Autowaschen, Aufräumen, das heißt eine unveränderlich gewollte Ordnung wiederherstellen, die Stücke einer Sammlung durchsehen. Diese Wiederholung des Immergleichen ist dem Leben ebenfalls entgegengesetzt: »Dies Immerwiederkehrende in den sinnlichen Eindrücken scheint es vorzüglich zu sein, was die Menschen im Zaum hält und sie auf einen kleinen Fleck beschränkt«, bemerkt Karl Philipp Moritz, ein subtiler Beobachter des menschlichen Verhaltens, in seinem autobiographischen Roman *Anton Reiser.*[7]

Schließlich gibt es auch einen positiveren Seinstrieb: den Antrieb, sich von der Umwelt ununterscheidbar zu machen, sich im Kosmos aufzulösen: man fühlt sich wie ein Grashalm, der auf einer Wiese wächst, oder wie ein in der Sonne glänzender Kieselstein. Von einer derartigen Erfahrung berichtet uns Rousseau in der berühmten fünften *Träumerei*: ein Zustand der Unbeweglichkeit und

Wiederholung, der ermöglicht, unsere konstitutive Mangelhaftigkeit (die tatsächlich weder Tiere noch Pflanzen kennen) zu vergessen. »Gibt es aber einen Zustand, in dem die Seele eine hinlänglich feste Lage findet, um sich darin ganz auszuruhen und sich darin ganz zu sammeln, ohne in die Vergangenheit zurückzublicken oder in die Zukunft vorgreifen zu müssen, wo alle Zeit ihr gleichgültig ist, wo das Gegenwärtige immer fortdauert, ohne aber seine Dauer merken zu lassen, und ohne irgendeine Spur von Aufeinanderfolge, ohne irgendein Gefühl der Beraubung oder des Genusses, der Freude oder des Kummers, des Verlangens oder der Furcht, bloß auf das Gefühl unseres Daseins eingeschränkt, welches Gefühl allein die Gegenwart ganz erfüllte.« Entleert man sein Inneres von dem eigentümlich Humanen, so erlangt man »ein zureichendes, vollkommenes, überschwengliches Glück, das in der Seele keine Leere auszufüllen läßt«.[8]

Deutlich wird indes, daß dieses Gefühl, das einem Ausblenden des Humanen entspricht, nicht genau das abdeckt, was Rousseau selbst an anderer Stelle das *Lebensgefühl*, das Gefühl des eigenen Daseins genannt hat. Hier haben wir es vielmehr mit einem Seinsgefühl zu tun. Man kann es so unterschiedlichen Zuständen zur Seite stellen wie der buddhistischen Erlösung, der stoischen Ataraxie oder dem christlichen Quietismus (die allesamt beinhalten, daß man die Welt annimmt, wie sie ist, und darauf verzichtet, sie unseren Wünschen gemäß umgestalten zu wollen). Gehe ich auf im Einklang mit dem Universum, so brauche ich mir keinen besonderen Platz für meine vitalen Bedürfnisse oder für das Zusammenleben mit anderen Menschen einzurichten. Statt der Mangelhaftigkeit des Menschen als soziales Wesen erfährt man eine kosmische Fülle; mein Seinsgefühl ist eins mit dem des Schmetterlings, der Blume oder der Meereswogen.

Die zweite wesentliche Grenze trennt Leben und Existieren. Sie wird von zahlreichen Denkschulen geleugnet, die man als biologistisch bezeichnen könnte. Schopenhauer, einflußreicher Anreger Freuds, war einer ihrer eloquentesten Vertreter: »Denn überhaupt ist die Basis unsers Wesens und folglich auch unsers Glücks unsere animalische Natur. Daher ist, für unsere Wohlfahrt,

Gesundheit das Wesentlichste ... Ehr, Glanz, Rang, Ruhm, so viel Wert auch Mancher darauf legen mag, können mit jenen wesentlichen Gütern nicht kompetieren, noch sie ersetzen ... Dieserwegen wird es zu unserm Glücke beitragen, wenn wir bei Zeiten die simple Einsicht erlangen, daß Jeder zunächst und wirklich in seiner eigenen Haut lebt, nicht aber in der Meinung Anderer ...«[9] In gleicher Weise reduziert sich die Psychologie der Liebe für Schopenhauer auf das Bedürfnis der Reproduktion der Gattung. Genau dies läßt sich aber mit guten Gründen bezweifeln: der Mensch *lebt* vielleicht zunächst in seiner eigenen Haut, aber zu *existieren* beginnt er nur durch den Blick anderer. Ohne Dasein erlischt jedoch das Leben selbst. Jeder von uns wird zweimal geboren: in der Natur und in der Gesellschaft, zum Leben und zum Dasein; beide sind zerbrechlich, aber die Gefahren, die sie bedrohen, sind nicht dieselben. Der Mensch ist sicherlich ein animalisches Wesen, aber nicht nur das.

In einer biologistischen Perspektive (die im Biologischen nicht nur die Grundlage jedes menschlichen Lebens sieht, sondern auch dessen Finalität) kann man durchaus zwischenmenschliche Beziehungen bereits in den ersten Lebensmonaten annehmen. Aber man sieht sie als rein instrumentelle Beziehungen an, die zu anderen Zwecken geknüpft werden und nicht als Selbstzweck: das Kind braucht zwar seine Mutter, doch nur, um zu essen. In gleicher Weise versucht man später, das menschliche Verhalten durch ein vorgebliches »Lustprinzip« zu erklären. Aber diese hedonistische Theorie erklärt unsere seelischen Neigungen nicht besser als unsere ökonomischen Entscheidungen, die wir als Erwachsene treffen. Deshalb ist es ein großes Verdienst Fairbairns, festgestellt zu haben, das Begehren strebe nicht nach Lust, sondern nach einer Beziehung. Die Beziehung zu anderen ist kein Mittel (um sich den Bauch vollzuschlagen oder einen Orgasmus zu erleben), sondern das Ziel, das wir verfolgen, um uns unseres Daseins zu versichern (die Lust hingegen kann Mittel sein, um eine Beziehung zu bilden). Fairbairn machte seine Entdeckung bei der Beobachtung von mißhandelten Kindern, die von ihren Eltern geschlagen und gequält worden waren und dennoch niemals das Elternhaus verlassen wollten. Wie läßt sich das erklären? Indem man einen »Leidenstrieb« postuliert? Gewiß nicht. Sie zogen vielmehr die Schläge ihrer Eltern der Zuwendung vor, die ihnen Fremde geben konnten: die Schläge waren eine (schmerzhafte) Form der Anerkennung, die Zärtlichkeit von Fremden verstärkten ihr Lebensgefühl nicht im geringsten.

Die heutzutage gängige Assimilierung »sozialer« an biologische Bedürfnisse wie den Hunger stiftet nur große Verwirrung: sie beschreibt die Beziehungen zu Personen, als handle es sich um eine Beziehung zu Sachen. Ich kann mir einen Gegenstand aneignen: er war anfangs weit entfernt und ist nun ganz in meiner Nähe. Wenn ich einen Apfel esse, hört dieser auf zu sein, ich verwandle ihn – definitiv – in ein Lebensmittel, das von meinem Körper verdaut werden kann. Nichts Vergleichbares kann in meinen Beziehungen zu einer Person geschehen (wohlgemerkt, es sei denn, ich verwandle sie in ein Objekt, wofür man leider zahlreiche Beispiele kennt; dann kann sie mich jedoch nicht mehr in meinem Dasein bestätigen): mein Lustgewinn bedeutet nicht gleichzeitig ihre Zerstörung. Wenn ich sie interiorisiere, so verringere ich damit nicht ihre Autonomie. Das Ausgetauschte kann hier nicht vom Austauschprozeß selbst abgetrennt werden wie ein Ding, das von einer Hand in die andere wechselt. Was ich begehre, ist die Beziehung – Liebe, Trost, Anerkennung –, nicht irgendein Etwas, das diese Beziehung mir einbringen könnte. Man kann mich niemals mit Vergnügen (Anerkennung) erfüllen, wie man eine Flüssigkeit in einen Schlauch gießt.

Die Befriedigung des Lebens- und des Daseinstriebes kann parallel und gleichzeitig geschehen; wir haben dann Schwierigkeiten, sie voneinander zu unterscheiden. Aber die Befriedigung des einen Triebs kann auch der Erfüllung des anderen entgegenstehen; und es ist nicht sicher, daß wir – wie Schopenhauer zu glauben scheint – vorziehen würden, zu leben als zu existieren. Man verzichtet oft auf Sinnesfreuden, Gaumengelüste und sexuellen Lustgewinn, um »symbolische« Vergnügungen zu suchen, den Beifall anderer oder die Billigung durch einen Teil unseres eigenen Bewußtseins. Man kann noch weiter gehen und bewußt physischen

Mangel und Qualen suchen, um zu erlangen, was man für eine moralische Läuterung hält: man fastet, ist enthaltsam, tötet sein Fleisch ab durch das Tragen eines härenen Gewands oder durch Selbstkasteiung. Im allgemeinen sind die Situationen nicht so eindeutig und klar. Karl Philipp Moritz beschreibt das Verhalten seines Helden folgendermaßen: »Ob nun Reiser gleich an dem Buch, das er las, wirklich Vergnügen fand, so war doch das Vergnügen, von dem Kantor in dieser Attitüde bemerkt zu werden, noch weit größer, und man sieht auch aus diesem Zuge seinen Hang zur Eitelkeit. Es lag ihm mehr an dem Schein als an der Sache, obgleich die Sache ihm auch nicht unwichtig war.« [10]

Die Grenze, die Leben und Dasein voneinander trennt, scheidet zugleich den Menschen vom Tier. Allerdings ist sie nicht so undurchlässig, wie man meinen könnte: nicht nur hat der Mensch ein biologisches Leben wie die Tiere, viele Tiere haben auch ein Dasein wie der Mensch, wenn auch in geringerem Maß. Das Affenjunge hat ebenso wie das Kleinkind das Bedürfnis, beschützt, beruhigt, getröstet zu werden. Wenn Affen umeinander werben, tauschen sie »verliebte Blicke« aus. Der Blick – Auge in Auge – bedeutet für viele Tiere eine Drohung; oft braucht das Leittier eines Rudels dem jungen Unruhestifter nur in die Augen zu sehen, damit dieser wieder seinen untergeordneten Platz einnimmt. Die Haustiere suchen bewußt die Anerkennung des Menschen. Das sind Beispiele für ein soziales Zusammenleben, das wie beim Menschen durch den Blick vermittelt ist. Doch sind diese Augenblicke der Koexistenz mit humanen Zügen zeitlich und in ihrer Bedeutung beschränkt. In der Tierwelt behält das Leben zumeist die Überhand gegenüber dem Dasein, bei den Menschen ist es umgekehrt. Das menschliche Bewußtsein taucht nicht aus dem Nichts auf, die Formen des animalischen Lebens haben es vorbereitet – ohne daß man deshalb den embryonalen und den entwickelten Zustand miteinander vermengen sollte.

Das Bedürfnis zu existieren kann niemals endgültig erfüllt werden. Kein vergangenes Erlebnis des Zusammenlebens befreit uns von dem Verlangen nach neuen Erlebnissen dieser Art. Der Grund für unsere konstitutive Unvollständigkeit ist mithin nicht die unvermeidliche Sozialisierung eines verlangenden, in seinem Wesensgrund solitären Menschen, sondern die Disparität zwischen einem unendlichen Verlangen und dessen notwendig partieller und vorübergehender Befriedigung. Dieses Bedürfnis entsteht kurz nach unserer physischen Geburt und erlischt erst in der Bewußtlosigkeit, die dem Tod vorausgeht. Die Anerkennung unserer Existenz, die Vorbedingung jeder Koexistenz, ist der Sauerstoff der Seele: ebenso wenig wie die Tatsache, daß ich heute atme, mich von der Atemluft des folgenden Tages unabhängig macht, genügt mir heute die gestern erhaltene Anerkennung. Nur aus Naivität oder Gehässigkeit können wir versuchen, denjenigen, der über mangelnde Anerkennung klagt, damit zu trösten, daß wir ihm seine vergangenen Erfolge in Erinnerung rufen. Diese Erinnerung läßt ihn im Gegenteil um so bitterer ermessen, was ihm heute fehlt. Die Lorbeeren des vergangenen Jahres klagen eher an, statt das Ausbleiben frischgeschnittenen Lorbeers zu kompensieren. Ich kann meine Ansprüche herunterschrauben, mir ein System sekundärer (oder gar tertiärer) Kompensationen schaffen, aber wieviel Anerkennung ich auch bereits erhalten haben mag, auf eine neue Anerkennung kann ich nicht völlig verzichten.

Der Vergleich zwischen dem Bedürfnis nach Anerkennung und der Notwendigkeit zu atmen ist nicht ganz zufällig, man findet ihn bei den verschiedensten Autoren. Karl Philipp Moritz gebraucht ihn in bezug auf das Bild, das jeder von sich selbst hat: »Das Selbstzutrauen … [ist] der moralischen Tätigkeit so nötig als das Atemholen der körperlichen Bewegung«.[11] Aber das Selbstvertrauen ist im wesentlichen ein positives Bild, das die anderen von mir haben müßten und ich meinerseits verinnerliche. Der Andere ist für mich wie die Luft zum Atmen, sagt Balint, zugleich außerhalb von mir wie in meinem Innern, in der Atmosphäre und in meinen Lungen, und genauso unmerklich wie die Luft: ich entdecke erst, wie sehr ich ihn brauche, wenn er mir zu fehlen droht; des Zusammenlebens beraubt zu sein heißt zu ersticken. Beim Fehlen jeglicher Anerkennung taucht eine Angst auf, die uns wie eine Angina die Kehle zuschnürt. Sind wir niedergeschlagen, so scheinen sich die Lungen nicht mehr aufblähen zu wollen.

Die physische Bedingung fehlender Anerkennung ist die Einsamkeit: sind die anderen abwesend, können wir per Definition nicht ihren Blick auf uns ziehen. Wahrscheinlich noch schmerzhafter als die physische Einsamkeit, die durch verschiedene Arrangements verhüllt und ausgeschmückt werden kann, ist es jedoch, unter den anderen zu leben, ohne jegliche Zeichen von ihnen zu empfangen. William James hat dies in seiner Bestimmung des »sozialen Selbst« treffend dargestellt: »Das soziale Selbst des Menschen ist die Anerkennung, die er von seinen Mitmenschen erhält. Wir sind nicht nur Herdentiere, die gern in der Nähe der Gefährten sind, wir haben auch die angeborene Neigung, von den anderen Wesen unserer Gattung bemerkt, billigend bemerkt werden zu wollen. Man könnte sich keine teuflischere Strafe vorstellen (wenn sie physisch machbar wäre), als von der Gesellschaft fallengelassen zu werden und völlig unbemerkt von denen, die sie bilden, in ihr zu leben.« Die Position des Fremden, des Randständigen, des Ausgeschlossenen läßt sie uns erfahren; die Armen, bemerkte schon Adam Smith, sind jene, die niemand bemerkt, denen es nicht gelingt, in den Augen ihrer Mitbürger zu existieren. »Unbeachtet kommt und geht der arme Mann und inmitten einer Menschenmenge befindet er sich in der gleichen Verborgenheit, wie wenn er in seine Hütte eingeschlossen wäre.« »Der unsichtbare Mensch« ist auch der amerikanische Schwarze in der klassischen Beschreibung Ralph Ellisons. »Ich bin unsichtbar, verstehen Sie, einfach weil die Leute sich weigern, mich zu sehen ... Da zweifeln Sie oft, ob Sie wirklich existieren ... Sie werden von dem Bedürfnis verzehrt, sich selbst davon zu überzeugen, daß Sie in der wirklichen Welt existieren ... Sie schimpfen und fluchen, damit die anderen Sie anerkennen müssen.«[12]

Das Alter hingegen bedeutet nicht nur ein Schwinden der Lebenskräfte, sondern auch ein Schrumpfen des Daseins. Der erste Grund dafür ist eine Vergrößerung der Einsamkeit. »Durch die Einsamkeit habe ich den Weg in den Tod eingeschlagen«, schrieb Victor Hugo: das Dasein kann sterben, bevor das Leben erlischt. Das soziale Sein des alten Menschen wird zunehmend von den verschiedenen Beziehungsgeflechten »abgekoppelt«, in die er eingebettet war; die Langeweile wird zur Haupterfahrung seines Lebens. Die üblichen Spender von Anerkennung verschwinden einer nach dem anderen (das ist die natürliche Selektion), und jene, die an ihre Stelle treten – die »junge Generation« – zeigen keinerlei Interesse mehr für ihn, und sie interessieren ihn im übrigen auch nicht (die bewußte Selektion). Sie brauchen den alten Menschen nicht, und er braucht sie auch nicht, während sein Daseinstrieb jedoch erhalten bleibt.

Es gibt eine »Einsamkeit des Sterbenden«, das heißt des alten Menschen, die der Moderne eigentümlich ist, sagt Norbert Elias. Wir haben Angst vor dem Tod, also auch vor allem, was uns daran denken läßt; deshalb ziehen wir es vor, diejenigen aus unserem Gesichtsfeld zu verbannen, die uns zu stark an ihn erinnern.[13] Man sperrt die alten Menschen in Altersheime, in denen sie nur andere alte Menschen sehen. Wir haben uns dieses ungebührlichen Schauspiels entledigt, aber sie erhalten nur ein unendlich geringes Lebensgefühl in diesen Heimen, in denen sie nicht mit denen Umgang haben, die ihnen in ihrem Leben etwas bedeutet haben, sondern mit Unbekannten, die ihnen überdies noch gleichen, also für sie ohne Nutzen sind. Die Vervielfachung individueller Einsamkeit schafft keine Gesellschaft. Der nächste Schritt ist das Krankenhaus, in dem heute die Mehrzahl der alten Menschen stirbt. Dort kümmert man sich um ihre Organe, nicht um ihr Sein; man sucht ihr Leben zu verlängern, nicht ihr Dasein. Die Alten sterben allein: das Dasein hat sie vor dem Leben verlassen.

Der Ursprung der Individuen

Der Ursprung der Gattungen ist unerreichbar für uns. Der Ursprung der Individuen dagegen zeigt sich tagtäglich vor unseren Augen: die Entwicklung unserer Kinder. Ihr möchte ich mich nun zuwenden und eine Art »ideale« Darstellung für sie vorschlagen, die auf den Beobachtungen der heutigen Psychologie beruht – freilich in vereinfachter und verallgemeinerter Form.

Wie taucht die Existenz auf, welches sind die elementaren, nicht aufeinander rückführbaren sozialen Interaktionen, auf deren Grundlage sich die komplexen Beziehungen der Erwachsenenwelt ausbilden? Es gibt keine einhellige Antwort auf diese Fragen. Die Kinderpsychologen und -psychoanalytiker waren oft so beeindruckt von ihrer jeweiligen Entdeckung, die sie gerade auf einem Teilgebiet gemacht hatten, daß sie diese für alle kindlichen Aktivitäten verallgemeinern wollten. Wenn nicht alles Aggression ist, dann ist, so sagt man uns, alles Liebe oder Trost oder Sorge – jeder Begriff soll angeblich die Gesamtheit der Eltern-Kind-Beziehungen beschreiben. Die Frage stellt sich, ob es sich dabei nicht statt um konkurrierende Deutungen derselben Fakten vielmehr um unterschiedliche Tatsachen handelt, die es einander zuzuordnen gilt – eine nicht immer ganz einfache Aufgabe.

Sie wird ganz besonders schwierig, weil das Neugeborene ein wirklich einzigartiges Wesen ist, dem wir eher zwangsläufig uns selbst vertraute seelische Zustände und Verhaltensweisen zuschreiben. Auch Psychologen entgehen dieser Versuchung nicht. Die einen sprechen noch für die Zeit nach der Geburt von einer totalen Symbiose zwischen Mutter und Kind; diese jedoch kann es nur in übertragenem Sinn und nur im Denken der Mutter geben, keineswegs in dem des Kindes. Andere projizieren – sicherlich in einer Art unbewußten Erwachsenenzentrismus – in den Säugling sehr viel spätere seelische und geistige Zustände. Nur aus der Perspektive eines voll entwickelten Menschen kann man das Kleinkind als Verkörperung eines ursprünglichen Egoismus (Piaget) oder eines infantilen Autismus (Mahler) ansehen, seine Entwicklung als das Bemühen beschreiben, sein Unvermögen und seine Schwäche zu überwinden (Fairbairn) oder Unabhängigkeit zu erlangen (Winnicott). Dies liegt daran, daß es wirklich nicht leicht ist, dieses Anfangsstadium zu denken, in dem die beiden Wesen, Kind und Elternteil voneinander getrennt sind, aber das eine Wesen das andere so sehr braucht.

Welcher Begriffe wir uns aber auch bedienen, eines ist klar: das Kind wird geboren mit dem Bedürfnis nach den anderen und der Neigung, Kontakt zu ihnen aufzunehmen. Mit Rousseaus Worten ist es dazu »geschaffen, gesellig zu werden«. Schon in den ersten Lebensstunden unterscheidet es unter den Gegenständen das menschliche Antlitz, das es durch die Augen als solches erkennt. In den ersten Lebenswochen kann das Neugeborene auch bereits die menschliche Stimme von allen anderen Lauten unterscheiden.

Das Bedürfnis nach den anderen bezieht sich wohlgemerkt auf den hier als Leben bezeichneten Bereich: das Neugeborene könnte nicht überleben, wenn es nicht von einem anderen ernährt, gesäugt werden würde. Aber diese offenkundige biologische Abhängigkeit hat allzu lange dazu gedient, eine andere, nämlich soziale Abhängigkeit zu verdecken: das Bedürfnis zu existieren und nicht nur zu leben. Nun scheint aber alles darauf hinzuweisen, daß diese beiden von vornherein unterschiedliche Abhängigkeitsverhältnisse sind: das Bedürfnis, umsorgt zu werden, ist kein Ersatz für das Nahrungsbedürfnis. Dies ist klarer geworden seit einem berühmten Experiment Harlows mit zwei Affensäuglingen: diese zogen eine Affenpuppe, die sich anfühlte wie ihre Mutter, einer Puppe vor, die sie säugte, an die sie sich aber nicht kuscheln konnten. Das Kind hat ebenso und noch mehr das Bedürfnis, getragen und gewiegt, liebevoll angesprochen und gestreichelt zu werden – und nicht nur gesäugt. Der erste Abstand, auf den sich der Blick des Kindes einstellen kann, beträgt nicht zwei Zentimeter, wo sich die Brust befindet, an der es saugen will, sondern zwanzig Zentimeter, wo sich das Gesicht seiner Mutter befindet.

Es ist immer noch eine zu stark biologistische Sicht der Entwicklung des Individuums, wenn man deren große Etappen als orale, anale und genitale Phase faßt. Diese, von Abraham bestimmten und von Freud übernommenen »Stufen« veranschaulichen nicht nur das sexualistische Postulat der Theorie – die »normale« Sexualität (des Erwachsenen) war das zu erreichende Ziel und der Körper des Kindes wurde allein nach den Bedingungen der Theorie unterteilt –, sondern auch deren antisozialen Geist: keine dieser Stufen wird mit einer spezifischen Beziehung zu anderen identifiziert, als ob alles, was für das Kind zählte, bereits in dessen Körper enthalten wäre. Das Kind schaut sogar schon, bevor es saugt: aber die angemessene Einbeziehung dieser »skopischen« Stufe läßt immer noch auf sich warten (das »Spiegelstadium« Lacans ist ein zwiespältiger Schritt in diese Richtung).

Die Entwicklungspsychologie hat seit langem festgestellt, daß die kindliche Entwicklung sich nicht durch den Erwerb völlig neuer Elemente vollzieht, sondern vielmehr durch Diversifizierung und Spezialisierung von Aktivitäten, die von vornherein da sind und uns im nachhinein als synkretistische erscheinen. Das Kind ist von Geburt an zur Geselligkeit prädisponiert, aber diese Interaktionsfähigkeit wird immer komplexer und nuancierter, zumindest bis zum Erreichen des Erwachsenenalters. Das Affektive kommt nicht vor dem Kognitiven, das Selbst nicht vor dem Anderen: alles ist von Anfang an da und differenziert und vervollkommnet sich in der Folgezeit.

Die elementarste Unterscheidung ist die zwischen einem passiven und aktiven Prinzip: in der Interaktion strebt das Kind danach, zugleich der Erduldende und der Agierende zu sein. Es ist passiv, wenn es von seinem Elternteil umsorgt wird, und aktiv, wenn es seine Umgebung erkundet. Es möchte zugleich beruhigt und angeregt werden, also das Bekannte wiederfinden und das Unbekannte entdecken. Mit den Worten Piagets praktiziert es zugleich die Assimilation (die Aufnahme der Welt in sich) und die Akkomodation (die Anpassung seiner selbst an die Welt).[14] Diese grundlegende Dualität ist nicht gleichbedeutend mit einem vermeintlichen Gegensatz zwischen dem Bedürfnis nach den anderen und der Selbstbestätigung: das Kind bestätigt sich ebenso durch seine Abhängigkeit von anderen wie durch seine Neugier auf die äußere Welt, und das Bedürfnis nach den anderen liegt der einen wie der anderen Tätigkeit zugrunde. Das Abwechseln von aktiven und passiven Momenten wird dagegen verstärkt durch das parallele Wechseln von Anwesenheit und Abwesenheit des Elternteils, also von Augenblicken des Schutzes und Trosts mit solchen des Verlassenseins. Diese Augenblicke der Trennung dienen nicht weniger dem Aufbau der Beziehungen zum Anderen wie die Momente der Anwesenheit. Das Kind muß sich umsorgt fühlen, damit es sich in die Erkundung der unbekannten Welt um sich stürzt. Die Abwesenheit der Mutter (des Elternteils) regt es dazu an, schrittweise ihr inneres Bild zu formen, sich der vergehenden Zeit bewußt zu werden und sich auf den Erwerb der Sprache vorzubereiten. Die unvermeidliche Abwesenheit, so vorübergehend sie auch sein mag, läßt es langsam seine ursprüngliche Mangelhaftigkeit empfinden, die Tatsache, daß es kein selbstgenügsames Wesen ist. Der Rest seines Lebens wird Versuchen gewidmet sein, diese Grundstörung auszugleichen (um hier in leicht veränderter Bedeutung Balints Begriff zu gebrauchen).[15]

Die sozialen Kontakte des Kindes diversifizieren sich fortwährend. Zur Verdeutlichung bietet sich jedoch an, Entwicklungsstufen zu unterscheiden, die jeweils durch die Aneignung einer neuen Form der Interaktion gekennzeichnet sind. Wir wollen nicht verhehlen, daß die Trennung zwischen ihnen willkürlich ist. Die Veränderungen vollziehen sich nicht auf ein- und derselben Ebene, die verschiedenen Aspekte der Persönlichkeit entwickeln sich nicht im gleichen Rhythmus; schenkt man einem Aspekt besondere Beachtung, so vernachlässigt man notwendigerweise andere. Es gibt auch große Unterschiede in der individuellen Entwicklung von Kindern; jede Altersangabe kann nur als ungefährer Durchschnitt angesehen werden. So ist die folgende Beschreibung der Entwicklungsstufen zu verstehen, für die ich mich auf eine neuere Überblicksdarstellung von H. Rudolph Schaffer stütze.[16] Ich werde aus praktischen Gründen jeder Stufe einen Begriff zuordnen. Zu präzisieren ist jedoch, daß diese Stufen Situationen der Interaktion zwischen dem Kind *und* dem Elternteil betreffen; es ist ein künstlicher Akt, die Entwicklung des Kindes isoliert darzustellen und die komplementären Handlungen des Elternteils nicht zu erwähnen.

Stufe I: Kontakt (bis 2 Monate). Das in diesem Stadium hauptsächlich erworbene Vermögen ist biologischer Natur: das Kind nimmt die grundlegenden Rhythmen – Schlafen und Wachen, Nahrungsaufnahme und -ausscheidung – an. Doch die soziale Interaktion fehlt nicht: der Säugling ist disponiert dazu, menschliche Stimmen und Gesichter zu unterscheiden; rasch identifiziert er diejenigen seiner Eltern und lernt, durch Weinen oder Lachen ihr Augenmerk auf sich zu ziehen. Während er die Brust oder Flasche erhält, tritt er notwendigerweise in eine Interaktion mit der Person, die ihn im Arm hält – die Keimform des Dialogs ist da. Das Kind kann nicht gut zwischen den Personen und den Dingen unterscheiden: ein gemaltes und ein lebendiges Gesicht lösen bei ihm die gleichen Reaktionen aus.

Stufe II: Blick (2 bis 5 Monate). Das Kind beherrscht nunmehr seine grundlegenden biologischen Zyklen und kann sich stärker der Umgebung zuwenden. Zur aufschlußreichsten biologischen Entwicklung kommt es zu Beginn dieser Phase: das Kind kann seinen Blick auf Gegenstände in unterschiedlicher Entfernung richten und scharf stellen (während es vorher nur Objekte im Abstand von zwanzig Zentimetern genau sehen konnte und alles andere ihm als unscharfer Nebel erschien). Das Sehvermögen wird rasch voll entwickelt. Das Kind begnügt sich nicht mehr damit, seine Eltern anzuschauen, es versucht, deren Blick auf sich zu ziehen und festzuhalten; es lernt auch, seinen eigenen Blick abzuwenden. Das Lächeln wird eine kontrollierte Antwort auf das Ansprechen. Es kommt zum ersten vokalen Austausch, wenn auch sehr viel undifferenzierter als der Wechsel von Blicken. Nunmehr kommt es zu ausgefeilteren Interaktionen: manchmal agieren Elternteil und Kind gemeinsam (beispielsweise »singen« sie zusammen), ein andermal abwechselnd. Überdies können Visuelles und Vokales miteinander verbunden werden.

Stufe III: Manipulation (5 bis 9 Monate). Am Anfang dieser Phase kommt es zu einer wichtigen physischen Veränderung: das Kind erlangt eine größere Geschicklichkeit in den Gesten und die Fähigkeit, die Objekte in seiner Umgebung zu manipulieren; alles Neue fasziniert es, und es greift gierig danach. Folglich wendet es sich in einem gewissen Maße von der Interaktion mit anderen Menschen ab, um sich auf die Welt der Dinge zu konzentrieren. Die Menschen werden entweder zu Objekten unter anderen, die es zu erkunden und zu manipulieren trachtet, oder aber Gefährten bei dieser Erkundung. Die anfängliche Dyade wird verdrängt von Dreieckssituationen, die von zwei Subjekten und einem Objekt gebildet werden. Zusammen- und Wechselspiel mit anderen werden jetzt verstärkt. Das noch unentwickelte Fingerzeigen verkörpert diese Interaktion: mit dem ausgestreckten Finger lenkt das Kind das Augenmerk eines anderen Subjekts auf einen Gegenstand. Zu diesem Zeitpunkt lernt das Kind auch den Namen bestimmter Gegenstände. Die größere Geschicklichkeit der Hände führt es von der Erkundung der Objekte zu ihrer Manipulation: mit seinen Händen kann es die Gegenstände bewegen.

Stufe IV: Gedächtnis und Erinnerung (9 bis 18 Monate). Der Auffassung zahlreicher Autoren zufolge sind die Veränderungen, zu denen es um den neunten Lebensmonat kommt, so bedeutsam, daß man sie zu Recht als eine zweite Geburt, als den endgültigen Eintritt in die menschliche Welt betrachten kann. Die geistige Entwicklung, die Ausbildung von Erinnerung und Gedächtnis, ermöglichen dem Kind, die zeitliche Dimension zu interiorisieren. Daher beginnt es, die Individuen in seiner Umgebung zu identifizieren und zu unterscheiden; die Personen sind nunmehr endgültig von den Sachen getrennt. Das Kind wendet sich jetzt bestimmten vertrauten Menschen zu, die es leicht erkennt, und fürchtet sich vor Fremden. Es erinnert sich auch so weit der Vergangenheit, daß sein gegenwärtiges Verhalten dadurch beeinflußt wird. Während das Affenjunge immer Zeichen der Freude zeigt, wenn seine Mutter nach einer Abwesenheit vor ihm erscheint, entscheidet sich das Menschenkind leicht dafür zu »schmollen«, das heißt den Elternteil für sein Fortbleiben zu bestrafen. Damit imitiert es den Elternteil, das ihm seine Aufmerksamkeit verweigert hat. An die Stelle des Quasidialogs der vorangegangenen Stufen tritt nunmehr ein wirklicher (wenngleich immer noch nichtverbaler) Dialog wie in dem bekannten und beliebten Spiel »Kuckuck – da bin ich!«: die Reziprozität ist geboren. Schließlich konstituiert das Kind, indem es den Anderen als Dialogpartner anerkennt, sich selbst zum Subjekt und entdeckt die Intentionalität: er handelt jetzt, weil es dies will, nicht als Reaktion auf äußere Anreize. Es beginnt auch einen klaren Unterschied zu sehen zwischen der Gruppe der Erwachsenen-Eltern und jener der Kinder-Spielkameraden, also zwischen ungleichen und gleichrangigen Partnern; ein Konkurrenzverhalten zwischen den Angehörigen einer Altersgruppe wird möglich. Die Dreiecksbeziehungen werden nunmehr von drei unterschiedlichen Subjekten gebildet.

Stufe V: Sprache (ab 18 Monaten). Der Spracherwerb ist vorbereitet durch das zunehmende Beherrschen der Aktivitäten, die für die vorangegangenen Stufen kennzeichnend waren. Zum einen hat das Kind im wesentlichen durch das Spiel die Fähigkeit zum symbolischen Denken in sich gefestigt, das heißt zwei Entitäten, von denen eine abwesend sein kann, dauerhaft miteinander zu verknüpfen gelernt; dies ist auch ein erstes Rudiment des Prozesses, in dem wir auf Segmente der Welt verweisen oder sie bezeichnen. Zum anderen kennt das Kind die Praxis des präverbalen »Dialogs«, der Zusammenarbeit mit einem Kameraden, wobei ein gemeinsames Ziel das Handeln der beiden Gefährten bestimmt. Die Sprache, der Gebrauch von vorher festgelegten verbalen Zeichen, verbindet die referentielle und die kommunikative Funktion miteinander und weitet beide ungeheuer aus: nun kann man alle Gegenstände, alle Situationen bezeichnen, mit allen kommunizieren, die denselben Kode kennen, das heißt dieselbe Sprache. Der Sinn löst sich vom »Referenten« (der bezeichneten Welt) und verankert sich im Geist der Sprecher mit dem Laut als Träger des inneren Bilds. Die Sprache – das Gespräch – ermöglicht eine Interaktion, die allem Vorangegangenen (an Subtilität wie an Effizienz) derart überlegen ist, daß sie die menschliche Aktivität schlechthin wird. Die Sprache ist selbst gesellschaftlich, denn sie ist von anderen Menschen vor uns auf uns überkommen, und ihr Erwerb besiegelt den endgültigen und unumkehrbaren Eintritt des Kindes in das Dasein. Der Spracherwerb geschieht seinerseits in zahlreichen Schritten und ist in einem gewissen Sinn ein unendlicher Prozeß.

Gehen wir nun diese Stufen noch einmal durch und versuchen wir festzustellen, welche elementaren Formen der Interaktion sich das Kind in ihnen schrittweise aneignet. Dies ist gleichsam ein Grundwortschatz, aus dem man durch Kombination und Abwandlung die komplexen Handlungen des Erwachsenenlebens ableiten kann.

Auf der ersten Stufe (des Kontakts) ist die Aktivität, die sich von den einfachen physiologischen Funktionen unterscheidet, von den Spezialisten mit unterschiedlichen, in ihrem Sinngehalt jedoch ähnlichen Begriffen beschrieben worden. Die Kinder suchen den tröstlichen Kontakt mit einem weichen und warmen Körper, sie »begehren«, im Arm gehalten, gewiegt, von Düften und Lauten umgeben zu sein, die ihnen vertraut werden. Sie wollen geschützt und umsorgt werden, wie man manchmal sagt (eine deutliche Projektion des Erwachsenenstandpunkts), sie brauchen Zuwendung und Zärtlichkeit. Dies ist ein primäres Verhalten, es tritt nicht an die Stelle von etwas anderem, geschieht nicht, um etwas zu bewirken. Es ist ein Selbstzweck, den man bisweilen auf den »Kuschelinstinkt« (*clinging instinct*) zurückgeführt hat. Dieses Ensemble miteinander verwandter Handlungen, bei denen das Kind passiv bleibt und nicht agiert, bezeichne ich als *umsorgt sein*.

Die zweite Stufe (des Blicks) beginnt nicht mit dem Schauen – dies tut das Kind seit der Geburt –, sondern damit, den Blick des anderen zu suchen, angeschaut werden zu wollen. Dies ist ein wesentlicher Unterschied, der erste große Trennungsschritt des Menschen von den anderen Primaten. Diese kennen wie gesehen den direkten Blickkontakt, doch er kommt relativ selten und spät vor und fehlt ganz in der frühen Kindheit. Der kleine Affe verspürt wie der menschliche Säugling das Bedürfnis, umsorgt und getröstet zu werden; wenn er allein oder mit seinesgleichen spielt, bleibt er immer in der Nähe seiner Mutter: er will sie sehen können. Aber er sucht nicht ihren Blick, er tut nichts, damit *sie ihn ihrerseits anschaut*. Das Menschenkind dagegen will gesehen werden und nicht nur selbst sehen (in der Sprache Sartres, der die konstitutive Rolle des Blicks anerkannt hat, heißt dies, daß »meine Grundbeziehung zum Subjekt-Anderen zurückgeführt werden können [muß] auf meine ständige Möglichkeit, vom Anderen *gesehen* zu werden«).[17] Der Blick der Eltern ist der erste Spiegel, in dem das Kind *sich* sieht.

In diesem entscheidenden Augenblick wird im Kind gleichzeitig sein Bewußtsein des Anderen (derjenige, der ihn anschauen soll) und sein Bewußtsein seiner selbst (derjenige, den der Andere anschaut) geboren – und damit das Bewußtsein selbst. Das kann es zwar natürlich sich nicht *sagen*, aber von diesem Augenblick an *weiß* das Kind: man schaut *mich* an, also existiere *ich*; der Blick der Eltern hat das Kind in das Dasein eingeführt. Als ob sie um die Bedeutung dieses Augenblicks wüßten (was keineswegs der Fall ist), schauen sich Eltern und Kind nun lange gegenseitig in die Augen. Im Erwachsenenalter ist dies ganz und gar ungewöhnlich: ein gegenseitiger Blick, der länger als zehn Sekunden dauert, kann dann nur zweierlei bedeuten: die beiden werden sich schlagen oder lieben. Diese entscheidende Situation, in der das Kind immer noch Patient und nicht Agent ist, kann mit dem Hegelschen Begriff bezeichnet werden: es verlangt, *anerkannt* zu werden.

Auf derselben Stufe, im Alter zwischen zwei und fünf Monaten, beginnt das Kind auch, eine aktivere Rolle zu spielen und in einen wirklichen Austausch mit seinem Elternteil einzutreten. Je nachdem, ob die gleiche Handlung – Gesten oder das Produzieren von Tönen – abwechselnd (dies scheint häufiger zu sein) oder gleichzeitig von beiden vollführt wird, lassen sich hier zwei Aktionsformen ausmachen, die sich später deutlicher unterscheiden: *Wechselspiel* und *Zusammenspiel.*

Auf der dritten Stufe (der Manipulation) treten die Beziehungen zu den Personen in den Hintergrund, und das Kind versucht vor allem, seine gewachsenen Fähigkeiten einzusetzen, die Dinge in seiner Umgebung zu ergreifen und zu bewegen. Da sein Geist jedoch noch nicht zwischen Personen und Sachen unterscheidet, versucht er das gleiche auch mit den Menschen in seiner Umgebung. Hier ließen sich zwei Tätigkeiten unterscheiden: die umgebende Welt *erkunden*, ohne sie zu verändern, und *bestimmen*, die handelnde Ursache für die Veränderung in der Welt zu werden. Diese Verhaltensweisen entwickeln sich in der Erwachsenenwelt in unterschiedliche Richtungen weiter: Erkunden führt zur Wissenschaft, Bestimmen zur Technik – aber auch, in der Welt der Menschen, zum sozialen Handeln.

Auf der vierten Stufe (Erinnerung und Gedächtnis) tauchen neue Handlungen auf. Das Kind versucht nun, seine Eltern oder Gefährten (zwischen denen es während des Erkundens oder Bestimmens keinen klaren Unterschied machte) *nachzuahmen*; einige Zeit später, aber immer noch innerhalb dieser Stufe, beginnt das

Kind, seine Rivalen zu *bekämpfen*. Der Kampf, den die philosophische Tradition, von Hobbes über Hegel bis zu Nietzsche, zum grundlegenden Merkmal der Menschheit erhoben hat, ist mithin keineswegs die allererste Tat des Kindes. In Wirklichkeit bezeichnet er bereits ein fortgeschrittenes Entwicklungsstadium. Deshalb läßt sich kaum von einer angeborenen Aggressivität oder einem ursprünglichen Sadismus sprechen. In der Analyse, berichtet Michael Balint, »haben wir eigentlich nie einen angeboren schlechten oder bösen Menschen, einen wahren Sadisten gesehen… Man wird schlecht durch Leiden.«[18] Der Kampf ist eine Aktion, die von ihrem Ziel bestimmt wird: sich einen Gegenstand oder die Aufmerksamkeit eines Menschen zu verschaffen. Präsentiert sich kein Rivale, so kommt es nicht zum Kampf. Es ist deshalb übertrieben zu postulieren, es gebe im Menschen einen Aggressionsinstinkt oder -trieb oder eine aggressive Energie. Damit verdinglicht man zu einer angeborenen Qualität oder zu einem grundlegenden Handlungsantrieb, was doch nur ein Mittel ist, um ein Ziel zu erreichen. Im Gegensatz zu dem, was bestimmte Popularisierungen der Ethologie vertreten, kennen auch die Tiere keinen »aggressiven Instinkt«.

Der Kampf ist die erste Aktion, die sich nur an die Kameraden und nicht an die Eltern richtet: letztere sind keine Rivalen, Feindseligkeit ihnen gegenüber kann nicht die Form des Kampfes annehmen (sondern vielmehr die des Schmollens oder später des Aufbegehrens). Der Kampf ist nicht notwendigerweise gebunden an eine Forderung des Rivalen, ihn anzuerkennen, sondern vielmehr eine Kraftprobe: zwei Kinder zerren am selben Spielzeug, der Stärkere gewinnt und reißt es an sich, ohne sich um den Blick des Unterlegenen zu kümmern. Später kann der Kampf begleitet sein von einer Forderung nach Anerkennung durch einen Dritten, einen Zuschauer oder Schiedsrichter. Diese Kombination elementarer Handlungen führt zu komplexen Gefühlen wie Eifersucht, Neid oder Haß.

Der Spracherwerb auf der fünften Stufe ergänzt jede der vorher praktizierten Handlungen um neue Dimensionen: nunmehr kann man mit Worten statt Gesten oder Blicken getröstet oder anerkannt werden, man kann mit diesem Mittel die Welt bestimmen oder sogar erkunden, man wechselt Worte oder ahmt sie nach. In diesem Augenblick läßt sich auch die sogenannte »ödipale« Konfiguration feststellen. Balint zufolge unterscheidet sie sich von den vorangegangenen Beziehungen durch drei Merkmale: 1) sie ist triangulär und nicht dual, 2) sie ist eher konfliktuell als komplementär, 3) sie ist eher verbal als physisch.

Unter diesen elementaren Handlungen habe ich die Liebe nicht erwähnt. Aber mir scheint, daß die Einordnung der Eltern-Kind-Beziehung unter diesen zu allgemeinen Begriff nicht dazu beiträgt, die besonderen Merkmale dieser Beziehung zu erhellen. Anfangs spürt das Kind, daß es die anderen braucht, hat das Bedürfnis, getröstet und anerkannt zu werden, mit anderen zusammen etwas zu tun. Später, wenn die elterliche Person festgelegt und identifiziert worden ist, finden sich alle früheren Bestandteile wieder. Die Liebe des Kindes ist etwas Zusammengesetztes, keine elementare Handlung. Man könnte das gleiche über die erotische Liebe der Erwachsenen sagen, auch wenn diese beiden Formen der Liebe nicht zur gleichen Gattung gehören: Sinnenlust, das Bedürfnis, anerkannt zu werden und seinerseits anzuerkennen, Zusammenspiel und Kampf, all dies und sehr viel mehr noch bilden zusammengenommen die Liebesbeziehung.

Dagegen gibt es eine andere einfache Handlung, die Eltern und Kinder etwas später entdecken, (und die ebenfalls ein Bestandteil oder eine Form der Liebe sein kann), und die man als *innig verbunden sein* bezeichnen kann. Die Mutter kann sehr früh das Gefühl haben, mit ihrem Kind eins zu sein – eine Art seelisches Äquivalent zur Symbiose in der Gebärmutter. Aber man muß länger warten, wenn man will, daß *beide* als Individuen die gleiche Empfindung haben, ohne in die Illusion der Rückkehr zur pränatalen Symbiose zu verfallen. In der innigen Verbundenheit weiß man, daß der Andere ein anderer ist, man bleibt innerhalb der Koexistenz. Aber zugleich gibt es ein Gefühl der Dauerhaftigkeit zwischen den beiden Partnern: es ist die völlige, unzweifelhafte Gewißheit, daß man vom Anderen angenommen wird. Beide erleben in diesem Zustand, was Aristoteles der Freundschaft in ihrer höchsten Form zusprach: die Freude des einen ist die des anderen, oder vielmehr: die bloße Gegenwart des einen, von dem man nichts verlangt, ist für den anderen die Quelle einer stillen Freude. Ich liebe ihn um seiner selbst willen und nicht um meiner, ich erfreue mich an seinem Dasein ohne jede Erwartung eines Dankeslohns. Ich bedarf seiner nicht: derart zu lieben läßt mich ein intensives, nach außen strömendes Gefühl meines eigenen Daseins verspüren. Die ursprüngliche Mangelhaftigkeit ist vergessen.

Die Beziehung der Kinder zu den Eltern wird von zwei Einschnitten geprägt: wenn die Kinder erwachsen werden, und wenn die Eltern alt werden. Im Augenblick der Reife verändert sich die Position der Kinder und die Stellung ihrer Eltern. Nun sind wie gesehen bestimmte elementare Handlungen symmetrisch, andere asymmetrisch. Die asymmetrischen Handlungen sind von den Veränderungen ganz besonders betroffen, denn die Rollen von Eltern und Kind sind darin völlig verschieden: der eine tröstet und gibt Anerkennung, der andere wird umsorgt und anerkannt. Genau dies will das erwachsen gewordene Kind nicht mehr zugeben. Das Bedürfnis, umsorgt, geschützt und beruhigt zu werden, empfindet man nun als kindlich. Ein Erwachsener kann sporadisch nach verschiedenen Formen des Trosts streben, aber wenn er ein ständiges Bedürfnis danach verspürt, wird er von seiner Umgebung als leicht gestört betrachtet. Der Heranwachsende muß, um sich erwachsen zu fühlen, die von seinen Eltern gebotene Fürsorge zurückweisen (»ich bin kein Kind mehr, hör auf, mich zu bemuttern!«). Nicht ganz so verhält es sich mit der Anerkennung: sie braucht man immer, als Kind oder als Erwachsener. Doch statt der etwas mechanisch gewährten Anerkennung von den Eltern wünscht sich der Heranwachsende nunmehr eine Vielzahl neuer Anerkennungen: die seiner Altersgenossen, der geliebten Person, der Lehrer in der Schule und der Vorgesetzten bei der Arbeit und vergleichbare.

Das erwachsen gewordene Kind will sich nicht nur nicht mehr damit begnügen, der Nutznießer der Fürsorge und der Anerkennung seiner Eltern zu sein, sondern möchte überdies selbst die aktive Rolle in diesen Beziehungen einnehmen und seinerseits zur

Quelle von Schutz und Anerkennung werden. Denn es begreift nunmehr, daß es zwar ein Vorteil ist, umsorgt und anerkannt zu werden, daß es aber ein anderer, sehr viel größerer Gewinn ist, selbst Trost und Anerkennung zu gewähren (die Keimform dieses neuartigen Verhaltens sahen wir, als das Kind dem Elternteil seine eigene Anerkennung verweigert und es vorzog zu schmollen, um ihn wegen eines vorangegangenen Mangels an Aufmerksamkeit zu bestrafen). Nun kann es aber bei seinen Eltern, die in dieser Phase ihres Lebens tüchtige Erwachsene sind und ihrer Meinung nach solche Fürsorge nicht brauchen, diese neuen Rollen nicht übernehmen. Unvermeidlich wendet es sich deshalb von ihnen ab, auf der Suche nach neuen Situationen, in denen diese Rollen ihm zugänglich sind.

Die Erfahrung der Eltern sieht natürlich anders aus. Die Liebe der Eltern zu ihrem Kind hat etwas grundlegend Paradoxes: wenn sie ihr Kind lieben, wollen sie, daß es eine unabhängige Person wird, die sie folglich nicht mehr braucht. Die »gelungene« Liebe der Eltern hat die – schmerzhafte – Wirkung, ihr Kind von ihnen zu entfernen. Das individuelle Gedächtnis, das die Menschen in einem Ausmaß besitzen, das die Tiere nicht kennen, macht die allen gemeinsame Erfahrung der Trennung von den Kindern schmerzlich (während die Affenmutter nach einer gewissen Zeit nicht einmal mehr ihre eigenen Jungen von den anderen unterscheidet). Dieses Paradox der menschlichen Elternliebe tritt zutage, wenn die Kindern erwachsen werden und auf die vorher gewährte Fürsorge und Anerkennung verzichten können. Die Eltern finden sich unversehens der dankbaren Rolle als Beschützer, Wahrer und Spender der Anerkennung benommen. Diese Rolle bildete aber die Grundlage ihres eigenen seelischen Gleichgewichts – das ist das Syndrom des »leeren Nests«. Bestenfalls tritt ein reziprokes Verhältnis an die Stelle der vorherigen asymmetrischen Beziehung. Aber das eine kompensiert nicht wirklich das andere: der Verlust der Kinder, die nun keine Kinder mehr sind, ist in gewissem Sinn irreparabel. Die innige Verbundenheit mit dem Kind wird nie mehr in der gleichen Weise möglich sein.

Diese Bindungen zwischen Eltern und Kind haben von vornherein symmetrische und asymmetrische Züge. Beiden ist Alice Balint zufolge gemein, daß keiner der beiden Partner dem anderen wirklich völlige Autonomie zugesteht. Insbesondere für die Mutter bleibt das Kind zu einem bestimmten Grad immer ein Teil ihres Körpers, und die Mütter erleben die Kindstötung nicht als einen Mord (sondern vielmehr als eine Amputation). Umgekehrt erwartet das Kind, daß seine Eltern ihm immer zur Verfügung stehen, daß es nichts in ihrem Leben gibt, das mehr zählt als es selbst, daß sie es lieben und akzeptieren, wie es sich auch immer verhält. Michael Balint beschreibt folgendermaßen das Gefühl des Kindes für seine Mutter: »Mich soll man lieben, immer, überall, meinen ganzen Körper, mein ganzes Ich, ohne jegliche Kritik, ohne die geringste Gegenleistung meinerseits.« [19]

Aber es gibt noch wichtigere Unterschiede. Das Kind kann nur eine Mutter und einen Vater haben; die Eltern können dieses eine Kind oder mehrere haben. Die Eltern sind für das Kind unverzichtbar, nicht jedoch das Kind für die Eltern. Überdies lebt das Kind mit seinen Eltern in dem Augenblick zusammen, in dem sich seine innere seelische Verfassung herausbildet; umgekehrt trifft dies nicht zu. Folglich sind die Rollen, die jeder im Seelenleben des anderen spielt, sehr unterschiedlich. Für die Kinder verlassen die Eltern niemals ihr *Seelenleben*, denn die Beziehungen zu ihnen bilden dessen Grundstruktur. Hingegen verschwinden die Eltern, wenn die Kinder erwachsen werden, normalerweise aus deren *Leben*, in das sie erst viel später zurückkehren, wenn man sich, weil sie sich dem Tode nähern, um sie kümmern muß. Für die Eltern dagegen sind es nicht ihre Kinder, sondern ihre eigenen Eltern, die eine prägende psychische Rolle spielen, während die Kinder einen Teil ihres Lebens, ihrer Identität bilden und dies immer bleiben, wie auch immer die konkreten Beziehungen zu ihnen aussehen mögen.

Zum zweiten entscheidenden Einschnitt und Übergang in den Beziehungen zwischen Kindern und Eltern kommt es, wenn die Eltern alt werden. Die offensichtlichste Veränderung im Leben der Eltern besteht darin, daß sie pflegebedürftig werden: sie müssen gefüttert, gewaschen, warmgehalten werden oder können sich ohne fremde Hilfe nicht mehr bewegen. Mit einem Wort, sie sind nun genauso abhängig wie dereinst ihre Kinder, als sie klein waren, und müssen ihrerseits umsorgt werden. Vielfach wird ihnen die notwendige Hilfe zuteil, manchmal sogar von ihren eigenen Kindern. So mögen sie Fürsorge genießen, aber nie mehr werden sie die Gelegenheit haben, andere – insbesondere ihre eigenen Kinder – zu umsorgen. Genauso sieht es mit der Anerkennung aus: sie werden vielleicht weiterhin von ihren Verwandten anerkannt, aber niemand mehr verlangt von ihnen, sie anzuerkennen; man erwartet nur noch Dankbarkeit von ihnen. Ihre Stellung zu denen, die sich um sie kümmern (nehmen wir an, ihre Kinder), ist genauso asymmetrisch wie einst diejenige der Kinder: sie sind Nutznießer, nicht aber, jedenfalls nicht wirklich, Spender von Trost und Anerkennung (oder nicht den richtigen). Mit einem entscheidenden Unterschied freilich: das Kind weiß am Anfang nicht, daß es eines Tages selbst die Kraft besitzen wird, zu umsorgen und anzuerkennen, und daß es daraus substantielleren Gewinn ziehen wird als die Befriedigung, die es in seiner passiven Position empfindet. Der alte Mensch dagegen weiß, daß die aktive Position dankbarer ist, aber auch, daß er sie nie wieder erlangen wird. Das Drama des Alters besteht nicht darin, daß man die anderen braucht, sondern daß die anderen einen nicht mehr brauchen.

Falls sie sich selbst um ihre Eltern kümmern, können die nunmehr erwachsen oder selbst älter gewordenen Kinder aus dieser Rollenumkehrung eine zusätzliche Befriedigung gewinnen – sie können glücklich darüber sein, für das Wohlbefinden eines geliebten Menschen zu sorgen. Aber das Altern und der Tod ihrer Eltern haben wahrscheinlich auch eine andere Wirkung. In der heutigen Gesellschaft ziehen es die erwachsen gewordenen Kinder vor, sich von ihren Eltern zu entfernen. Sie möchten dem Blick derer entgehen, von denen sie vollständig abhängig gewesen sind. In der Welt der Kinder verfügen die Eltern über alle Strafmöglichkeiten; selbst wenn ich erwachsen bin, kann ich meine einstige Position nicht vergessen. Solange meine Eltern leben, bleibe ich in gewisser Hinsicht immer ein Kind – für sie, aber auch für mich selbst.

Dieses Gefühl kann widersprüchliche Weiterungen haben. Einerseits möchte ich diese Situation aufrechterhalten, weil sie mir erlaubt, nicht die vollständige Verantwortung für alles zu übernehmen, was mir zustößt (das Privileg des Kindes). Andererseits aber und vielleicht intensiver wünsche ich, daß diese Situation endet, ich ersehne also den Tod meiner Eltern, denn erst von diesem Augenblick an höre ich auf, (unter anderem) nur ein Steinchen in der Welt eines Anderen zu sein, und muß die Sanktionen, die er aussprechen könnte, nicht mehr fürchten. Die Abhängigkeit von anderen ist eine zweischneidige Sache: diejenige des erwachsen gewordenen Kindes von seinen Eltern kann mehr eine Last als eine Befriedigung sein.

Ein gutes Verhältnis zwischen Kind und Eltern oder den Personen, die ihre Stellung einnehmen, ist offenkundig in hohem Maße verantwortlich für die gegenwärtige und künftige geistige Gesundheit des Kindes. Als Kleinkind die Gewißheit gehabt zu haben, daß man geliebt wird – jene bedingungslose Liebe, die die Kinder von den Eltern verlangen –, ermöglicht später dem Erwachsenen, die Prüfungen, die das Leben für ihn bereithält, mit größerer Gelassenheit anzugehen. Die anfängliche Bindung, Bowlby hat dies sehr stark betont, ist die einzige solide Grundlage, auf der sich die Persönlichkeit entwickeln kann. Doch erwarten den einzelnen unendlich viele Fährnisse, und der Weg zum »guten Verhältnis« ist nicht leicht zu finden. Alle Autoren der englischen Schule innerhalb der intersubjektiven Psychoanalyse haben sich deshalb um eine Typologisierung der Funktionsstörungen in den frühkindlichen Beziehungen bemüht, die zur Quelle von seelischen Störungen im Leben des Erwachsenen werden. Balint führt beispielsweise die Psychosen auf die anfängliche Beziehung des Kindes zur Mutter zurück, die Psychoneurosen auf die spätere Beziehung zum Vater und zur Mutter. Melanie Klein stellt die »guten Objekte«, die uns verlassen und Depressionen auslösen, den »schlechten Objekten« gegenüber, die in uns eindringen und in uns das Gefühl, verfolgt zu werden, hervorrufen.[20] Fairbairn unterscheidet das schizoide Kind, das Angst hat zu lieben, vom depressiven Kind, das Angst hat zu hassen. Guntrip spricht von der besitzenden Mutter (die für das Kind alles sein will) und der gleichgültigen Mutter (die nichts sein will).[21]

Da ich keinerlei berufliche Erfahrung auf dem Gebiet der Pathologie seelischer Krankheiten besitze, enthalte ich mich eines Urteils über die geringere oder größere klinische Triftigkeit dieser Typologien. Gesichert scheint mir jedoch, daß die Mißbildung jeder der oben unterschiedenen elementaren Handlungen später psychische Störungen auslösen kann. Die entscheidende Rolle dabei scheint indes den beiden ersten Interaktionen des Kindes zuzukommen, in denen ihm das Gefühl vermittelt wird, daß es getröstet, umsorgt und anerkannt wird. Ihre Störung hinterläßt folglich die tiefsten Wunden.

Die seelische Störung hat ihrerseits zwei Gründe und Verlaufsformen: entweder werden Trost und Anerkennung nicht gewährt, oder sie werden gespendet, entsprechen aber nicht dem Verlangen des Kindes. Ihr einfaches Fehlen zeitigt vorhersehbare (und schlimme) Wirkungen. Das gleiche gilt auch für die Furcht, sie könnten nicht gewährt werden – eine Furcht, die zu einem allgemeinen Angstempfinden führt. Die zweite Form, falsche und schädliche Gewährung von Trost und Anerkennung, kann ebenfalls verschiedene Formen annehmen. Die eine verbinden wir mit dem Bild des besitzergreifenden Elternteils: etwa die Mutter, die ihr Kind umsorgt und ihm Anerkennung gewährt, aber nicht will, daß irgendein anderer dies auch tun kann. Sie möchte ganz allein alle »sozialen« Bedürfnisse befriedigen und läßt dabei keiner dritten Person Raum. Diese Versuchung ist ganz besonders stark bei alleinerziehenden Eltern, die sich an der eigenen Allmacht berauschen.

Eine andere zerstörerische Anerkennung ist diejenige, die ein Elternteil gewährt, der in seinem Kind eine andere, ganz bestimmte Person sehen möchte, die abwesend oder verstorben ist. Viele Eltern, die während des Krieges ein Kind verloren haben, haben danach, in Friedenszeiten, ein neues Kind. Sie tun dann alles, um dem neuen Kind das Bild aufzuzwingen, das sie von dem vorigen hatten: sie geben ihm den gleichen Namen, dasselbe Zimmer, dieselben Kleider und glauben in ihm ihren wiederauferstandenen Erstgeborenen zu sehen. Andere Eltern projizieren auf das Kind das Bild eines verstorbenen Bruders, eines verlorenen geliebten Menschen oder eines großen Mannes, den sie ganz besonders bewundern. Das Kind wird anerkannt, aber es begreift rasch, daß man es für jemand anderen hält. Sein Dasein ist in Gefahr, unter dem Zeichen der Nichtauthentizität oder gar der Hochstapelei zu stehen. Es wird niemals wissen, ob es wirklich es selbst ist, das mit seinem Mund spricht, ob es sich würdig zeigt, zu sein, was es nach dem Wunsch seiner Eltern sein soll.

Die Entwicklung des Kindes führt es nicht aus einer völligen Abhängigkeit zu einer ebenso absoluten Unabhängigkeit. Vielmehr geht sie, wie Fairbairn dargelegt hat,[22] von der erlittenen Abhängigkeit des Kindes, das weder die Akteure wählen noch über den Rhythmus von Anwesenheit und Abwesenheit bestimmen kann, zur Abhängigkeit des Erwachsenen. Für den Erwachsenen ist zwar der Andere genauso unabdingbar, aber die verschiedenen Formen der Anerkennung sind nicht in einer einzigen Person konzentriert; der Erwachsene weiß auch die Augenblicke der Einsamkeit zu genießen. Beziehungen ergeben sich nicht nur zufällig, sondern werden auch bewußt angeknüpft; man kann ihnen selbst einen Anfang und ein Ende setzen.

DRITTES KAPITEL

Die Anerkennung und ihr weiteres Geschick

Modalitäten

Es ist kein Zufall, daß Rousseau, Adam Smith und Hegel der Anerkennung unter den elementaren Prozessen einen prominenten Platz eingeräumt haben. Sie ist in der Tat in doppelter Hinsicht außergewöhnlich. Inhaltlich, weil sie stärker als jede andere Handlung den Eintritt des Individuums in das spezifisch menschliche Dasein bezeichnet. Strukturell, weil sie geradezu zwangsläufig in allen anderen Handlungen mitenthalten scheint. Tatsächlich wird das Kind beim Wechsel- oder Zusammenspiel zugleich dadurch in seinem Dasein bestätigt, daß sein Partner ihm einen Platz einräumt: er hält inne, um es »singen« zu hören, oder singt mit ihm zusammen. Wenn es die Umgebung erkundet oder umgestaltet, einen Erwachsenen nachahmt, erkennt es sich als Subjekt seiner Handlungen und damit als ein existierendes Wesen. Wird es getröstet oder gestraft, tritt es in innige Verbindung mit einem anderen, so erhält das Kind ebenfalls eine abgeleitete Befriedigung, einen Beweis seines Daseins. Jede Koexistenz ist eine Anerkennung. Dies erklärt auch, warum ich diesem Prozeß mehr Aufmerksamkeit als allen anderen widme.

Die Anerkennung umfaßt offenkundig unzählige und vielgestaltige Handlungen. Was sind die Gründe und die Ausprägungen dieser Vielfalt?

Man könnte damit beginnen, einige dem Begriff äußerliche Quellen dieser Vielfalt aufzuzählen. Die Anerkennung kann materiell oder immateriell sein, es kann sich um Besitztümer oder

Ehren handeln, sie kann die Ausübung von Macht über andere Menschen beinhalten oder nicht. Das Streben nach Anerkennung kann bewußt oder unbewußt sein, mit rationalen oder irrationalen Mechanismen arbeiten. Ich kann auch den Blick des anderen durch verschiedene Facetten meines Wesens auf mich zu ziehen versuchen, durch meine äußere Erscheinung oder meine Intelligenz, durch meine Stimme oder mein Schweigen. Unter diesem Blickwinkel spielt die Kleidung eine besondere Rolle, denn sie ist im Wortsinn ein Begegnungsfeld zwischen dem Blick der anderen und meinem Willen. Sie ermöglicht mir, mich im Verhältnis zu diesen anderen zu bestimmen: ich möchte allen gleichen oder nur bestimmten Menschen, anderen nicht oder aber niemandem. Kurz: ich wähle meine Kleidung nach Maßgabe der anderen, und sei es nur, um ihnen mitzuteilen, daß sie mir gleichgültig sind. Wer dagegen keine Kontrolle mehr über seine Kleidung ausüben kann (zum Beispiel, weil er arm ist), fühlt sich den anderen gegenüber gelähmt, seiner Würde beraubt. Der alte Scherz, wonach der Mensch aus drei Teilen bestehe, der Seele, dem Körper und den Kleidern, hat schon seinen Sinn.

Die Anerkennung betrifft alle Bereiche unseres Daseins. Ihre verschiedenen Formen können einander nicht ersetzen, die eine bietet höchstens einen gewissen Trost für eine andere, die fehlt. Ich habe das Bedürfnis, im Beruf und in meinen persönlichen Beziehungen anerkannt zu werden, in der Liebe und in der Freundschaft. Die Treue meiner Freunde kompensiert nicht wirklich den Verlust der Liebe, ein erfülltes Privatleben kann das Scheitern im politischen Leben nicht vergessen machen. Wer sein Verlangen nach Anerkennung wesentlich im öffentlichen Bereich gesucht und sie dort nicht gefunden hat, fühlt sich plötzlich der Existenz beraubt. Ein solcher Mensch hat sein Leben damit verbracht, der Gesellschaft und dem Staat zu dienen und hat daraus sein grundlegendes Lebensgefühl gewonnen. Wenn er alt geworden ist, und die Gesellschaft keine Ansprüche mehr an ihn stellt, vermag er diese Leere nicht durch die Aufmerksamkeit seiner Angehörigen auszugleichen. Da er nicht mehr als öffentliche Person existiert, meint er, überhaupt nicht mehr zu existieren.

Bei Hegel konnte wie gesehen das Verlangen nach Anerkennung Teil des Kampfs um die Macht sein. Aber es kann auch in Beziehungen auftreten, in denen eine bestehende Rangordnung Konflikte vermeiden hilft. Die höhere oder untergeordnete Position der Partner ist häufig von vornherein gegeben, dennoch streben beide nach der Billigung durch den Blick des anderen. Die erste Anerkennung, die das Kind erhält, kommt von Ranghöheren, seinen Eltern oder den Personen, die sie vertreten. Danach wird die Rolle von anderen Instanzen wahrgenommen, die von der Gesellschaft beauftragt sind, diese Sanktionsgewalt auszuüben: vom Lehrer oder Meister; vom Arbeitgeber, Direktor oder Vorgesetzten. Die Kritiker haben häufig für Künstler oder Schriftsteller, die am Anfang ihrer Karriere stehen oder denen es an innerer Selbstsicherheit mangelt, eine Schlüsselgewalt über die Anerkennung inne. Alle diese ranghöheren Personen sind von der Gesellschaft mit einer wesentlichen Funktion versehen, der Gewalt, eine öffentliche Sanktion auszusprechen.

Die von Rangniederen kommende Anerkennung ist aber auch nicht zu vernachlässigen, auch wenn man sich dies meist verhehlt: der Herr braucht bekanntlich den Knecht nicht weniger als umgekehrt; der Lehrer wird in seinem Lebensgefühl durch die Schüler bestätigt, die ihn brauchen; der Sänger braucht jeden Abend den Applaus seiner Bewunderer, und für die Eltern ist der Auszug der Kinder, die nur um Anerkennung zu bitten schienen, ein traumatisches Erlebnis.

Diese Spielarten der Anerkennung in hierarchischen Verhältnissen stehen insgesamt den egalitären Situationen gegenüber, in denen eher Konkurrenzgefühle entstehen können. Es gibt viele solcher Situationen: in der Liebe oder Freundschaft, im Arbeits- und zum Teil im Familienleben. Und schließlich kann man auch selbst zur hauptsächlichen Quelle der eigenen Anerkennung werden: etwa, wenn man in den Autismus abgleitet und jeden Kontakt mit der Außenwelt ablehnt; oder wenn man übertriebenen Stolz entwickelt und sich das ausschließliche Recht vorbehält, über die eigenen Verdienste urteilen zu dürfen. Oder aber man fühlt in sich eine göttliche Erscheinung, die über Gut und Böse in unserem

Leben entscheidet: der Heilige versucht sein Bedürfnis nach menschlicher Anerkennung zu überwinden und begnügt sich damit, Gutes zu tun. Auch manche Künstler können sich ihrer Tätigkeit widmen, ohne sich im geringsten darum zu kümmern, was die anderen darüber denken. Dies sind freilich immer nur partielle oder vorübergehende Lösungen. »*Vollständige* soziale Uneigennützigkeit gibt es kaum, der *vollständige* soziale Selbstmord kommt dem Menschen sozusagen niemals in den Sinn«, bemerkte William James.[1]

Zu unterscheiden sind nun zwei Formen der Anerkennung, die wir beide anstreben, allerdings in sehr unterschiedlichen Proportionen. Man könnte von einer Anerkennung durch Übereinstimmung und einer Anerkennung durch Unterscheidung sprechen, die im Gegensatz zueinander stehen: entweder will ich anders als die anderen erscheinen oder als gleichgeartet wahrgenommen werden. Wer hofft, sich als der Beste, Stärkste, Schönste und Hervorragendste zu zeigen, möchte sich natürlich von den anderen unterscheiden; diese Haltung ist besonders häufig in der Jugendzeit. Aber es gibt auch einen ganz anderen Anerkennungstypus, der charakteristischer ist für die Kindheit und das reifere Alter, vor allem bei den Personen, die kein intensives öffentliches Leben führen und deren engere persönliche Beziehungen sich gefestigt haben: sie gewinnen ihre Anerkennung daraus, daß sie sich so genau wie möglich an Herkommen, Sitten und Normen halten, die sich für sie in ihrem Stand schicken. Diese Kinder oder Erwachsenen halten sich für befriedigt, wenn sie sich ihrer Altersgruppe oder ihrem sozialen Milieu entsprechend kleiden und im Gespräch die passenden Anspielungen bringen, ihre untadelige Treue zur Gruppe beweisen können.

Erfülle ich mit meiner Arbeit eine von der Gesellschaft als nützlich anerkannte Funktion, habe ich vielleicht kein Bedürfnis nach Distinktionsanerkennung (ich erwarte nicht, daß man mir laufend Komplimente macht): ich begnüge mich völlig mit meiner Konformitätsanerkennung (ich erfülle meine Pflicht, ich diene meinem Land oder meinem Unternehmen). Um sie zu erhalten, muß ich nicht jedesmal den Blick der anderen erheischen: ich habe diesen Blick internalisiert als Normen, Sitten und Bräuche, eventuell als Hochmut. Meine bloße Übereinstimmung mit den Regeln wirft mir ein – zudem positives – Bild meiner selbst zurück; also existiere ich. Ich strebe nicht mehr danach, außergewöhnlich, sondern nur noch normal zu sein; das Ergebnis ist indes das gleiche. Der Konformist ist auf den ersten Blick bescheidener als der Eitle; aber der eine braucht nicht weniger Anerkennung als der andere.

Die Befriedigung, die man aus der Übereinstimmung mit den Normen der Gruppe gewinnt, erklärt auch größtenteils die Macht der Gemeinschaftsgefühle, das Bedürfnis, einer Gruppe, einem Land, einer religiösen Gemeinschaft anzugehören. Genauestens die Gewohnheiten des eigenen Milieus zu beachten verschafft einem ein Gefühl des eigenen Daseins durch die Gruppe. Habe ich nichts in meinem eigenen Leben, auf das ich stolz sein kann, so bemühe ich mich um so eifriger, den guten Ruf meiner Nation oder meiner religiösen Gemeinschaft zu beweisen oder zu verteidigen. Kein Rückschlag, den die Gruppe erleidet, kann mich entmutigen: ein einzelner Mensch hat nur ein *Dasein*, das scheitern kann, ein Volk aber hat ein *Schicksal* über die Jahrhunderte hinweg – die Niederlagen von heute werden zur Ankündigung der Triumphe von morgen.

Diese beiden Formen der Anerkennung geraten leicht miteinander in Konflikt oder bilden wechselhafte Hierarchien in der Geschichte von Gesellschaften wie in der von Individuen: sich unterscheiden zu wollen, fördert den Wettstreit, die Übereinstimmung zu suchen, festigt die Eintracht. Bleibe ich brav auf dem Bürgersteig, halte mich an die Regeln und verschaffe mir so die innere Anerkennung durch Konformität? Oder überquere ich die Straße zwischen hupenden Autos, um die Bewunderung meiner Freunde hervorzurufen (eine Anerkennung durch Unterscheidung, die aber innerhalb einer kleineren Gruppe, unserer Bande, eine Anerkennung durch Konformität sein kann)? In einem bestimmten Alter wiegt der Beifall von Gleichaltrigen schwerer als alles andere, mit Sicherheit mehr als die Befriedigung durch Übereinstimmung mit den allgemeinen Regeln der Gesellschaft. Diese Situation birgt mithin Gefahren: man verstößt leicht gegen die

»Moral«, wenn man sich so das Lachen oder Staunen der Zeugen sichert. Von Banden begangene Straftaten haben oft keine andere Quelle.

Eine andere Unterscheidung betrifft nicht mehr die Formen der Anerkennung, sondern die Art und Weise, wie sie geschieht. Tatsächlich findet die Anerkennung in zwei Stufen statt. Von den anderen verlangen wir erstens, unsere Existenz anzuerkennen (die *Anerkennung* im engeren Sinn), und zweitens, unseren Wert zu bestätigen (diesen Teil des Prozesses bezeichnen wir als *Bestätigung*). Die beiden angestrebten Handlungen liegen nicht auf der gleichen Ebene: zur zweiten kann es erst kommen, wenn die erste bereits vollzogen worden ist. Sagt man uns, es sei gut, was wir tun, so impliziert dies, daß man zuvor unsere Existenz anerkannt hat. Die Bestätigung betrifft das Prädikat einer Proposition, die Anerkennung sein Subjekt (oder eine untergründige Proposition der Form »X ist«, eine reine Proposition der Existenz). La Rochefoucauld ist vielleicht einer der ersten, der die beiden unterschieden hat: »Lieber sagt man Schlechtes von sich als gar nichts.«[2] Adam Smith beachtet ebenfalls diese Dualität, den Unterschied zwischen »Aufmerksamkeit und Billigung«, und macht uns bereits darauf aufmerksam, daß »es zwei gänzlich verschiedene Dinge sind, ob man übersehen wird, oder ob man Mißbilligung erfährt«.[3] Umgekehrt ist die Bewunderung durch andere nur die sichtbarste Form ihrer Anerkennung, denn sie betrifft unseren Wert; aber ihr Haß oder ihre Aggression sind es ebenfalls, wenn auch auf weniger offenkundige Weise: sie attestieren nicht weniger stark unsere Existenz.

Die Unterscheidung dieser beiden Stufen der Anerkennung ist von zentraler Bedeutung, denn sie sind häufig voneinander getrennt und bewirken so je eigene Reaktionen: man kann gleichgültig sein gegenüber der Meinung, die andere von uns haben; aber man kann nicht unempfindlich bleiben gegenüber einer fehlenden Anerkennung unserer bloßen Existenz. William James hat festgestellt, daß »es Personen gibt, deren Meinung uns wenig gilt und um deren Aufmerksamkeit wir uns gleichwohl bemühen«.[4] Die heutigen Psychiater unterscheiden ebenfalls zwei Störungen in der Anerkennung, mit verschiedenen Implikationen: die *Verwerfung* oder fehlende Bestätigung und die *Entwertung* oder fehlende Anerkennung. Die Verwerfung ist eine Meinungsverschiedenheit über den Inhalt der Beurteilung. Dagegen stellt die Entwertung in Abrede, daß es eine Beurteilung gegeben hat – eine weitaus schwerere Beleidigung für das Subjekt. Die Verwerfung gleicht der grammatikalischen Verneinung: diese betrifft nur das Prädikat und impliziert tatsächlich eine partielle Bestätigung des Inhalts der Proposition, der vom Subjekt des Satzes getragen wird.[5]

Karl Philipp Moritz hat in seinen Bemerkungen über die unterschiedliche Wirkung der Lächerlichkeit und des Hasses diese Differenz sehr gut herausgearbeitet: »Das Lächerlichwerden ist eine Art von Vernichtung und das Lächerlichmachen eine Art von Mord des Selbstgefühls, die nicht ihresgleichen hat. – Von allen außer sich gehaßt zu werden ist dagegen wünschens- und begehrenswert. – Dieser allgemeine Haß würde das Selbstgefühl nicht töten, sondern es mit einem Trotz beseelen, wovon es auf Jahrtausende leben und gegen diese hassende Welt Wut knirschen könnte. – Aber keinen Freund und nicht einmal einen Feind zu haben – das ist die wahre Hölle, die alle Qualen der fühlbaren Vernichtung eines denkenden Wesens in sich faßt.«[6] Einen anderen zu hassen heißt, ihn abzulehnen; der Haß gegen ihn kann mithin das Gefühl seines Daseins verstärken. Macht man jedoch jemanden lächerlich, nimmt ihn nicht ernst, verdammt ihn zum Schweigen und zur Einsamkeit, so geht man viel weiter: der so behandelte droht ins Nichts zu stürzen.

Dostojewski hat den Unterschied zwischen den beiden Erfahrungen der verweigerten Bestätigung (*Verwerfung*) und der versagten Anerkennung (*Entwertung*) zu einem zentralen Thema seiner *Aufzeichnungen aus dem Kellerloch* gemacht. Der fiebergeschüttelte Erzähler fürchtet vor allem anderen die Entwertung, während er die Verwerfung gern annimmt, denn diese beweist ihm, wenn auch auf wenig angenehme Weise, seine Existenz. Er begegnet beispielsweise einem Offizier, der so tut, als bemerke er ihn nicht. Er träumt davon, sich mit ihm zu duellieren, wohlwissend, daß er leicht besiegt werden würde. Er tut dies nicht aus Masochismus, sondern weil das Duell voraussetzt, daß der Gegner seiner Existenz gewahr wird. Der Offizier hingegen will sich genau dazu nicht herablassen. Deshalb verweigert der Offizier die Auseinandersetzung, als sie sich auf der Straße begegnen, und der Erzähler sich ihm ostentativ in den Weg stellt: »Wir prallten kräftig aufeinander, Schulter gegen Schulter!... Er blickte sich nicht einmal um und tat, als hätte er es nicht bemerkt.«[7] Die gleiche Logik bestimmt die Beziehungen des Erzählers zu seinen anderen Bekannten: er ist bereit, die erniedrigendsten Situationen zu akzeptieren, sofern man seine Existenz bemerkt; die größten Beleidigungen sind besser als überhaupt keine Anerkennung. Wenn das Sklavenleben uns den Blick der anderen sichert, wird es ein wünschbarer Zustand. Der Mann aus dem Kellerloch hat kein Dasein außerhalb der Beziehung zu anderen – und spricht damit die Wahrheit über den Menschen aus. Sich »in Gesellschaft zu stürzen« wird für ihn »ein unüberwindbares Bedürfnis«: allein sein heißt, nicht mehr zu sein.

Das Gefühl der Demütigung ist in den beiden Fällen nicht das gleiche. Die Verwerfung kann wegdiskutiert oder weggesteckt werden, entweder durch eine Analyse ähnlich jener des Mannes aus dem Kellerloch oder einfach durch Stolz – was kümmert mich die Meinung der anderen, die ich verachte? Richtig bleibt, daß Verwerfung manchmal sehr schwer zu ertragen ist. Völlig unbeachtet zu sein macht uns glauben, wir seien aus der Liste der Lebenden gestrichen, und das schnürt uns die Kehle zu.

Die Anerkennung ist eine asymmetrische Beziehung zwischen dem Handelnden, der die Anerkennung gibt, und dem passiven Empfänger, der sie erhält; die beiden Rollen sind nicht austauschbar. Doch wir haben auch gesehen, daß alle anderen elementaren Handlungen gleichzeitig eine sekundäre oder indirekte Anerkennung vermitteln. Dies spielt auch eine Rolle für die Anerkennungsbeziehung selbst: der Spender der direkten Anerkennung erhält durch seine aktive Rolle die Befriedigung einer *indirekten* Anerkennung. Zu spüren, daß die anderen einen brauchen (um ihnen Anerkennung zu gewähren), bewirkt, daß man sich selbst anerkannt fühlt. Die Intensität dieser indirekten Anerkennung ist im allgemeinen höher als die der direkten Anerkennung. Im Warschauer Ghetto war nach Aussage eines Überlebenden, Marek Edelman, das sicherste Mittel, um zu überleben, sich aufopferungsvoll um einen anderen Menschen zu kümmern: »Man mußte jemanden haben, auf den man sein Leben ausrichten konnte, für den man sich aufopferte.«[8] Die Eltern, die sich für ihr Kind aufopfern, leiden an dem Tag, an dem sie spüren, daß es sie nicht mehr braucht, viel schlimmer als während der ganzen Zeit, in der sie gaben, ohne dafür etwas zu erhalten. Zudem entgeht die indirekte Anerkennung unserer moralischen Zensur, die immer bereit ist, den zu verurteilen, der zu offensichtlich Lob erheischt. Stark zu sein, die anderen zu unterstützen und zu ermutigen – damit verschafft man sich selbst Befriedigung. Um Hilfe zu bitten heißt, daß man seine Verletzlichkeit und Schwäche eingesteht. Dies ist schwieriger, wenn man kein Kind oder Greis, Kranker oder Gefangener ist.

Die Wahl zwischen den verschiedenen Modalitäten der Anerkennung hängt nicht allein von der Verfassung oder dem Willen des einzelnen ab. Bestimmte Gesellschaften, bestimmte Epochen privilegieren die eine Form und schließen andere aus. Es gilt also zunächst eine wichtige Frage zu erörtern: ist das Streben nach Anerkennung wirklich universell oder charakterisiert es nur die westliche Gesellschaft, von der ich bisher allein gesprochen habe? Wenn Rousseau von »jene[m] universelle[n] Verlangen nach Reputation, Ehren und Auszeichnungen« spricht, projiziert er damit nicht die Züge der Gesellschaft, in der er lebt (oder diejenigen der vorangegangenen), auf den ganzen Planeten? Ist es nicht einfach nur eine Konsequenz dessen, was die Anhänger anderer Traditionen, beispielsweise des Buddhismus, immer schon den Europäern vorgeworfen haben, nämlich ihrer übertriebenen Sorge um das Wohlbefinden ihres Selbst? Und gilt selbst innerhalb der westlichen Zivilisation diese Beschreibung nicht viel eher für das mondäne, öffentliche Leben als für das unauffällige und ruhige Leben der einfachen Menschen, der lachenden Kinder und träumenden Mädchen, der sinnierenden Angler und der Bauern hinter dem Pflug? Und schließlich, heißt es nicht im Evangelium, diesem zentralen Text der westlichen Kultur, ausdrücklich, wir sollten nicht handeln »vor den Menschen, um von ihnen gesehen zu werden«, »um von den Menschen gelobt zu werden«, sondern uns damit begnügen, daß unser Vater, »der ins Verborgene sieht«, alles weiß und den Lohn gerecht verteilt?[9]

Universell und konstitutiv für die Menschheit ist, daß wir in ein Geflecht zwischenmenschlicher Beziehungen, also in eine soziale Welt hineingeboren werden; universell ist, daß wir alle nach einem Lebensgefühl, einem Gefühl unseres Daseins streben. Die Wege dorthin unterscheiden sich dagegen nach den Kulturen, den sozialen Gruppen und den Individuen. So wie die Sprachfähigkeit universell und konstitutiv für die Menschheit ist, die Sprachen sich hingegen unterscheiden, so ist die Sozialität universell, ihre Ausprägungen aber sind vielgestaltig. Das Lebensgefühl kann sich aus dem ergeben, was ich Erfüllung nenne, dem unvermittelten Kontakt mit dem Universum, sowie aus dem Zusammenleben mit den anderen. Die Koexistenz kann die Form der Anerkennung oder der Kooperation, des Kampfes oder der innigen Verbundenheit annehmen. Die Anerkennung schließlich hat unterschiedliche Bedeutung, je nachdem, ob sie direkt oder indirekt ist, durch Unterscheidung oder Übereinstimmung erlangt wird, innere oder äußere Anerkennung ist. Das Verlangen nach Reputation, Ehren und Auszeichnungen ist zwar allgegenwärtig, regiert aber nicht unser gesamtes Leben (es illustriert die Eigenliebe, nicht die Vorstellung der Achtung). Es war eben dieses Phänomen, das Rousseau begreifen ließ, daß es kein menschliches Dasein gibt ohne den Blick, den wir aufeinander richten.

Gewiß stellt sich die Frage der sozialen Anerkennung nicht in der gleichen Weise in hierarchischen (oder traditionalen) Gesellschaften und in egalitären Gesellschaften wie den modernen Demokratien (Francis Fukuyama hat einige Wegmarken für eine Geschichte der Anerkennung aus diesem Blickwinkel gesetzt).[10] In der traditionalen Gesellschaft strebt der einzelne stärker danach, einen ihm zuvor angewiesenen Platz einzunehmen (seine Wahlmöglichkeiten sind eingeschränkter). Dort hat er das Gefühl, einem Stand anzugehören und mithin ein gesellschaftliches Dasein zu haben: der Bauernsohn wird Bauer und gewinnt dadurch das Gefühl, anerkannt zu sein. Vorherrschend ist hier also die Anerkennung durch konformes Verhalten. Diese vorherbestimmte Stellung verschwindet in der demokratischen Gesellschaft. In ihr sind im Gegenteil die Wahlmöglichkeiten theoretisch unbegrenzt; nicht mehr die ständische Konformität, sondern der Erfolg wird zum Zeichen der gesellschaftlichen Anerkennung – eine sehr viel beängstigendere Situation. Diese Jagd nach Erfolg gehört zur Anerkennung durch Unterscheidung und Auszeichnung. Diese gibt es freilich auch in der traditionalen Gesellschaft, in Gestalt eines Strebens nach Ruhm oder Ehre, die herausragende Personen krönen. Dies ist der Weg der Helden, die nach besonderer Aufmerksamkeit für die Taten streben, die sie vollbringen. In der modernen Gesellschaft verändert sich auch dieses Verlangen nach Ruhm: man sucht nun das Prestige. Der Erfolg ist heute ein gesellschaftlicher Wert, den man sich zu zeigen bemüht. Aber das Prestige ruft nicht das gleiche Gefühl des Respekts hervor wie der Ruhm (man beneidet Berühmtheiten wie die Fernsehstars mehr als daß man sie respektiert).

Andererseits gewährt die egalitäre Gesellschaft eine Würde, die für alle gleich ist (das ist die Gleichheit der ehemaligen Sklaven, würde Hegel sagen), ganz im Gegensatz zur traditionalen Gesellschaft, die sich nicht auf den Begriff des Individuums gründet. Zusammengefaßt, die traditionelle Gesellschaft favorisiert die gesellschaftliche Anerkennung, die moderne Gesellschaft hingegen gewährt all ihren Bürgern eine politische und juristische Anerkennung (alle haben die gleichen Rechte, im Gegensatz zum System der Privilegien, das die hierarchischen Gesellschaften prägt) und wertet zugleich das private, affektive und Familienleben auf. Das Bedürfnis nach Anerkennung ist aber in ihr weiterhin genauso stark.

Man hört heutzutage Politiker das Ideal einer Gesellschaft ausmalen, in der man weniger arbeiten würde und mehr Freizeit für seine Vergnügungen hätte. Dies setzt aber eine hedonistische Auffassung vom Menschen voraus, der als ein seinen Vergnügungen hingegebenes animalisches Wesen gedacht wird – ein wirklichkeitsferner Gedanke. Es ist keineswegs sicher, daß die Vergnügungen und der Müßiggang die Entfaltung der Person befördern. Die Erleichterungen des Lebens wiegen nicht schwer gegenüber der Verhinderung, zum Dasein zu gelangen. Die Menschen streben unendlich stärker nach symbolischen Anerkennungen als nach der Befriedigung der Sinne. Sie sind bereit, ihr Leben herzugeben, bemerkte schon Adam Smith, für etwas so Lächerliches wie eine Fahne. Die Arbeit gibt dem einzelnen nicht nur ein Gehalt, das seinen Lebensunterhalt sichert, sondern auch das Gefühl, nützlich zu sein und sich verdient zu machen, dazu noch die Freude geselligen Zusammenseins. Mehr noch als das Leben erstrebt er ein Dasein. Es ist nicht sicher, daß er all dies im Freizeitvergnügen findet: niemand braucht ihn dabei, die dabei geknüpften Beziehungen zu anderen Menschen sind beliebig und beiläufig. Die physische Erholung mag willkommen sein, aber das Fehlen von Anerkennung erzeugt Angst. Der Arbeit selbst Sinn geben und sie angenehmer zu gestalten ist ganz sicher nützlicher, als die Freizeitvergnügen zu vervielfachen.

Welcher Art die Anerkennung auch sein mag, eines ihrer grundlegenden Merkmale darf nicht vergessen werden: da das Verlangen nach ihr von Natur aus unerschöpflich ist, kann seine Befriedigung niemals vollständig oder endgültig sein. Beim besten Willen können die Eltern sich nicht die ganze Zeit, in der ihr Säugling wach ist, mit ihm beschäftigen: andere Menschen verlangen etwas von ihnen, und sie haben auch selbst das Bedürfnis nach anderen Formen der Anerkennung und nicht ausschließlich nach der indirekten durch ihr Kind. Im übrigen weitet der Säugling rasch den Radius seiner Begierde aus: es gibt nicht nur die Eltern, die ihm ihre ganze Aufmerksamkeit schenken sollen, sondern auch Besucher; von einem Angehörigen zum anderen wendet er sich an die ganze Welt. Warum sollte es Personen geben, die ihm ihren Blick verweigerten? Der Hunger nach Anerkennung scheint unstillbar. Freud scherzte an seinem achtzigsten Geburtstag, daß man unendlich viel Lob vertragen könne.[11] Selbst die Konformitätsanerkennung, die friedfertiger ist als die durch Unterscheidung vermittelte, verlangt, daß man sich tagtäglich erneut um sie bemüht. Unsere Unvollständigkeit ist also nicht nur konstitutiv, sondern auch unheilbar (sonst würde man auch von unserer Menschlichkeit »geheilt«).

Strategien der sozialen Abwehr

Die Anerkennung unseres Seins und die Bestätigung unseres Werts sind der Sauerstoff des Daseins. Da jeder das gleiche Verlangen äußert, ist es per Definition unmöglich, alle zu befriedigen. Die anderen Individuen haben das gleiche Verlangen, sie sind also beschäftigt und können uns nicht antworten. In der Praxis stößt das Verlangen auf Gleichgültigkeit oder Ablehnung. Die Unablässigkeit des Verlangens scheint unvereinbar zu sein mit der Ähnlichkeit der Menschen. Wie soll man also mit denen umgehen, deren Bitte um Anerkennung unbeantwortet bleibt? Es gibt, glaube ich, eine Reaktion, die befriedigender ist als die anderen. Sie berücksichtigt sowohl das eigene Bedürfnis nach den anderen wie die Tatsache, daß eine Vielzahl von Subjekten dieses Bedürfnis haben. Aber es gibt auch viele andere, uns allen vertraute Verhaltensweisen, welche die erlebte Enttäuschung verhehlen oder verdrängen, sie nicht wirklich bewältigen, ja neue Frustrationen bewirken. Zu Recht kann man sie als *Palliative* bezeichnen, denn laut Wörterbuch »lindern sie die Symptome einer Krankheit, ohne die Ursache anzugreifen«: es sind Notbehelfe mit vorübergehender Wirkung.

Alle Spezialisten der menschlichen Seele sehen sich gezwungen, einen vergleichbaren Begriff für unsere Schutzreaktionen einzuführen, auch wenn sie sich nicht darüber einigen können (wegen ihrer unterschiedlichen Vorstellung von unserem Seelenleben), welche genaue Funktion sie erfüllen. Adler beispielsweise spricht von *Kompensationen*, die wir produzieren, um unser Minderwertigkeitsgefühl (sein verwirrender Begriff für unsere ursprüngliche Unvollständigkeit) zu verhehlen. Freud, der von seinem Bild des isolierten, nach Lustmaximierung strebenden Menschen ausgeht, bezeichnet sie als *Sedativa*, als Linderungsmittel:

»Das Leben, wie es uns auferlegt ist, ist zu schwer für uns, es bringt uns zuviel Schmerzen, Enttäuschungen, unlösbare Aufgaben. Um es zu ertragen, können wir Linderungsmittel nicht entbehren.« Er verweist dabei auf Theodor Fontanes Begriff der *Hilfskonstruktionen*.[12] Sartre nennt sie in den *Wörtern* den *Balsam* der Seele. Anna Freud hat in einem berühmten Buch die *Abwehrmechanismen* aufgezählt, allerdings nur für den Konflikt zwischen Ich und Es. Die Mechanismen oder besser Strategien, die wir im folgenden untersuchen, sind auf die Außenwelt gerichtet, sie bestimmen unsere Beziehungen zu den anderen Menschen.

Die Palliative trösten uns zwar im Augenblick über unsere Frustration hinweg, auf lange Sicht erweisen sie sich aber als schädlich. Denn sie packen das Übel nicht an der Wurzel, früher oder später entlarvt sie unser wachsamer Geist als Notbehelfe; doch da haben sie schon unerwünschte Narben hinterlassen. Oder aber ihre Nebenwirkungen sind stärker als die der Krankheit, die sie heilen sollten. Sartre schreibt: »Der Edelmut aber ist, wie der Geiz oder die Rassentheorie, nichts anderes als ein Balsam, der unsere inneren Wunden heilen soll und der uns schließlich vergiftet.«[13] Es erstaunt vielleicht, daß hier Geiz, Edelmut und Rassentheorie in einem Atemzug genannt werden (oder der Rassismus als »Balsam« bezeichnet wird). So mannigfaltig sind eben die Palliative, die das Verlangen nach Anerkennung auf den Plan ruft. Ein »Balsam«, an den man sich gewöhnt hat und von dem man nicht mehr loskommt, kann seinerseits zu Neurosen oder Psychosen führen und neue Therapien erfordern. Aber insgesamt gesehen bleiben die Palliative im Bereich der alltäglichen Nöte und vor der seelischen Störung, der gewöhnlichen Enttäuschung und nicht der pathologischen Frustration.

Wie läßt sich die unendliche Vielfalt der Palliative ordnen und in welcher Reihenfolge soll man sie untersuchen? Zunächst einmal ist klar, daß hier keinerlei Anspruch auf Vollständigkeit erhoben wird: unser Seelenleben erfindet ständig neue Abwehrstrategien, wenn die alten aufgedeckt worden sind. Ich folge hier nicht dem Verfasser eines Bändchens, der behauptet, es gebe genau siebenundzwanzig »soziale Abwehrreaktionen«, keine mehr und keine weniger.[14] Ich begnüge mich damit, formlos bestimmte, besonders häufige oder mächtige Notbehelfe anzusprechen. Angemessen scheint es hingegen, Gruppen von Palliativen zu unterscheiden, welche die unterschiedlichen Bestandteile des Prozesses der Anerkennung widerspiegeln. Hat mein anfängliches Verlangen keinen Erfolg, so habe ich letztlich die Wahl zwischen mehreren Lösungen: es solange erneut zu versuchen, bis ich Erfolg habe; oder statt der erbetenen Anerkennung eine andere, leichter zu erreichende Anerkennung zu suchen (gleichsam eine Ersatzanerkennung); oder aber auf mein Verlangen einzuwirken, damit es erlischt. Diese Reihenfolge werde ich mithin einschlagen, ohne dieser Klassifizierungsfrage allzu große Bedeutung beizumessen; es handelt sich nur darum, eine Abfolge festzulegen.

Wege zur Bestätigung

Ein erster Reaktionstypus auf verweigerte Anerkennung besteht darin, sie erneut zu verlangen. Man sieht in diesem Scheitern nur ein Zusammentreffen unglücklicher Umstände und versucht, es beim nächsten Mal besser zu machen. Schließlich gibt es Bitten, die erfüllt werden! Bin ich nur ein genügend selbstsicherer, hübscher Bursche, so kann mir kein Mädchen widerstehen. Habe ich nur rasche Auffassungsgabe und eisernen Willen, so werde ich in allen Auswahlverfahren bestehen. Besitze ich eine flinke Zunge, weiß zu formulieren und lasse mich von den Kameras nicht einschüchtern, kann ich im Fernsehen den besten Eindruck hinterlassen und werde gebeten, schon am nächsten Tag dort wieder aufzutauchen. Es gibt sehr wohl einen Sieger- oder Kämpfertyp, Leute mit der goldenen Zunge und Wettbewerbsprofis, Menschen, die schön, reich und intelligent sind, Vorstandsvorsitzender eines multinationalen Konzerns oder Medienstar!

Das Problem dieser ersten Haltung – die natürlich ihre Vorteile hat – besteht darin, daß die Leistung ständig – mit jedermann und jederzeit – neu erbracht werden muß, denn nur der Erfolg bringt die Beruhigung. Das ist also eine *Flucht nach vorn*, die notwendiger-weise zum Scheitern verurteilt ist (wenn jedoch die Gnadenfrist lang genug ist, kann dies immer noch als ein beneidenswertes Los erscheinen). Freud war in dieser Hinsicht pessimistischer: »Un-eingeschränkte Befriedigung aller Bedürfnisse drängt sich als die verlockendste Art der Lebensführung vor, aber das heißt den Ge-nuß vor die Vorsicht setzen und straft sich nach kurzem Betrieb.«[15] Und William James beschreibt folgendermaßen die unvermeid-lichen Schattenseiten einer solchen Persönlichkeit: »Es gibt heute einen ganzen Menschenschlag, dessen Leidenschaft darin besteht, seinen Namen in der Zeitung zu sehen, in welcher Rubrik auch immer: ›Ankunft und Abreise‹, ›Personalia‹, ›Interviews‹ – Klatsch, ja sogar Skandale sind ihnen recht, wenn sie nichts Besseres erlan-gen können.«[16] Dieser Menschentyp verlangt ständig nach An-erkennung, geizt selber aber damit gegenüber anderen: er wird bewundert und umschmeichelt, aber wenig geliebt. Man erkennt seine Macht an, hält ihn aber zugleich für arrogant und eitel. Die Verführungskraft genügt nicht für die Liebe, eine glänzende Kar-riere bringt kein Glück, jeder Erfolg ist notwendig relativ. Dies macht auf humorvolle Weise ein von den Brüdern Grimm gesam-meltes Märchen deutlich, *Von dem Fischer un syner Fru* (das dem *Butt* von Günter Grass als Anregung gedient hat). Nachdem sie den Kochtopf erhalten hat, verlangt die unersättliche Ilsebill ein Schloß, dann einen Königspalast. Sie wird Königin, Kaiserin und sogar Päpstin; als sie jedoch verlangt, der liebe Gott zu werden, findet sie sich selbst in ihrer armseligen Hütte auf ihrem Nacht-topf sitzend wieder.[17]

Joubert beschreibt in seinen Erinnerungen Chateaubriand als einen Menschen, der völlig abhängig ist von der Anerkennung der anderen und selbst nichts zu geben weiß; das ist seiner Meinung nach der Grund für sein Unglück. »Er schreibt nur für die anderen und lebt nur für sich selbst; daher kommt es, daß sein Talent ihn niemals glücklich machen wird, denn der Grund der Befriedigung, die er daraus erlangen könnte, liegt außerhalb von ihm, weit ent-fernt von ihm, vielgestaltig, wechselhaft und unbekannt.«[18] Das Talent Chateaubriands ist ungeheuer groß, aber der Geschmack des Publikums ist wechselhaft und unstet; wenn die Anerkennung nur von Bewunderern kommen kann, ist der Schriftsteller notwendig zum Scheitern verurteilt. Chateaubriand hat ein unendliches Bedürfnis nach den anderen, aber er schert sich nur wenig darum, ob die anderen ihn ihrerseits brauchen. Er glaubt, er habe seinen Obolus zum sozialen Austausch geleistet, indem er seine Werke dem Publikum gibt.

Man wünscht sich den Erfolg, aber man hat ihn nicht – weil man von Anfang an gehandicapt ist, weil man arm, häßlich, begriffsstutzig ist oder Pech hat. Dann greift man zur *Gewalt*, die von der Gesellschaft als Verbrechen gebrandmarkt wird: die Anerkennung, die ich nicht freiwillig erhalte, verschaffe ich mir mit Gewalt. Die Frustration genügt vielleicht nicht, um jede Aggression zu erklären, aber sie ist sicherlich eine der häufigsten Bedingungen. Der Dieb veranschaulicht sehr gut diese Haltung: um die Beachtung zu erlangen, die mit dem Reichtum verbunden ist, beschreitet er Wege, die von der Gesellschaft nicht akzeptiert werden. Der Bandenkrieg in den amerikanischen Großstädten wird genährt vom Streben, sich »Respekt« zu verschaffen, mit anderen Worten: Anerkennung. Je höher man auf der Stufenleiter des Verbrechens steigt, um so größere Macht beweist man. Die Macht aber bringt den Respekt der Individuen ein, wenn auch nicht den der Institutionen, den Hütern der gesellschaftlichen Werte.

Unbestreitbar greifen Männer und Frauen nicht im gleichen Maße zur Gewalt, insbesondere der körperlichen Gewalt. Und auch die Männer sind in einem bestimmten Alter stärker dazu bereit als in anderen Lebensphasen (die Versicherungsgesellschaften wissen dies sehr gut). Es gibt anders gesagt eine biologische Prädisposition zur Wahl dieses oder jenes Palliativs und nicht allein kulturelle Konditionierungen. Das soll nicht heißen, daß sich in den Männern oder Jugendlichen ein unabhängiger Aggressionstrieb aufstaut, den es sonst nicht gibt, sondern daß ihre hormonale Konstitution sie dazu drängt, ein bestimmtes Mittel zur Überwindung der Frustration anderen vorzuziehen.

Wer nicht die notwendige Anerkennung erhält und kein Mittel findet, sich darüber hinwegzutrösten, kann zum gewalttätigen

Kriminellen werden. Aber er kann auch über seinen persönlichen Fall hinausgehen und sich fragen, ob dieser Mangel an Anerkennung nicht all jene trifft, die wie er sind: die Armen, Farbigen, Unberührbaren; und ob man nicht versuchen müßte, im Zweifelsfall durch Gewalt, die Spielregeln selbst zu ändern. Die individuelle Straftat tritt hier in den Hintergrund gegenüber der sozialen *Revolte*. In den beiden Fällen geht es natürlich nicht um die gleiche Form von Anerkennung: die Revolte zielt darauf ab, die Institutionen so zu verändern, daß sie denjenigen Achtung und Beachtung gewähren, denen es bislang daran mangelte, während die individuelle Gewalt eine nicht-institutionelle Anerkennung anstrebt. Freud ist hier genauso pessimistisch wie gegenüber der Flucht nach vorn: »Man kann sie [die Welt] umschaffen wollen, anstatt ihrer eine andere aufbauen, in der die unerträglichsten Züge ausgetilgt und durch andere im Sinne der eigenen Wünsche ersetzt sind. Wer in verzweifelter Empörung diesen Weg zum Glück einschlägt, wird in der Regel nichts erreichen; die Wirklichkeit ist zu stark für ihn.«[19] Ich teile diesen fatalistischen Standpunkt nicht: die Regeln des Lebens in Gesellschaft können, wie sich schon vielfach gezeigt hat, sehr wohl verbessert werden.

Ein Sonderfall durch Gewalt erlangter Anerkennung ist die Souveränität im Sinne Batailles oder Sades. Er zeichnet sich nicht nur durch das eingesetzte Mittel (Gewalt) aus, sondern auch und vor allem durch das erhaltene Resultat, das nicht mehr die Liebe oder die Bewunderung der anderen ist, nicht einmal die bloße Anerkennung meines Daseins. In diesem Fall bildet sich mein Lebensgefühl durch ihre Unterwerfung, die bis zur Vernichtung gehen kann, also durch die Affirmation meiner Macht über sie und nicht durch das Einfangen ihres Blicks. Alina Margolis, eine Überlebende des Warschauer Ghettos, die heute in humanitären Organisationen aktiv ist, fragte eines Tages: Wie kann man sich erklären, daß ein litauischer Wachmann, ein salvadorianischer Soldat sich nicht damit begnügt zu töten, wie man von ihm verlangt hat, sondern ein sichtliches Vergnügen dabei empfindet, den Schädel eines Säuglings an einem Baum oder einer Hauswand zu zerschmettern? Die Antwort, wenn es denn eine gäbe, läge in dem Genuß, das die Ausübung unbegrenzter Souveränität vermittelt. Zu spüren, daß das Leben der anderen in seinen Händen liegt, sie ohne Gefühlsregung foltern oder töten zu können, verschafft einem eine berauschende Bestätigung des eigenen Daseins. Dies ist wohl auch die Logik des Vergewaltigers: er findet wahrscheinlich wesentlich mehr Genuß im Triumph seines Willens, der allen Widerstand besiegt, als in der sexuellen Befriedigung. Einmal mehr ist festzuhalten, daß der in diesem Abschnitt beschriebene Weg unendlich häufiger von Männern als von Frauen beschritten wird.

Die indirekte Anerkennung, welche die Unterwerfung der anderen vermittelt, kann sozialere Formen annehmen. Sie ist wahrscheinlich wirksam in der Psychologie der *Tyrannei*, im Staat oder in der Familie. Richard III. sagt bei Shakespeare: »Und drum, da ich mich nicht als Mann der Liebe / Bewähren kann in dieser fein beredten Zeit, / Will ich mich nun bewähren als ein Schurke«.[20] Aber der Böse, der Schurke, das Ungeheuer zu sein heißt, daß man gefürchtet – und dadurch anerkannt wird. Jahrhunderte später hat Sartre diesen Gedanken weitergesponnen: »Der Tyrann pfeift auf die Liebe; ihm genügt die Furcht. Wenn er die Liebe seiner Untertanen sucht, dann aus Gründen der Politik, und wenn er ein sparsameres Mittel findet, sie zu unterwerfen, so wendet er es sofort an.«[21] Karen Horney meinte sogar, man könne ein grundsätzliches »Dilemma, gleichzeitig fundamental menschenfeindlich zu sein und trotzdem nach Liebe zu verlangen«, beobachten, das dazu führe, daß man einen Menschen »verachten, ihm mißtrauen, sein Glück oder seine Unabhängigkeit zerstören wolle und gleichzeitig flehentlich nach seiner Liebe« verlangen könne.[22] Richard III. stellt am Ende seines wechselvollen Schicksals ebenfalls fest: »Keiner, der mich liebt; Und wenn ich sterb, erbarmt sich meiner niemand«; es ist ein schwacher Trost, zu sich zu sagen: »Ach, doch ich liebe mich!«[23]

Seine Regierungspraxis bietet uns indes ein anderes Bild: während des Stücks gelingt es ihm mehrfach, geliebt zu werden – angefangen mit Lady Anne, deren Ehemann und Vater er ermordet hat! Stalin wurde geliebt und zugleich gefürchtet, Hitler ebenso. Und wer kennt nicht tyrannische Familienväter, welche die Zuneigung ihrer Kinder und Ehefrau genießen und nicht allein deren Unterwürfigkeit? Das Problem ist vielleicht ein anderes: der Tyrann wird geliebt, aber er kann sich nicht erlauben, selbst einen anderen zu lieben; wie Richard III. kann er sich nur selbst lieben, und diese Liebe bringt ihm folglich nicht viel ein. Seine Liebe für einen anderen zugeben heißt eingestehen, daß man ihn braucht – mithin die eigene Verletzlichkeit. Das Bild jedoch, das der Tyrann von sich haben möchte, ist das der Allmacht. Er ist der Herr, den Hegel-Kojève beschreibt, den die von den Besiegten gezeigte Anerkennung in keiner Weise bindet; um bedingungslos über die anderen herrschen zu können, muß er allein bleiben. Dagegen kann sich der tyrannische Vater in der Gesellschaft anderer kleiner Haustyrannen trösten.

Ersatzanerkennungen

Die Tyrannei ähnelt der Gewalt durch ihre Methoden, führt aber nicht zu der ursprünglich gewollten Anerkennung. In anderen Fällen bewirkt das Scheitern der ersten Bitte eine wirkliche Umorientierung: man verlangt Anerkennung auf einer anderen Ebene, doch mit denselben Methoden. Nehmen wir eine Schulklasse. Das Kind hat die Möglichkeit, die Aufmerksamkeit des Lehrers auf sich zu richten, indem es Klassenbester wird. Doch wenn ihm dies nicht gelingt, sogar völlig unmöglich erscheint? Dann hat es eine andere Möglichkeit, mit ebenso großem, wenn nicht mehr Erfolg die Aufmerksamkeit des Lehrers und seiner Schulkameraden auf sich zu ziehen: durch Stören, indem es die anderen hindert, den Regeln zu folgen, indem es selbst der schlechteste Schüler wird, weil es der beste nicht sein kann. (Selbstverständlich sind diese beiden bei weitem nicht alle Möglichkeiten; andere Kinder scheren sich einfach wenig um schulische Anerkennung.)

Anstelle der offiziellen Anerkennung kann man also eine andere erhalten, welche die eigene *Regelverletzung* bestätigt. Diese

Strategie war dem »Mann aus dem Kellerloch« Dostojewskis wohlvertraut: er zog es vor, sich die Vorwürfe der anderen einzuhandeln, statt an ihrer Gleichgültigkeit zu leiden. Sie ist aber auch im Leben, weit über die Klassenzimmer hinaus, verbreitet und erklärt viele »ausgefallene« Verhaltensweisen oder »hysterische« Handlungen im alltäglichen Verkehr zwischen den Menschen. Man sieht auch, daß der Kriminelle auf eine doppelte Befriedigung durch seine Tat rechnen kann: direkt durch die erhoffte Beute und indirekt durch die Aufmerksamkeit, die er nach begangener Tat auf sich zieht.

  Anton Reiser, der Romanheld von Karl Philipp Moritz, leidet grausam daran, ein unbedeutender, in der Menge untergehender, den anderen ähnelnder Mensch – oder aber Gegenstand ihres Spotts zu sein. Einmal betrinkt er sich, was ihm viele Vorwürfe einbringt. Zu seiner Überraschung ist das Ergebnis dieses Vorfalls indes insgesamt gesehen positiv. »Ohngeachtet... empfand er doch am andern Tage, da er ins Chor kam und seine Mitschüler über sein blasses und verwirrtes Ansehn, das er noch von dem gestrigen Rausche hatte, lachten, eine Art von sonderbarem Stolz, gleichsam als ob er durch das gestrige Betrinken eine gewisse Bravour bezeigt hätte, daß er sogar affektierte, als ob sein Taumel noch fortdauerte, um dadurch Aufmerksamkeit auf sich zu erregen.« »Sich durch das Schlechte bemerkt zu machen«, verschaffte ihm ein »geheimes Vergnügen.«[24]

  Eine ganz andere Form der Ersatzanerkennung besteht im stellvertretenden Genuß, dank der Aufmerksamkeit oder gar der Bewunderung, die eine berühmte Persönlichkeit hervorruft; es handelt sich also um eine Form der *Idolatrie*. Alle Berühmtheiten rufen dieses Phänomen der Übertragungsbefriedigung hervor: die Mitglieder der Königshäuser, die Film- oder Gesangsstars, die großen Sportler, renommierten Schriftsteller und Künstler. Ich tröste mich dann (ohne es mir einzugestehen) über mein mittelmäßiges Leben hinweg, indem ich genauestens alle Auszeichnungen registriere, die mein Idol erhält. Ich teile seine Befriedigungen, die ich mir als unendlich vorstelle, ich juble über den Luxus, mit dem es sich umgibt. Diese Operation gleicht den Taschenspielertricks der Gaukler, die sich an den eigenen Haaren emporziehen: ich wähle das Idol aus, verschönere es durch meine Bewunderung und profitiere anschließend vom Abglanz seiner Schönheit, erfreue mich an der Aura seiner Würde; die Anerkennung, die ich ihm gebe, fällt auf mich zurück. »Mehr aus Achtung unserer eigenen Gefühle vergrößern wir die Vorzüge anderer als aus Achtung für ihre Verdienste, und wir ernten Lobsprüche, während wir sie zu spenden zeigen«, schrieb La Rochefoucauld.[25] Überdies erhält man alle Vorteile ohne das geringste eigene Bemühen: mein Idol schreibt, spielt auf der Bühne oder zeichnet sich auf dem Schlachtfeld aus, und ich ziehe daraus den Gewinn. »Die geistige Trägheit wird zur Tugend, man darf sich in der Sonne eines mindestens halbgöttlichen Wesens erfreuen«, bemerkt C.G. Jung zu dieser Strategie.[26]

Die Idolatrie bietet jedoch noch einen anderen Vorteil: man fühlt sich zugehörig zu einer Gruppe, die uns aus der Menge herausgehoben scheint, zur Gruppe der Bewunderer des Stars. Der Starkult vermittelt ähnliche Erfahrungen wie diejenigen von Mitgliedern irgendeiner anderen Gruppe, die eine Konformitätsanerkennung aus der bloßen Tatsache der Gruppenzugehörigkeit gewinnen. Trifft man jemanden, der dasselbe Idol verehrt, so wärmt es einem das Herz: jeder wird durch die Überzeugung des anderen in seiner eigenen bestätigt. Ein Mitglied der Nazipartei in den dreißiger Jahren gewann Befriedigung aus dem Erfolg seines »Führers« und dem Gefühl, zur richtigen Gemeinschaft zu gehören. Der Anhänger eines Sportvereins erhält Anerkennung sowohl durch die sportlichen Erfolge der Mannschaft wie durch die Befriedigung, zu ihren Fans zu gehören. In all diesen Fällen verhalte ich mich weiterhin als Zauberer oder Taschenspieler: ich ziehe Gewinn aus dem, was ich selbst produziert habe, das heißt dem Wert der Gemeinschaft, der ich angehöre.

Die Befriedigung, die man aus der Zugehörigkeit zu einer nicht selbst gewählten Gruppe zieht, kann nicht als ein Palliativ angesehen werden: ein jeder fühlt sich innerhalb der Familie und Angehörigen in seinem Dasein gesichert. Aber diese geläufige Empfindung kann sich in ein kämpferisches Gefühl verwandeln: ich gebe dann meine ganze Kraft, um den Sieg meiner Gruppe zu sichern, bin sogar bereit, zum Märtyrer zu werden und kämpfe gegen alle anderen rivalisierenden Gruppen; diese Identifizierung mit den Interessen der Gruppe sichert mir eine dauerhafte, gefestigte Anerkennung. Man könnte diese übertriebene Form des sozialen Konformismus als *Fanatismus* bezeichnen und auf die uns so geläufigen Formen des nationalistischen oder religiösen Fanatismus verweisen. Sehr häufig handelt es sich dabei um Ersatzlösungen: die heutige Macht des islamischen Fundamentalismus hat zur Bedingung, daß es den Individuen in den betreffenden Ländern unmöglich ist, zu irgendeiner anderen Form der Anerkennung zu gelangen. Das gleiche gilt für den serbischen Nationalismus: er ist der einzige Weg, der einer Bevölkerung offensteht, die ihrer überkommenen ideologischen Orientierungen beraubt und unfähig ist, sich in die von den individualistischen Gesellschaften gewiesene Richtung zu bewegen.

Der Fanatismus ist immer begleitet vom Haß auf die anderen und andersartigen: die andere Seite der Medaille der gemeinsamen Zugehörigkeit sind der Ausschluß und die Herabwürdigung derer, die nicht der richtigen Gemeinschaft angehören, ihre Erklärung zum Sündenbock in jeder kritischen Situation. Aber das Verlangen nach Anerkennung durch die Gruppe, der ich angehöre (das kann auch eine »Minderheit« sein), ist an sich nicht zu verurteilen, nicht mehr als die anderen Formen von Anerkennung. Die Länder Westeuropas leben heute im Zeichen des Individualismus; aber man darf nicht vergessen, daß überall sonst in der Welt und in allen anderen geschichtlichen Epochen die kollektive Identität maßgebend war oder ist. — Nietk.

Noch eine andere Form der Ersatzanerkennung besteht darin, die *Illusion* der Anerkennung zu unterhalten. Dabei verzichtet man nicht darauf, nach Beachtung durch die anderen zu streben, und glaubt nicht, man könne sie sich selbst gewähren. In diesem Fall denkt man sich nur, die anderen würden einen anerkennen, was indes keineswegs zutrifft. Der normale Mensch lebt mit seinen Phantasievorstellungen, unterscheidet sie aber von der wirklichen Welt. Geisteskrank ist, wer nicht mehr aus seiner Paranoia herauskommt. Freud referiert die Behauptung, »daß jeder von uns sich in irgendeinem Punkte ähnlich wie der Paranoiker benimmt, eine ihm unleidliche Seite der Welt durch eine Wunschbildung korrigiert und diesen Wahn in die Realität einträgt«.[27] Die Religion gehört für Freud zu diesen Spielarten des »Massenwahns«: wird man in dieser Welt nicht geliebt, so wird man es im Jenseits. Der Nachteil dieser illusorischen Anerkennung liegt natürlich in der Erprobung durch die Wirklichkeit, die immer möglich ist: das Erwachen droht schmerzhaft zu werden. Der Schriftsteller, Verfasser fiktionaler Texte, ist dagegen gut geschützt: er schafft imaginäre Welten, die ihm die gewollte Befriedigung vermitteln, aber er hält sich selbst – im Prinzip – nicht für eine Romanfigur. Rousseau hat diese Verwendung des Imaginären zum Programm erhoben, als er erklärte, es sei im Prinzip der Wirklichkeit vorzuziehen: »Mitten unter den Phantasiegebilden, die ich rings um mich versammle, finde ich besser meine Rechnung als mit den Wesen, die ich in der Welt sehe ...«[28]

Ich kann meine Illusionen für mich behalten. Beschließe ich indes, sie mit den mir Nahestehenden zu teilen, gehört mein Verhalten in die Kategorie der *Prahlerei.* Der Aufschneider glaubt objektive Informationen mitzuteilen, er sieht sich nicht als Autor von Lobgesängen in eigener Absicht. In Wirklichkeit ist er es leid, darauf zu warten, daß die anderen ihn in seinem gerechten Wert anerkennen, und übernimmt selbst diese Aufgabe. Er belehrt alle, die er trifft, wenn nicht, daß alle ihn loben und schätzen, so doch mindestens, daß er mit Angeboten überhäuft wird, keine Sekunde mehr für sich hat, schmeichelhafte Einladungen erhalten hat, denen er nicht nachkommen könne, daß sein letzter Roman in dreizehn Sprachen übersetzt werde und so weiter. Je mehr Zeichen der Eigenbefriedigung ich produziere, um so mehr unterstreiche ich meine Abhängigkeit von den anderen, denn ihnen male ich ein ganz in Rosa gehaltenes Bild aus: die Erklärungen, wie zufrieden man ist, sind in Wirklichkeit Bitten um Liebe, und die Kluft zwischen beiden hat etwas Pathetisches. Dieser Menschentypus ist zu bekannt, als daß er längerer Betrachtung bedürfte. Es genügt zu erwähnen, daß auch sein Verhalten zu den Ersatzanerkennungen gehört.

Verzicht

Bestimmte Formen des Verzichts auf jedes Streben nach Anerkennung sind radikal. So etwa der *Autismus,* jene tiefgreifende psychische Störung, die eine Person dazu verurteilt, in sich eingemauert zu bleiben, jeden Kontakt und Austausch, jede Kommunikation mit den anderen zu verweigern. Ganz gleich, ob diese Störung organischer oder funktioneller Natur ist, die Wirkung ist die gleiche: durch die Verweigerung des Kontakts schaltet der Kranke auch jedes Risiko aus, daß es ihm an Anerkennung mangeln oder ihm nicht sein Wert bestätigt werden könnte.

Man kann dem Autismus bestimmte, weniger pathologische Verhaltensweisen zur Seite stellen. Beispielsweise kann man sich fragen, ob der weitverbreitete Gebrauch von »harten« oder »weichen« Drogen bei den Heranwachsenden (oder später der Alkoholkonsum) nicht einer Weigerung gleichkommt, die Anerkennung der anderen suchen zu müssen. Wenn man »high« ist, hat man ein Gefühl der Fülle, der Selbstgenügsamkeit und meint, man müsse sich nicht mehr um die Reaktionen der Menschen in seiner Umgebung kümmern. In der gleichen Altersgruppe spielt die Musik eine ähnliche Rolle – Musik, die mit Vorliebe sehr laut oder mit Kopfhörern gehört wird. Sie dient ebenfalls als Isolierschicht zwischen der Außenwelt und mir, hüllt mich in einen Kokon und entledigt mich der Aufgabe, um Anerkennung nachzukommen.

Schließlich kann man bei Kindern wie Heranwachsenden Tendenzen zum Rückzug in die Einsamkeit und zur Gleichgültigkeit gegenüber dem Urteil anderer beobachten, die oft die Folge emotionaler Enttäuschung oder von Situationen sind, in denen man sich verlassen fühlt. Sich hinter dem Panzer der Gleichgültigkeit zu verbergen ermöglicht natürlich, künftige Enttäuschungen zu vermeiden. So reagiert Anton Reiser: »Von seinen Lehrern sowohl als von seinen Mitschülern verachtet und hintangesetzt – und wegen seines immerwährenden Mißmuts und menschenscheuen Wesens bei niemand beliebt [wobei unwichtig ist, ob dies zutrifft oder nicht – Hauptsache, er glaubt es], gab er sich gleichsam selber in

Rücksicht der menschlichen Gesellschaft auf – und suchte sich nun vollends ganz in sich zurückzuziehen.«[29] Wohlgemerkt kann ein solches Verhalten, der Rückzug in sich selbst, von anderen als Hochmut, Verachtung der anderen gedeutet werden. Die anfängliche, wahrscheinlich eingebildete Ablehnung bewirkt nun wirkliche Ablehnung durch die anderen. Diese unglückliche Verkettung ist ein Beispiel unter anderen für eine »persuasive Definition«, wie die Logiker sagen, bei der die Vorstellung das Vorgestellte erst erzeugt.

Man begegnet – nicht mehr bei den Heranwachsenden, sondern bei religiösen oder mystischen philosophischen Denkern – einer ebenfalls radikalen Haltung zur Anerkennung, die freilich dem Autismus entgegengesetzt ist. Nunmehr handelt es sich um eine *Verschmelzung* mit der Welt, in der jedweder Kontakt uns in unserem Dasein bestätigt (eine Spielart dessen, was ich oben das Seinsgefühl genannt habe). Statt alle Zugänge zu versperren, öffnet man sie alle oder wird vielmehr nur noch Öffnung zur Welt. Ich verschmelze mit dem Universum und dem Leben; was bedeutet mir dann noch mein geringes Dasein? Um diesen Zustand zu bezeichnen, übernimmt Freud einen Ausdruck von Romain Rolland, der von einem »ozeanischen Gefühl« spricht. Andere Psychoanalytiker wollten darin eine Reminiszenz an die Erfahrungen des menschlichen Embryos sehen, der pränatalen Symbiose. Aber dieses Annehmen des ganzen Universums entwertet die Eigentümlichkeit der Menschen im Kosmos; und das Verschmelzen mit anderen kennzeichnet nicht die *Conditio humana*, die im Gegenteil durch die Trennung und das daraus resultierende Gefühl der Unvollständigkeit bestimmt wird. Der Traum der Symbiose und Verschmelzung verwandelt den Anderen unmerklich in ein Nichtsubjekt und droht ihn völlig aufzusaugen. Die intrauterine Existenz kann schwerlich das Ideal der Liebe sein. Die Geburt ist nur dann ein traumatisches Erlebnis, wenn man der spezifisch humanen *Conditio* entkommen will, die aus Begegnungen besteht.

Diese beiden Formen des Verzichts, obgleich einander entgegengesetzt wie das Allumfassende und das Nichts, gleichen sich in ihrer Radikalität. Andere Formen des Verzichts sind gemäßigter und weiter verbreitet. Diejenige, die ich als _Stolz_ beschreiben möchte, ist eine der bekanntesten. Man kann den Sinn dieses Wortes (in Übereinstimmung damit, wie es zumeist gebraucht wird) eng fassen als Verzicht auf jede Bestätigung meines Werts durch ein von außen kommendes Urteil; es wird ersetzt durch Selbstbestätigung, eine Bestätigung, die mir allein vorbehalten ist. Der Stolz unterscheidet sich gänzlich von der Prahlerei, bei der ich mich ebenfalls selbst lobe. Der Stolze läßt sich niemals dazu herab, seine Selbstbeurteilung den anderen mitzuteilen (dazu verachtet er sie zu sehr). Er muß sich nicht selbst schmeicheln: ich kann stolz und streng mit mir selbst sein, wichtig ist, daß ich allein das Recht habe, über mich zu urteilen. Auf den ersten Blick ist der Stolze ein ganz bescheidener Mensch, denn er verlangt nichts von den anderen: eitel ist er nur in diesem Sinn des Wortes. Doch er schätzt sich selbst sehr viel höher ein als der Eitle, der dem Urteil der anderen vertraut. Darauf bezieht sich sicherlich die Feststellung Rousseaus: »Die Selbstliebe, wenn sie aufhört, ein absolutes Gefühl zu sein, in großen Seelen zu Stolz, in kleinen zur Eitelkeit wird.«[30]

Der Stolze kommt dem sich selbst genügenden Wesen sehr nahe. Damit er nicht von anderen abhängig sein und seine Unvollständigkeit eingestehen muß, sucht der Selbstgenügsame alles selbst zu tun: er ist körperlich und geistig gewandt, weiß immer für sich selbst zu sorgen. Sein Autonomiewille hält ihn bei guter Gesundheit, denn Krankheit heißt Abhängigkeit. Oder er ist ein Asket, frei von Bedürfnissen: er ißt wenig, lebt entbehrungsreich. Die christlichen Heiligen hat man oft verdächtigt, sie nährten in ihrer Brust einen großen Stolz. Wer sagt, »ich brauche nichts«, meint insgeheim: ich habe alles. Er träumt, er sei göttlich. In Wirklichkeit ermöglicht uns der Stolz, die Anerkennung unseres Daseins von der Bestätigung unseres Werts zu trennen. Gleichgültig ist der Stolze gegenüber der Bestätigung, nicht aber gegenüber der Anerkennung. Seine Seelenruhe bezieht er nicht aus dem positiven Urteil, das er über sich selbst trifft, sondern aus dem, was von dem – positiven oder negativen – Urteil ihm allein vorbehalten ist. Er hat jedoch immer noch ein genauso großes Bedürfnis nach den anderen, um sein Dasein zu empfinden, auch wenn er von ihnen nicht verlangt, daß sie ihn in seinem Wert bestätigen.

Der Stolze möchte seine Handlungen so darstellen, als seien sie frei von jedem äußeren Zweck: er tut etwas, weil ihm dies gefällt, nicht etwa, weil er sich davon irgendeinen Lohn erwarten würde. Nun ist es nicht etwa so, daß eine solche Motivation völlig unmöglich wäre: wir tun nicht alles aus dem Streben nach Anerkennung heraus, wir können auch Sinn im bloßen Vollenden eines Tuns finden, ohne die Vermittlung des billigenden Blicks eines anderen. Doch im Stolz ist die Vermittlung nicht abwesend, sondern nur interiorisiert. Das mag haarspalterisch erscheinen, ist aber ein durchaus realer Unterschied. Wenn jemand – ob Kunstschreiner oder Schriftsteller – seine Arbeit gut macht, kann er Befriedigung entweder im eigenen positiven Urteil (die stolze Interiorisation des Urteils der anderen) oder aber im Tun selbst finden, ohne irgendeine Vermittlung durch andere (das nenne ich »Erfüllung«).

Oberflächlich gesehen ist der Stolze für seine Umgebung angenehm, bei näherer Betrachtung aber frustrierend. Er ist angenehm, denn er belästigt uns nicht mit seinen Bitten, beansprucht uns nicht ständig und leistet häufiger einen Dienst als daß er einen fordert. Er hat ein bescheidenes Betragen, und Bescheidenheit wird bei anderen sehr geschätzt. Muß ich aber mit ihm zusammenleben, entdecke ich zunehmend die Nachteile der Situation. Denn er verweigert mir jede indirekte Anerkennung, da er seine eigene Unvollständigkeit nicht eingesteht. Wenn er mich überhaupt nicht braucht, wozu bin ich dann nutze? Ein von mir abhängiges Wesen kann mir Kummer und Sorgen bereiten, dennoch gibt es mir mehr als es mir nimmt: es macht mich notwendig. »Man braucht immer jemanden, der einen braucht«, sagt eine Figur Romain Garys.[31] Eine Mutter beklagt sich, wieviel Zeit sie ihr Kind koste, eine Frau leidet darunter, einen Gefangenen besuchen zu müssen, ein Mann ist gereizt, weil er sich um seinen kranken Vater kümmern muß. Dennoch würde das Verschwinden dieser von ihnen abhängigen Wesen ihr Lebensgefühl empfindlich beeinträchtigen. Die Bitte um Anerkennung, die ein anderer an mich richtet, ist zugleich eine Anerkennung für mich. Der Stolze richtet nun aber keine

Bitte an mich, sucht nicht meine Billigung, gibt seine Schwäche nicht zu. Er versucht sogar, alles besser zu machen als seine Angehörigen, die sich durch den Vergleich herabgesetzt fühlen. In dieser Hinsicht ist der Eitle, der auf den ersten Blick unerträglich ist, sehr viel angenehmer: er bezeugt mir ständig, daß er mich braucht. Dies hatte schon Adam Smith bemerkt: der Stolze ist achtenswerter, aber schwieriger im Zusammenleben; der Eitle, der immerfort gefallen möchte, ist eine angenehme Gesellschaft: es ist einfach, ihm Freude zu bereiten.

Die Lösung für die Angehörigen des Stolzen wäre natürlich, wegzugehen. Aber dies erträgt er nicht und gibt es ihnen zu verstehen. Denn er übt einen doppelten Zwang auf sie aus. Er verlangt, daß sie anwesend bleiben (denn dies bestätigt ihn in seinem Dasein). Zugleich erbittet er von ihnen überhaupt nichts, ja zeigt ihnen vielmehr seine Vollkommenheit (seine Eigenbefriedigung). Er gleicht jenen alten Ehemännern, die ihre Frau verachten, aber nicht auf sie verzichten können, denn sie haben sich daran gewöhnt, vor ihr (statt mit ihr) zu sprechen, wenn auch vor allem, um ihr zu bedeuten, daß sie es nicht wert ist, seine Worte zu hören. Er verlangt von seinen Angehörigen Anerkennung, will es aber nicht zugeben und weigert sich deshalb, ihnen seine Anerkennung zu gewähren.

Der Ursprung des Stolzes liegt wahrscheinlich im Wunsch des Kindes, sich vor den Verletzungen seiner Eigenliebe zu schützen. Ein Kind kann von seinen Eltern verwöhnt werden, aber nicht erwarten, daß die ganze Welt dies tut. Statt sich dabei zu verausgaben, bei den anderen um Anerkennung einzukommen, indem man besser zu sein sucht als alle anderen oder durch Regelverstöße ihre Aufmerksamkeit auf sich zu richten, scheint es ökonomischer und beruhigender, sich zu sagen, ihr Urteil sei ohnehin bedeutungslos. Man wertet es von vornherein ab, damit es einen nicht mehr treffen kann. Man hört auf, ihre Billigung zu suchen und erhält sogleich eine Belohnung: wer die Schmeicheleien und Komplimente flieht, verdient sie um so eher. Dieser Mechanismus bildet anschließend einen ausgezeichneten Schutz bei unerquicklichen Gelegenheiten: falle ich durch eine Prüfung, so deshalb, weil die Prüfer nicht fähig waren, die Originalität meines Standpunkts zu begreifen; beachtet das Publikum mein Buch nicht, so deshalb, weil es ungebildet und dumm ist; weist eine Frau mich ab, so verdient sie mich nicht. Aber wie die anderen Notbehelfe stößt auch dieses Palliativ in der Realität rasch an seine Grenzen. Welche ehrgeizigen Absichten man auch hegen mag, man muß mit seinen Angehörigen zusammenleben und findet nicht immer einen Beruf, in dem man dem Urteil der anderen entgehen kann. Zudem wird der Stolz besser geschützt durch einen gewissen öffentlichen Erfolg. Ist der Erfolg von Dauer, hat mein Stolz nichts zu fürchten: die oberflächliche Bescheidenheit wird dann eine Quelle zusätzlicher Befriedigung, wie La Rochefoucauld treffend bemerkte.

André Gide hat in *Stirb und Werde* geschildert, wie er als kleiner Junge die Vorteile des Stolzes entdeckte. Drückte ihm jemand seine Mißbilligung aus, so legte er statt in seine Stimme seine ganze Beredsamkeit in seine Augen und sagte: »Mir liegt gar nichts mehr an Ihrer Wertschätzung… Wenn Sie mich verkennen, so ist es auch mit meiner Achtung für Sie vorbei.« Erwachsen geworden, hat er keine Schwierigkeit, sich vor den verschiedenen Mißhelligkeiten zu schützen, mit denen das Leben jedes jungen Schriftstellers gespickt ist. Sein erstes Buch hat überhaupt keinen Erfolg. Er redet sich ein, ein Triumph wäre peinlich gewesen, die Menge habe notwendigerweise schlechten Geschmack. Schnelles Lob welke rasch. Er selbst sei schließlich sein bester Richter, was nicht heiße, auch der mildeste. »Da ich nichts so sehr fürchte, wie mir selbst etwas vorzumachen, und meine, daß Eitelkeit für die geistige Entwicklung verhängnisvoll ist, schraube ich meine Selbsteinschätzung ständig zurück und finde meinen ganzen Stolz darin, mich kleiner zu machen als ich bin.«[32] Der Spender einer Bestätigung wird hier aufgewertet, nicht derjenige, der sie erhält, selbst wenn es sich um dieselbe Person handelt. Das Privileg, das er aus dieser Position zieht, übertrifft die Nachteile der beschriebenen Situation.

Dem Stolz (im Sinne der Selbstbestätigung) ähneln bestimmte Formen der *Aufopferung*: Wer mit ganzer Hingabe christliche Nächstenliebe übt oder humanitäre Hilfe leistet, stellt sich selbst als

jemand dar, der nichts verlangt, völlig selbstlos ist und im Gegenteil geben will, ohne etwas zu erwarten: sein Geld, seine Zeit, seine
Kraft. Die Nutznießer werden die Bedürftigen sein, die Armen,
Kranken, Bedrohten. In Wirklichkeit ist es natürlich keineswegs
so: man vollbringt eine von der öffentlichen Moral gebilligte Tat
und behält den Gewinn der indirekten Anerkennung, den aller-
besten, für sich. Der Aufopferungsvolle praktiziert mehr oder
weniger bewußt eine vereinfachende Psychologie (was sicherlich
kein Grund ist, von ihm zu verlangen, auf seine Aktivitäten zu verzichten): er tut, als hätte der andere nur das Bedürfnis zu leben,
aber nicht zu existieren; oder nur zu empfangen, aber nicht zu
geben. Er hindert so den anderen daran, sich seinerseits notwendig zu fühlen. Dazu hätte der aufopferungsvoll Hilfsbereite dem
anderen seine eigene Unvollständigkeit offenbaren, seine eigenen
Bedürfnisse offen zeigen müssen. Die systematische Aufopferung
ist eine Einbahnstraße, ein Verhalten, das keine Reziprozität zu-
läßt: die indischen Leprakranken, die Hungernden im Sudan können mir niemals zu Hilfe kommen, sie kennen zumeist nicht einmal
meinen Namen und mein Gesicht. Man weiß aus den Schilderungen der Hilfeempfänger, daß sie in eine recht schwierige Situation
gebracht werden. Sie sind glücklich über die Verbesserung des
Lebens mittels der erhaltenen Unterstützung, aber unglücklich
über die Schwächung ihres Daseins, denn sie sind dazu verurteilt,
zu empfangen, ohne geben zu können. Hören wir noch einmal
Anton Reiser, dessen Lebensunterhalt von Wohltätern bestritten
wird: »Das Jahr, welches Reiser in dieser Lage zubrachte, war, obgleich jeder ihn glücklich pries, in einzelnen Stunden und Augenblicken eines der qualvollsten seines Lebens«; »der Gedanke,
lästig zu sein, war ihm ... ängstigend und peinlich«.[33]

Wiederum erklärt sich die Seelenqual daraus, daß es einem
unmöglich ist, indirekte Anerkennung durch Geben und nicht
bloßes Nehmen zu erleben. In der Aufopferung verlangt man
keine direkte Anerkennung oder wenn doch, dann von dritten
(von der Öffentlichkeit, gewissermaßen den Zuschauern) und
nicht von der Person, der man hilft. Ein anderer Vorteil kommt
noch hinzu: sich um die Bedürfnisse der anderen zu kümmern

heißt, die eigenen zu vergessen. Die Befriedigung, die das Subjekt aus dieser Entscheidung gewinnt, ist nicht zu unterschätzen. Der selbstlose Erzähler in Romain Garys Roman *L'Angoisse du roi Salomon*, dessen Hauptthema die Aufopferung ist, erklärt es so: »Chuck sagte, ich wäre gewiß der erste Christ gewesen, wenn dies nur möglich gewesen wäre. Aber ich glaube, ich tue es aus Egoismus und denke an die anderen, um nicht an mich zu denken, denn dies macht mir am meisten Angst.« Seinen Kollegen bei der Hilfsorganisation geht es genauso, etwa Ginette: »Wenn sie von all dem Unglück hörte, das man ihr am anderen Ende der Leitung erzählte, fühlte sie sich besser und dachte weniger an sich selbst. Es erleichtert immer, sagt die Religion, an Menschen zu denken, die unglücklicher sind als man selbst.« So erkläre sich auch die Berufung von Ärzten und Angehörigen pflegerischer Berufe. »Es gibt beispielsweise Psychiater, die in ihrer Jugend nicht geliebt worden sind, sich häßlich und zurückgewiesen fühlten und sich dadurch gefangen haben, daß sie Psychiater wurden und sich um junge Drogenabhängige und Hilflose kümmerten und die sich wichtig fühlen und sehr gesucht sind …. Sie haben so ein Gefühl der Macht und sorgen sich damit um sich selbst und fühlen sich besser in ihrer Haut.«[34]

Ich beende meine Aufzählung der Notbehelfe, indem ich kurz eine andere Form des Verzichts auf Anerkennung anspreche, die gleichzeitig ermöglicht, eine Ersatzanerkennung zu erhalten: die freiwillige Übernahme der *Opferrolle*. Wie beim Stolz ist die Anerkennung nunmehr im wesentlichen das Produkt einer inneren Instanz (des eigenen Bewußtseins). Im Unterschied zu den vorangegangenen Fällen entspringt sie jedoch nicht dem eigenen Wertgefühl, sondern dem Empfinden, das Opfer der Nichtaufmerksamkeit der anderen zu sein. Wie bei der Idolatrie ist hier etwas Magisches am Werk: die Enttäuschungen und narzißtischen Wunden, an denen ich leiden mag, werden allein durch meine Willenskraft zu Quellen der Befriedigung, denn sie erlauben mir, die in Wirklichkeit wünschenswerte Position des Opfers einzunehmen. »Das Verlangen, beklagt oder bewundert zu werden, liegt oft dem Vertrauen zugrunde«, schrieb La Rochefoucauld und setzte damit ein Gleichheitszeichen zwischen dem Opfer und dem Helden, die nur in zwei verschiedenen Posituren nach Anerkennung verlangen.

Doch warum sollte eine solche Situation wünschenswert sein? Weil sie mir zunächst einmal innere Kompensationen verschafft, die weit größer sind als die Schwierigkeiten, die ich in meinem wirklichen gesellschaftlichen Leben habe. Zudem eröffne ich mir, indem ich mich mit einem zu Unrecht verfolgten Opfer identifiziere, einen unerschöpflichen Kredit bei den anderen, der um so leichter zu nutzen ist, als er von meiner Seite – im Gegensatz zum Stolz – keinerlei wirkliche Qualitäten erfordert. Im Gegenteil, die Mißerfolge, die ich erleide, stärken meine Position. Ich habe Mitleid mit mir selber, und diese Selbstbelohnung tröstet mich über alle erlittenen Rückschläge hinweg. Das erzählte Unglück ist nie dasselbe wie das erlebte Unglück, eher das Gegenteil: zwar habe ich immer noch keinen Partner, doch zumindest einen Zuhörer. Marina Zwetajeva weist beiläufig darauf hin: »Wer könnte von seinen Leiden sprechen ohne begeistert, das heißt glücklich, zu sein?!«[35] Selbst wenn ich nichts erhalte, ist mir doch alles geschuldet, und dies macht mich unverletzlich. In Wirklichkeit strebt man jedoch nicht danach, das Schicksal des Opfers zu erleiden, sondern will nur dessen Status erlangen – ein sehr wichtiger Unterschied: das »Opfer«, von dem hier die Rede ist, hat im allgemeinen keine masochistischen Neigungen, will keineswegs noch mehr leiden. Das Leid, das einen diesen Opferstatus erwerben ließ, liegt gewöhnlich in der Vergangenheit oder ganz woanders. Man übernimmt die Opferrolle nur durch Angrenzung, durch Nähe zu den Opfern: wer sich aufopferungsvoll um wirkliche Opfer kümmert, wird oft indirekter Nutznießer der Sympathie, die den Opfern zuströmt.

Der Opferstatus kann für Gruppen innerhalb einer Gesellschaft oder ganze Völker gelten: er sichert ihnen das Privileg, etwas einklagen zu dürfen oder sogar dasjenige, straflos zu bleiben. Da nach der demokratischen Ideologie alle die gleichen Rechte (die gleiche Würde) haben sollen, kann derjenige, der beweisen kann, daß er weniger hat als die anderen in der Vergangenheit besessen hatten, auf zusätzlichen Gewinn in der Gegenwart rechnen. Die serbische Propaganda hat während des Jugoslawienkonflikts sehr stark darauf gesetzt: die Serben wurden als frühere Opfer dargestellt, die deshalb ein Recht auf Kompensationen (sprich: Eroberungen) hätten.

Kant erwähnt beiläufig in der *Anthropologie*, man könne einen *süßen Schmerz* empfinden; dergestalt sei der Schmerz »z. B. einer sonst wohlhabend hinterlassenen Witwe, die sich nicht will trösten lassen«.[36] Man hat den Eindruck, die Witwe habe wirklich in Königsberg gelebt und der Philosoph habe sie gekannt. Bemerkenswert ist die gesamte Anordnung der Situation: die Witwe ist reich, ihr weiteres Leben also nicht wirklich gefährdet; in diesem Sinn ist sie kein wirkliches Opfer, sie spielt nur die Opferrolle. Sie lehnt die Tröstungen ab, die ihr durch Ehrbezeugungen der Herren in ihrer Umgebung angeboten werden. Warum sollte sie ihre angenehme Position als Opfer eines Schicksals, das alle Welt beklagt (und das sie offenkundig nicht scheut, die anderen wissen zu lassen – denn selbst der einsame Philosoph hat davon reden hören), gegen die Unsicherheit einer neuen Ehe eintauschen, in der sie wahrscheinlich nicht die angemessene Anerkennung fände, aber nicht mehr das Recht hätte, darüber zu klagen?

Das freiwillige Opfer zieht die Möglichkeit, zu fordern und einzuklagen, der Verwirklichung seiner Wünsche vor. Adler berichtet den Fall eines Mädchens, das beschloß, seiner Mutter gegenüber das Opfer zu spielen. »Als die Mutter fragte, was sie zur Pause haben wolle, Kaffee oder Milch, blieb dieses Kind in der Tür stehen und murmelte ganz vernehmlich: ›Sagt sie Milch, dann trink ich Kaffee, sagt sie Kaffee, so trinke ich Milch.‹«[37]

Hier rührt die Befriedigung des Opfers nur zum Teil aus seinem Selbstmitleid, zum anderen Teil daraus, daß die anderen von seiner beklagenswerten Situation Notiz nehmen müssen. Das kleine Drama umfaßt also im Prinzip drei Rollen: die des Opfers, das sich beklagt, die des Schuldigen (der nicht die erwartete Anerkennung gewährt hat), schließlich die Rolle des Zeugen und Richters, der die Klagen des Opfers anhört und feststellt, daß ihm Sympathie gebührt. Diese dritte Rolle wird oft von einem Angehörigen wahrgenommen – einem Familienmitglied, dem Ehemann oder der Ehefrau, einem Kind oder Verwandten: er ist ein öffentlicher Gefangener im gleichen Raum wie das Opfer, das ihm sein Leid schildert. Die anderen, die äußere Welt, die Kollegen oder Nachbarn, spielen dagegen die Rolle des Schuldigen. Innerhalb der Familie kann man jedoch einen einzigen Akteur die Rolle des Zeugen und des Schuldigen spielen lassen. Die Mutter sagt ihrem Sohn oder der Ehemann seiner Frau, er oder sie sei die Quelle seines Unglücks. Die Selbststilisierung zum Opfer impliziert umgekehrt, den anderen zum Schuldigen abzustempeln; ist der Zeuge der einzig verfügbare andere, muß er dazu herhalten. So wird er blockiert durch eine doppelte Erwartung, die er unmöglich erfüllen kann, er soll zugleich Ursache des Leids sein und dieses heilen helfen. Auf die Spitze getrieben führt dieses »Opferspiel« zur Zerstörung des eigenen Selbst wie des anderen.

Im Wechselspiel

Gibt es nicht irgendeine Weise, Anerkennung ohne die Nachteile der Notbehelfe zu erleben, und wenn ja, wie sähe sie aus? Ich meine, es gibt sie recht häufig, auch wenn sie nicht immer ganz einfach zu praktizieren ist: es ist möglich, sowohl die eigene Sozialität als auch die Subjektivität des anderen zu akzeptieren, das *Du* als dem *Ich* zugleich ähnlich und komplementär anzunehmen. Diese Modalität könnte man mit dem Begriff *Wechselspiel* bezeichnen, der *Abwechseln* und *Rollenspiel* umfaßt.

Im Wechselspiel – das ist wörtlich zu nehmen. Da jeder von seinem Nächsten Anerkennung möchte, könnte man sie sich abwechselnd und gegenseitig erweisen (die Fähigkeit, etwas abwechselnd zu tun, gehört seit dem Alter von sechs Monaten zu unserem geistigen Rüstzeug). Ich höre dir zu, danach hörst du mir zu; dann fangen wir von vorn an. Das ist wohlgemerkt eine ganz mechanische Form des Wechselspiels, ja seine Karikatur. Eine ganz unauffällige, harmlose Manifestation des Wechselspiels kann man in den öffentlichen Parks am Sandkasten beobachten, zu dem die jungen Mütter (seltener die jungen Väter) ihre Kinder bringen, die im Sand Burgen, Deiche und Tunnel bauen. Damit man die Abenteuer seines Kleinen erzählen kann, muß man bereit sein, sich diejenigen des Kinds der Nachbarin anzuhören (zum Wechselspiel gehört François Flahault zufolge »ein Abtreten und Aufschieben«).[38] Sie erzählt mir, daß ihr Junge aus dem Bett gefallen ist und sich eine Beule geholt, aber nicht geweint hat, daß er abends sein Stück Fleisch nicht essen wollte. Ich höre ihr geduldig zu (selbst wenn ich davon nichts aufnehme und behalte) und gewähre ihr damit die minimale Anerkennung, die sie von mir verlangt, indem ich sie in ihrer Mutterrolle bestätige. Dadurch sammle ich einen gewissen Kredit an und kann, sobald sie den Mund schließt, den meinen öffnen: ich kommentiere nicht das gerade Gehörte, es sei denn durch ein einleitendes »Ja«, sondern beginne eine strikt parallele Erzählung: meine Tochter war gestern wirklich unmöglich, außerdem hat sie sich »mir« ein Fieber geholt und und und. Die Nachbarin muß mir wohl oder übel zuhören.

In dieser vereinfachenden Form des Wechselspiels kann man von einer Befriedigung sprechen (ich habe dank meiner Geduld die Anerkennung meines Handelns in der Elternrolle erhalten), die freilich minimal ist. Die Verhandlungen der verschiedenen politischen Gruppierungen vor und während eines Wahlkampfs liefern ein komplexeres Beispiel. Auch hier läßt sich Abwechseln beobachten: diesmal bin ich dran, das nächste Mal ihr. Es gibt bei Wahlbündnissen auch den wechselseitigen Verzicht auf eine Kandidatur (eine Möglichkeit, die sich Kollektivkörperschaften im Gegensatz zu den Individuen bietet): eine Gruppierung tritt den Platz im ersten Wahlbezirk ab, die verbündete Partei dafür im zweiten Bezirk. Hinzu kommen die Verhandlungen und Gespräche, die Kompromisse und die Suche nach einem Konsens, die beide Parteien zu Veränderungen führen und aus diesem Grund eine größere Bereicherung bringen.

Anders sieht es in den dauerhaften Verbindungen aus, deren geläufigstes Beispiel die Paarbildung von Mann und Frau ist. Hier gibt es zwar auch verteilte Rollen, aber die beiden brauchen kein simplifiziertes, formales Abwechseln. Denn sie haben eine Entdeckung gemacht, welche die Grundlage der gelungenen Anerkennung bildet: dein Bedürfnis produziert meine Anerkennung und umgekehrt. Das bloße Verlangen, das du an mich richtest, nämlich dich in deinem Dasein anzuerkennen, bringt mir die Bestätigung meiner Existenz ein: ich bin als derjenige anerkannt, den du brauchst. Und dich verärgert meine Bitte um Anerkennung nicht, im Gegenteil, sie verleiht dir sogar einen außergewöhnlichen Status, denn du bist der einzige (die einzige), der oder die sie mir gewähren kann. Das Zusammenspiel nutzt jedem Partner mehr als das parallele Verfolgen egoistischer Interessen. Im Gegensatz zu dem, was die Anhänger der individualistischen Psychologie behaupten, findet das Subjekt seinen Gewinn im Dasein des anderen, nicht in seiner Unterdrückung: indem ich ihn in seinem Dasein anerkenne, sichere ich mein eigenes Dasein.

Die Grundlage jedes Dialogs bildet eine Vereinbarung auf Gegenseitigkeit: das Wort, das ich an den anderen richte, zeugt zugleich von meinem Dasein und begründet die Existenz des anderen, sie erkennt die Diskontinuität und die Ähnlichkeit unserer Rede an. Um zu hören, was der andere mir sagt, muß ich schweigen, wie er es seinerseits auch tun wird. Dieses komplexe Ritual beherrschen wir alle, ohne darüber nachzudenken. Die Vereinbarung kann jedoch leicht gebrochen werden. Erstaunlicherweise genügt es anscheinend, sie zu explizieren, sie den beiden Protagonisten bewußt zu machen, und schon erfüllt sie ihren Zweck nicht mehr so gut wie zuvor. In Wirklichkeit ist das Explizieren eher ein Indiz für die Verschlechterung des Verhältnisses als deren Ursache. Im Privatleben akzeptiert man gern Vereinbarungen, solange sie unausgesprochen bleiben – im Unterschied zu den Listenverbindungen bei Wahlen (das öffentliche Leben wird nicht durch die gleichen Regeln bestimmt wie das Privatleben, obgleich die Grenze zwischen ihnen in den verschiedenen Kulturen anders gezogen wird). Wenn das Wechselspiel durch Gespräche genauer bestimmt werden muß, vielleicht sogar durch schriftliche Festlegungen (das letzte Stadium vor dem Bruch), so heißt dies, daß der Mechanismus der Reziprozität bereits nicht mehr reibungslos funktioniert. Nicht mehr improvisieren oder sich großherzig zeigen zu können erweist sich für die Beziehung als verhängnisvoll. Denn die Ursache der Blockierung liegt darin, daß die Bitte, die man an seinen Partner richtet, ihm zwar eine Anerkennung einbringt, aber nicht notwendig von der Art, die er sich wünscht. Du brauchst nur meinen Körper, erwidert er oder sie, nicht meinen Kopf – oder umgekehrt. Oder: Du erkennst mich als Mutter deines Kindes an, aber nicht als autonomes Wesen. Es genügt nicht zu wissen, daß jede Bitte auch eine Gabe ist, es muß einem auch angeboten werden, was man braucht.

Im Wechselspiel wird jedem auch eine spezifische Rolle zugewiesen. Diese Technik ermöglicht bekanntlich sehr gut, in einer Gruppe von Kindern die Atmosphäre zu entspannen. Während vorher alle Kinder nach demselben Spielzeug verlangten und alle frustriert waren, ermöglicht die Schaffung spezifischer Rollen, daß alle gleichzeitig befriedigt sind. Ein Kind steht am Fenster Wache, ein anderes verbirgt sich hinter der Tür, das dritte schlägt Alarm. Wenn jeder seine Rolle hat, wird sein Dasein anerkannt durch die bloße Tatsache, daß er seine Rolle spielt, und die Anerkennung des einen verhindert nicht diejenige des anderen.

Die Zuweisung dauerhafter, wenngleich nicht unveränderlicher Rollen erklärt, wie zahlreiche Beziehungen funktionieren: Eltern und Kind, Lehrer und Schüler, Arbeitgeber und Arbeitnehmer, Star und Fan. In jedem Fall befriedigt das passive Bedürfnis bei dem einen, anerkannt zu werden, das aktive Bedürfnis bei dem anderen, anzuerkennen – und umgekehrt. In jedem Fall ist die Befriedigung nur partiell: der Akteur geht nicht in seiner Rolle auf, er möchte gleichzeitig mehrere Rollen spielen. Eine Rolle wird ihm langweilig und er verlangt eine andere, oder er verändert sich, und was ihm gestern Erfüllung gab, ist ihm heute zuwider.

Das Wechselspiel ist also kein Allheilmittel. Es paßt unsere Bedürfnisse nach Anerkennung der Mannigfaltigkeit der einzelnen Menschen an, welche die Gesellschaft bilden. Aber es ist selbst partiell und zerbrechlich. Von der Notwendigkeit der Reziprozität und der Rollenverteilung auszugehen, ist allen Notbehelfen gegen das Scheitern der Anerkennung vorzuziehen, denn es ist wahrer.

Aber damit wird nichts endgültig geregelt. Das Wechselspiel muß in jedem Augenblick neu erfunden und von neuem begonnen werden. Das vergangene Gespräch kann den fehlenden Dialog in der Gegenwart nicht ersetzen. Damit sagt man nur auf eine andere Weise, daß die Menschen in der Zeit existieren, ausschließlich und immer in der Zeit.

VIERTES KAPITEL

Die Struktur der Person

Die Vielfalt des Seelenlebens

Bei der Beschreibung des Prozesses der Anerkennung und der mehr oder minder unvollkommenen praktischen Umsetzungen habe ich eine Dimension ausgeklammert, die seine Komplexität noch erhöht. Denn bei einer Interaktion zwischen dem *Ich* und einem anderen werden gleichzeitig mehrere Beziehungen geknüpft. Zur gegenwärtigen Beziehung kommen frühere aus der ferneren oder jüngeren Vergangenheit hinzu, dazu mögliche in der Zukunft. Sie werden alle entsprechend reflektiert im Seelenleben der Person, die nach Anerkennung strebt. Die früheren oder späteren Begegnungen und andere, die gleichsam im Konditional oder in Frageform erlebt werden, inszenieren und gestalten die Aktion im Vordergrund. Ihnen entspricht die Vielfalt des menschlichen Seelenlebens: in jedem von uns sind immer mehrere Instanzen am Werk.

Wie kann man sie identifizieren und einander zuordnen? Seit unvordenklichen Zeiten haben die Weisen, die Kenner der menschlichen Seele, derartige Unterscheidungen vorgenommen: der Mensch ist nicht nur unstet und wechselhaft (in der Diachronie), sondern auch mannigfaltig (in der Synchronie). Platon, Aristoteles, die Stoiker unterscheiden verschiedene Funktionen oder Ebenen des menschlichen Seins. Montaigne sieht in ihm ein etwas chaotisches Gemenge: »Der ganze Mensch ist durchaus nichts, als ein solch gemischtes Stückwerk.«[1]

Pascal stellt den Körper dem Geist, das Herz dem Verstand gegenüber. La Rochefoucauld beschreibt die zahlreichen Bühnen, auf denen die menschliche Komödie gegeben wird, mit autonomen Figuren, die das Innere des Herzens bevölkern: Eigenliebe, Stolz, Interesse oder Leidenschaften. Die Romantiker sind fasziniert von der Vorstellung des Doppelgängers – der Mensch und sein Schatten, Dr. Jekyll und Mr. Hyde –, und Melville benennt »die Abgründe der Seele, die keinerlei menschliche Rechtsprechung gelten zu lassen scheinen, vielmehr trotz der Unschuld des einzelnen voll scheußlicher Angstträume und verbotener Gedanken sind.«[2] William James unterscheidet zwischen dem »materiellen Selbst [self]«, dem »sozialen« und dem »spirituellen Selbst« sowie dem »reinen Ich«. Wir sind heute gewohnt, vom Unbewußten und Bewußtsein zu sprechen oder entsprechend den letzten Begriffsbildungen Freuds vom Ich, Es und Über-Ich. Fairbairn fügt aus seiner intersubjektiven Perspektive zu dieser »Topik« einige »Objekte« hinzu (das heißt andere Subjekte als das *Ego*): das erregende, das abstoßende, das ideale Objekt. C. G. Jung spricht vom Selbst und vom Ich, von *Anima* und *Animus*, von *Persona* und *Imago*.[3]

Eine andere Vervielfachung der inneren Instanzen des Geistes beobachtet man im Prozeß der Selbsterkenntnis. Jorge Luis Borges hat daran erinnert (mit Hinweis auf Paul Deussens Analyse der hinduistischen Philosophie), daß darin eine Möglichkeit der unendlichen Vervielfachung liegt, »weil, sofern unsere Seele erkennbar wäre, eine zweite zum Erkennen der ersten erforderlich wäre, eine dritte zum Erkennen der zweiten«.[4] Genauso verhält es sich mit den Selbstgesprächen, die wir in unserm Innern, am Rande, unterschwellig oder kommentierend neben unserem Dialog mit einem leibhaftigen Gesprächspartner führen. In seiner Fabel *Gesellschaft* hat Samuel Beckett diese Komplexität des inneren Dialogs in einer anderen Richtung veranschaulicht. Die Person, die den Text produziert, den wir lesen, ist allein, aber sie spricht mit sich selbst. »Eine Stimme kommt zu einem im Dunkeln«: nun bin ich zwei, eine Stimme und ein jemand, ein Hörer. Aber es gibt auch einen anderen; in ihm begegnen sich die Stimme und der Hörer, zwei Emanationen, sagen wir, seiner selbst. Drei

Personen also. Man kann jedoch auch den »Erfinder der Stimme und des Hörens und seiner selbst« einbeziehen: nun sind sie zu viert. Ist das alles? Beckett schreibt: »In einem anderen Dunkel oder im selben, ein anderer alles erträumend, um sich Gesellschaft zu leisten.« Und er kommentiert »Warum eigentlich: *oder*? Warum in einem anderen Dunkel *oder* im selben? Und wessen Stimme fragt das? Wer fragt, Wessen Stimme fragt das?«[5] Sein-selbst stellt sich eine Stimme und einen Hörer vor, der Erfinder stellt die Frage: Wer fragt das? Doch noch ein anderer kann den Faden einfach weiterspinnen: Und wessen Stimme fragt: Wer fragt das? Soll man diesen fünften den Schriftsteller nennen? Die Regression der erkennenden oder aussagenden Instanzen, des Subjekts, das sich selbst zum Objekt macht, ist theoretisch unbegrenzt, auch wenn in der Praxis die Grenze des Verstehens rasch erreicht ist.

Jede dieser Vorstellungen des menschlichen Seelenlebens (und es gibt unzählige andere, vergleichbare Versuche) hat ihre eigentümliche Perspektive, und deshalb gibt es so viele verschiedene Deutungen. Da unser Ausgangspunkt die Interaktion zwischen dem Selbst und dem Anderen ist, müssen wir unsere eigene Analyse vornehmen und zu anderen Perspektiven gehörende Kategorien beiseite lassen. Uns geht es hier um die Intersubjektivität der Person, weniger um ihren Willen oder Verstand, ihr Handlungsvermögen oder ihre Gefühle. Die hier vorgeschlagenen Kategorien sollen nicht vorhandene Theorien in Frage stellen, die in ihrer jeweiligen Perspektive weitere triftige Erklärungen bieten. Sie sollen vielmehr als Ergänzung verstanden werden. Zudem sind sie keineswegs definitiv, sondern nur eine kartographische Aufnahme eines noch wenig erkundeten Territoriums. Damit werden allerdings schwierige terminologische Fragen aufgeworfen. Alle Begriffe zur Bezeichnung der verschiedenen Instanzen des menschlichen Seelenlebens sind bereits besetzt, geprägt von verschiedenen Theorien oder Philosophien, von denen keine genau unseren Blickwinkel eingenommen hat. Ich werde den (in diesem Sinn im Französischen wenig gebrauchten, also verfügbaren) Begriff des *Selbst* [soi] verwenden, um den Ort zu bezeichnen, an dem es zu diesen Interaktionen kommt. Und ich werde zwischen mehreren

Instanzen unterscheiden, die jederzeit zu Hilfe kommen können – ein wenig wie die Mitglieder eines Kabinetts: es gibt viele Minister, aber jeder nimmt, trotz einiger Überschneidungen, ganz spezifische Aufgaben wahr; ihre große Zahl und die internen Streitereien werden verdeckt durch die alleinige Entscheidungsgewalt, die der Premierminister verkörpert. Mein Führer soll hier nicht ein Gelehrter oder Philosoph, sondern ein Schriftsteller sein: ich werde zunächst versuchen, die Struktur der Person im interpersonalen Austausch zu beschreiben, wie sie sich aus einigen Seiten von *Auf der Suche nach der verlorenen Zeit* ergibt, der Episode von Montjouvain.

Eine Begegnung in Montjouvain

Ich schildere kurz die Situation. Der Erzähler erkundet bei seinen Spaziergängen in der Umgebung von Combray »Swanns Welt« und findet sich eines Abends vor Montjouvain wieder, dem Haus von Vinteuil. Der Komponist ist mittlerweile gestorben, aber seine Tochter bewohnt es und empfängt dort ihre Geliebte. Der Erzähler befindet sich vor dem geöffneten Fenster, er sieht, ohne gesehen zu werden, und kann das Gespräch mithören. In der Szene findet er Nährstoff für seine Vorstellung vom Sadismus: er sieht, wie die beiden Mädchen über den verstorbenen Vater spotten und die Freundin auf sein Bild spuckt.

Die Szene beginnt so: Mademoiselle Vinteuil befindet sich bereits im Salon, auf einem Sofa liegend, als ihre Freundin den Raum betritt. »Zuerst rückte sie dicht an den Rand des Sofas, um der Ankommenden Platz zu machen.« Aber gleich darauf hat sie offenbar das Gefühl, »sie könne ihr damit eine Haltung aufzwingen, die ihr möglicherweise unbequem« wäre. Mademoiselle Vinteuil antizipiert also die Reaktion ihrer Freundin oder stellt sich vielmehr eine Reaktion vor, die mehr ihre eigene Sensibilität offenbart als die Gefühlswelt der Freundin. Sie verändert daraufhin ihre Botschaft, legt sich wieder auf das Sofa und unterdrückt damit jeden Hinweis auf ihr Begehren, gibt aber zugleich einen anderen, sehr klaren

Fingerzeig, diesmal auf ihr Zartgefühl, denn sie will der Freundin eben nichts aufzwingen. Kurz darauf wiederholt sich die gleiche Situation: Mademoiselle Vinteuil will die Fensterläden schließen, denn, so sagt sie, man könnte sie sehen. »Doch sie erriet offenbar, daß ihre Freundin dachte, sie habe diese Worte nur gesagt, um gewisse andere damit herauszufordern, die sie in der Tat gern gehört hätte, die auszusprechen sie aber doch der Initiative der Freundin überließ.« »Erraten« und »das Gefühl haben« bezeichnen die Antizipation einer Reaktion, eine um so feinfühligere Antizipation, als sie die Vermutungen ihrer Freundin über ihr eigenes Begehren betrifft, das mit einer anderen Instanz kollidiert, dem »Zartgefühl« von Mademoiselle Vinteuil. Deshalb setzt diese rasch einen neuen Satz hinzu, um die Wirkung des ersten abzumildern: »Mit ›sehen‹ meine ich, man kann uns lesen sehen.«[6] Wir haben es hier mit einer ersten Facette der Person zu tun, die man als das reflektierte Selbst bezeichnen könnte, genauer gesagt als den Teil des Selbst, der sich in der Voraussicht und durch Antizipation der Reaktionen des Anderen auf die Handlungen des *Ich* gebildet hat.

Doch wie wir gerade gesehen haben, ist dieser Teil des Selbst nicht ganz allein aufgetaucht, sondern sogleich in Konflikt geraten mit einer anderen Instanz, die im Innern von Mademoiselle Vinteuil wirkt: dem Begehren, das sie nach ihrer Freundin verspürt (und das in meiner Begrifflichkeit eher zum »Leben« als zum »Dasein« gehört). Mademoiselle Vinteuil setzt ihre Kunst, die Reaktionen der Freundin zu erraten, auch auf einfachere Weise ein, um im Gegenteil zu erhalten, was das begehrende Selbst verlangt (die Antizipation der Reaktionen des Anderen kann verschiedenen Herren dienen). Beispielsweise wendet die Freundin dem Bild des Vaters den Rücken zu. »Mademoiselle Vinteuil war sich klar darüber, daß ihre Freundin es nicht bemerken würde, wenn sie nicht selbst ihre Aufmerksamkeit darauf lenkte.« Eher beiläufig erwähnt sie es und erlangt sogleich das gewünschte Resultat. Doch sie braucht mehr: die Profanation des Bildes. Sie erreicht dies sehr leicht durch die Provokation: »Oh! Das würdest du niemals wagen«, erwidert sie auf den Vorschlag ihrer Freundin und bewirkt sogleich, daß diese es tut.

Eine neue Facette des Selbst zeigt sich in den Momenten, in denen die beiden Freundinnen Sequenzen nachspielen, die ihnen vertraut sind: Mademoiselle Vinteuil verhält sich entsprechend dem Bild von sich, das sie bei ihrer Freundin vermutet, sie sagt die Sätze, welche die andere zu hören erwartet. Die beiden geben sich »rituellen Profanationen« hin, die Repliken sind Bestandteil von »liturgischen Responsorien«. Die Worte, welche die eine sagt, hatte sie vorher einmal »aus dem Munde ihrer Freundin« vernommen. Wir haben es mithin erneut mit dem reflektierten Selbst von Mademoiselle Vinteuil zu tun, doch diesmal mit seiner retrospektiven Seite, das heißt damit, was sie denkt, daß die andere bereits von ihr denkt.[7]

Die hauptsächliche Spannung der Szene in Montjouvain liegt indes woanders: nicht in dem Verhältnis der beiden Freundinnen (die miteinander übereinstimmen), auch nicht in den eng umrissenen Beziehungen mit dem reflektierten Selbst, sondern in einem anderen inneren Konflikt, beiläufig wahrnehmbar, als das »Zartgefühl« sich dem »Begehren« entgegenstellte. Es ist der Konflikt zwischen dem »lasterhaften Geschöpf«, das Mademoiselle Vinteuil vorstellen möchte, und ihrer »guten« Natur. »In jedem Augenblick lag in ihr eine schüchterne, demütig bittende Jungfrau mit einem derben, rohen Draufgänger im Kampf«; die »gewohnte Schüchternheit« bekämpfte darin den »Anflug von Kühnheit«. Versuchen wir diese beiden neuen Figuren etwas zu entflechten.

Zunächst der »Draufgänger«. Mademoiselle Vinteuil begehrt ihre Geliebte; aber es geht nicht nur darum: unerläßlich für die »Erfüllung ihrer Wünsche« scheint ihr, sie mit »zurechtgelegten Worten« zu begleiten. Das begehrende Selbst hat beschlossen, sich mit einer anderen Instanz zu verbünden, einem vorgestellten Selbst, das sich durch seine Unmoral definiert. Mademoiselle Vinteuil gibt sich vulgär und sadistisch, sie setzt sich eine Maske auf und spielt Theater. Sie bemüht sich also, »den angemessenen Ton für das lasterhafte Geschöpf zu finden, das sie so gern vorstellen wollte«, »besonders lasterhaft« zu erscheinen »als eine widerwärtig süßliche Form jener Verruchtheit, die sie sich so gern zulegen wollte«. Das begehrende Selbst sucht die Lust, das vorgetäuschte

Selbst in Übereinstimmung mit ihm das Böse. Aber warum in Übereinstimmung?[8]

Die Wortwahl des Erzählers weist uns auf die Antwort hin: Weil die Sinnenlust und das moralisch Böse sich Mademoiselle Vinteuil als untrennbar miteinander verbunden darstellen. Sie glaubt also, daß man nur über das Böse zur Lust gelangen könne. Nicht etwa, daß für sie das Böse die Lust produzieren würde (sie ist keine wirkliche Sadistin); sie denkt vielmehr, die Lust sei etwas Böses, und glaubt deshalb, das Böse sei notwendig eine Lust. »Die Sinnenlust« erscheint ihr als »etwas Schlechtes, eine Art Vorrecht der Bösen«. »Nicht das Böse gab ihr die Vorstellung von der Lust, die sie freute; die Lust vielmehr kam ihr böse vor ... So fand sie schließlich an der Lust etwas Teuflisches, indem sie es mit dem Bösen identifizierte.« Deshalb muß sie vorgeben, böse zu sein, um sie zu genießen. Um »in die unmenschliche Welt der bösen Lüste« einzutreten, muß sie »eine Bösewichtsnatur« annehmen.[9]

Wer hat schuld an dieser zerstörerischen Gleichung? Das, was wir als die gängige Moral christlichen Ursprungs bezeichnen könnten, die will, daß die Lust das Werk des Bösen sei. Proust, der die fernen Quellen der gegenwärtigen Konflikte zu zeigen weiß, läßt sowohl das Gesetz wie seine Übertretung lebendig werden. Man kann sich leicht vorstellen, daß Mademoiselle Vinteuil, wenn das gesellschaftliche Tabu aufgehoben würde, das auf der Lust lastet, keinerlei Bedürfnis mehr verspürte, die Böse zu spielen, um sich ihr hinzugeben. Sie läßt ihre Freundin nicht das Bild ihres Vaters anspucken, weil ihr die Profanation als solche Freude bereiten würde. Sie tut es, weil sie glaubt, man müsse zur Kaste der Bösen, der Grausamen und Lästerer gehören, um Recht auf Lust zu haben. Diese Moral existiert nicht nur außerhalb von Mademoiselle Vinteuil, in der Welt, sondern ist eine Figur ihres inneren Universums geworden: ein unerreichbarer Herr, der sich herabläßt oder nicht, seine Billigung und mithin auch seine Anerkennung zu gewähren.

Dies ist nicht das einzige Eingreifen jenes generalisierten Anderen, der allgemeinen Meinung. Er verbündet sich übrigens noch mit einer anderen Instanz ihres Wesens, mit einem Urgrund, der aus ihrer frühesten Kindheit stammt und noch weiter zurückreicht in das ihr mitgegebene Erbe, um ihr archaisches Selbst zu bilden. Der Erzähler nennt es »ihre freimütige und gute Natur«. Tatsächlich achtet er sorgsam darauf, uns zu verdeutlichen, daß Mademoiselle Vinteuil, obschon sie sich diesen Profanationen hingab, dennoch einen tugendhaften Kern bewahrte. Darin liegt die Quelle ihres Zartgefühls und ihrer Skrupel; sie besaß eine »instinktive Großherzigkeit« und »unwillentliche Höflichkeit«: es handelt sich nicht um bewußte, angelernte Gesten – das archaische Selbst ist gewohnt, dem anderen Aufmerksamkeit zu schenken und zuvorkommend zu sein. Alles beweist die »ursprüngliche Gutartigkeit ihrer Natur«, ihr »von Natur tugendhaftes« Wesen. Wir stehen also einer zweiten Protagonistin des Konflikts gegenüber, der schüchternen Jungfrau, die ein »von Skrupeln geplagtes… Herz« hat.[10]

Diese neue Verbindung zwischen persönlichen und allgemein vorhandenen Elementen, die zur Bildung eines archaischen Selbst führt, ist ein besonderes Merkmal Mademoiselle Vinteuils. Sie verdankt es im wesentlichen ihrer Kindheit; dieses archaische Selbst wird durch Nachahmung und Übertragung geschaffen. Tatsächlich gefällt sich der Erzähler darin, alle Ähnlichkeiten zwischen Mademoiselle Vinteuil und ihrem Vater aufzuzählen. In einer einige Seiten zuvor erzählten Szene (an die hier erinnert wird) sieht man Vater Vinteuil seine eigenen Partituren vom Klavier entfernen, damit man ihn nicht der Unbescheidenheit verdächtigt, und gleichzeitig den Blick auf seine Geste ziehen – genauso, wie seine Tochter sein Bild wegstellt und ihre Freundin damit das scheinbar zufällige Wegstellen bemerken läßt. Durch diese Szene zwischen den beiden Freundinnen sehen wir eine andere Interaktion durchscheinen, die zwischen Vater und Tochter: die archaische Szene beeinflußt den gegenwärtigen Augenblick.

Mademoiselle Vinteuil ist genauso skrupulös, ja besessen wie ihr Vater; sie hat von ihm die Gesten der Liebenswürdigkeit und das Gemüt. »In dem Augenblick, als sie möglichst anders sein wollte, als ihr Vater gewesen war, verfiel sie in die Denk- und Redeweise des alten Klavierlehrers.« Selbst physisch erstaunte an ihr

»die Ähnlichkeit ihrer Züge mit den seinen, die blauen Augen seiner Mutter, die er ihr wie einen Familienschmuck weitervererbt hatte.«

Wer geht siegreich aus der Konfrontation hervor, deren Kampfplatz die Person von Mademoiselle Vinteuil ist? Nach dem Anspucken des Bildes schließt die junge Frau die Fensterläden, und der Erzähler sieht nichts mehr; aber er weiß, daß nun das Begehren siegt. Doch ist er keineswegs sicher, daß der »Draufgänger« immer über die »Jungfrau« siegen wird. Der Erzähler denkt sogar, eher sei das Gegenteil der Fall. Das vorgestellte Ich setzt sich »einen Augenblick lang« durch, die übrige Zeit muß es Rückzugsgefechte führen gegen die Jungfrau mit den vielfältigen Ressourcen. Und das umfassende Selbst von Mademoiselle Vinteuil, das den Rahmen bildet, in dem sich alle Konflikte abspielen, muß feststellen, daß die Lust sich nicht einstellen will. Mademoiselle Vinteuil mochte wohl die Worte der lasterhaften Tochter gebrauchen, »die Worte, von denen sie glaubte, daß jener sie gebraucht haben würde, klangen ihr falsch in ihrem eigenen Mund«. Das umfassende Selbst läßt sich vom vorgestellten Selbst nicht täuschen. Im selben Augenblick, in dem sie das Andenken ihres Vaters schändet, erhebt sich eine andere seelische Instanz im Innern von Mademoiselle Vinteuil und nimmt ihre Revanche, denn die Tochter des Komponisten verweigert sich jeder egoistischen Lust. »Die Illusion ..., sie wäre ihrer gewissenhaften, zärtlichen Seele ... entronnen«, dauerte nur »einen Augenblick«, und sie merkte sofort, »wie wenig es ihr gelang.«[11] Sehr viel später kommt der Erzähler darauf zurück: »Der Gedanke, es handle sich nur um geheuchelte Schlechtigkeit, verdarb ihr sicherlich das Vergnügen.«[12] Es gibt also in Mademoiselle Vinteuil einen verinnerlichten Herrn der Anerkennung, der ihr seine Billigung verweigert. Man erahnt die Gründe dafür: das internalisierte Objekt der Begierde ist bei ihr gespalten durch einen Widerspruch. Sie will es, weiß aber zugleich, daß es schlecht ist. Die Listen des vorgestellten Selbst sind mithin rasch durchschaut.

Proust stellt die Szene in Montjouvain als exemplarische Manifestation des Sadismus dar, des Boulevardtheaters würdig, denn nur dort »begegnet man einer Tochter, die das Bild ihres Vaters, der nur für sie gelebt hat, von einer Freundin anspucken läßt«. Beim Nachdenken darüber wird er sich jedoch gewahr, daß dieser Sadismus nicht ganz authentisch ist und folglich keine Mißbilligung verdient, jedenfalls nicht soviel wie die gewöhnliche (und unendlich verbreitetere) Schlechtigkeit, die sich in der Gleichgültigkeit gegenüber dem von uns verursachten Leiden zeigt. Gerade der vorgetäuschte Charakter der Schlechtigkeit und der Grausamkeit von Mademoiselle Vinteuil läßt ihn zu diesem Urteil kommen. Sie findet wie gesehen kein unmittelbares Vergnügen am Bösen, sondern ist vielmehr eine »Künstlerin des Bösen«,[13] denn eine Kluft trennt ihr Sein von ihrem Tun, das folglich einem Kunstwerk ähnelt. Und indem sie das Böse absichtlich tut, bezeugt sie, daß die Idee des Guten nicht ganz in ihrer Seele fehlt: man muß einen Sinn für das Heilige haben, um ein Sakrileg zu begehen, an den Kult glauben, um ihn zu profanieren. »Die anbetende Verehrung für den Vater war geradezu die Grundbedingung für das Sakrileg der Tochter.«[14] Deshalb denkt schließlich der Erzähler, wenn Vinteuil die Szene hätte beobachten können, so hätte er, und zwar mit Gründen, eine Bestätigung für das »gute Herz seiner Tochter« gefunden.[15]

Man kann zögern, Proust bei dieser Beugung von Moral und Gerechtigkeit zu folgen, bei der das ganze Gewicht des Urteils darauf ruht, was man über die Motivationen des Agierenden und seine innere Erfahrung weiß, statt auf der Tat selbst. Man hat den Eindruck, die Grobheit eines Menschen störte Proust mehr als die Gewalt, für die er verantwortlich sein könnte. Unbestreitbar ist dagegen, daß bei jeder menschlichen Interaktion eine Vielzahl von Instanzen des Selbst am Werk sind, und daß Proust es verstanden hat, eine ganze Reihe von ihnen zu beobachten und darzustellen, und uns so die unendliche Komplexität des Umgangs unter den Menschen entdecken läßt.

Versuchen wir nun, die Ergebnisse dieser Analyse etwas systematischer durchzugehen.

Die Membran, die das Selbst vom anderen trennt, ist nicht dicht. Die anderen sind nicht nur von vornherein um uns herum: in unseren ersten Lebensmonaten bereits verinnerlichen wir sie, und ihre Bilder beginnen Teil von uns zu werden. In diesem Sinn hat der Dichter recht: *Ich* ist ein anderer. Die innere Vielfalt jedes Menschen ist die Entsprechung zur Vielzahl der Personen, die ihn umgeben, der Mannigfaltigkeit der Rollen, die jede von ihnen spielt. Das ist ein distinktives Merkmal der menschlichen Gattung. Gleichzeitig werden diese inneren Bilder – die selbstverständlich keine getreuen Abbilder der Menschen in unserer Umgebung sind – unmittelbar nach ihrer Entstehung nach außen projiziert, auf ihre Prototypen oder auf andere Personen und bestimmen so, in einer zweiten Phase, unsere Wahrnehmung der äußeren Welt. Das Selbst ist das Produkt der anderen, die es seinerseits hervorbringt. Diese Feststellung bedeutet nicht, daß das menschliche Subjekt niemals das erlangen könnte, was die Philosophen Autonomie nennen. Das Recht und die Moral haben recht, die Grenzen jedes Subjekts festlegen zu wollen, um seine Verantwortlichkeiten zu definieren. Doch die Psychologie macht sie unklar und verwischt sie.

Der Gedanke, daß die anderen um uns herum verantwortlich sind für die Vielfalt unseres Seelenlebens, geht in die klassische Psychoanalyse durch den Begriff der »Zensur« ein (zum Beispiel im Traum): eine häufig unbewußte Figur, die aus den Forderungen und Verboten der Eltern entsteht und einen anderen Teil der Person bekämpft. Die Autonomie dieser Figur wurde verstärkt, als Freud ihr 1923 den Namen »Über-Ich« gab. Daraus wurde einer der drei Partner unseres Seelenlebens, genau jener, der seinen Ursprung in der Interaktion mit den anderen hat. Doch erst bei Melanie Klein rückt die Beziehung zwischen äußeren »Objekten« und seelischen Instanzen in den Mittelpunkt der Aufmerksamkeit der Spezialisten. »Die innere Welt«, schreibt sie, »besteht aus internalisierten Objekten, die in ihren verschiedenen Aspekten und unterschiedlichen emotionalen Situationen aufgenommen werden.«[16] Die Begriffe »Introjektion« und »Projektion« dienen nunmehr dazu, dieses unaufhörliche, sich wiederholende Hin und Her zwischen dem Außen und dem Innen zu bezeichnen. Das Verdienst Melanie Kleins besteht auch in der Beobachtung, daß anfänglich das verinnerlichte »Objekt« nur partiell sein kann: nicht die ganze Person, sondern ein Teil ihres Körpers. Diese Beobachtung deckt sich sehr gut mit dem, was man heute von der geistigen Entwicklung des Kindes weiß: zwischen dem Alter von zwei Monaten, wenn man die ersten Interiorisierungen feststellen kann, und dem Alter von neun Monaten, wenn die Stärkung des Gedächtnisses ermöglicht, die Identität des anderen sicher und dauerhaft zu bestimmen, kann das Kind tatsächlich Körperteile des anderen (die Brust, die Augen, die Hand) wie auch seine eigenen interiorisieren, ohne sie zu einem Individuum zusammenzusetzen. Der Übergang vom Teil zum Ganzen vollzieht sich nur schrittweise, und die Entdeckung seines Bilds im Spiegel kann dazu beitragen.

Die Metapher, die einem sogleich in den Sinn kommt, wenn man von der inneren Vielfalt der Person spricht, ist das Bild des Theaters: Unser Wesen ist wie eine Bühne, auf der – wie schon La Rochefoucauld sagte – die menschliche Kömodie gegeben wird.[17] Aber wie kann man die Figuren des Stücks identifizieren? Wenn auch die Eltern offenkundig gewöhnlich ihre anfänglichen Quellen sind, so zögere ich doch, hier dem zu einengenden Sprachgebrauch von Melanie Klein zu folgen, die diese verinnerlichten Figuren, auch beim Erwachsenen, »Mutter« und »Vater« nennt. Ausgehend von der Analyse Prousts würde ich die Bühne unseres Seelenlebens ständig von mindestens drei Figuren bevölkert sehen; ich nenne sie das Selbst, den Herrn der Anerkennung und das Objekt der Begierde. Warum gerade diese drei? Als einzige Antwort könnte ich im Augenblick geben: Weil diese Hypothese eine gewisse intersubjektive Wahrheit besitzt und ermöglicht, unzählige einzelne Situationen darzustellen, mithin unzählige Schilderungen zu geben. Man muß sogleich hinzufügen, daß jede dieser Rollen –

Melanie Klein hat bereits darauf hingewiesen – verdoppelt sein kann, das Gute und das Böse, das Positive und das Negative. Die Benennung dieser beiden Pole geschieht freilich vor allem aus praktischen Gründen, alle anderen Kombinationen sind ebenfalls möglich. Es gibt keinen Grund, die Dualität von Gut und Böse im menschlichen Seelenleben zu verdinglichen (es ist nicht notwendig, hier dem Manichäismus Melanie Kleins zu folgen, die von Anfang an eine Dualität setzt: Liebe und Haß, Lebens- und Todestrieb). Sie ist einfach die Kategorie, die sich aufdrängt, um den Wert dieser inneren Instanzen für uns zu bezeichnen.

Andererseits kann jede Figur in einer doppelten Perspektive beschrieben werden, je nachdem, ob man die Frage stellt »Woher kommt sie?« oder »Wozu dient sie?« Beginnen wir mit der Rolle des Selbst. Wie bildet es sich? Es ist die Wirkung unserer Wahrnehmungen: die Wahrnehmung von uns selbst, unseres Körpers, unserer Handlungen, aber vor allem jene, die wir von dem Bild haben, das sich die anderen von uns machen. Lacan hat also recht, wenn er sagt, »es ist der andere, in dem sich das Subjekt identifiziert und allererst erfährt«, mag man auch zögern, ihm zu folgen, wenn er dieses Bild systematisch als Entfremdung deutet.[18] In Wahrheit gibt es nicht notwendig eine Spaltung zwischen dem Subjekt des Begehrens und dem Ich des Blicks, aus dem einfachen Grund, daß ohne den anderen das Subjekt nicht existiert, ebenso wenig wie es eine ursprüngliche »Vereinzelung« oder ein »Verlassensein« gibt. Das menschliche Begehren ist unmöglich ohne den Blick in dem allgemeinen Sinn, in dem der Begriff hier gebraucht wird.

Das Bild des Selbst bildet sich und bildet sich um während unseres gesamten Daseins, aber seine Bestandteile haben nicht den gleichen Wert. Es empfiehlt sich, Proust folgend zwischen einem archaischen und einem reflektierten Selbst zu unterscheiden. Die beiden stehen nicht genau im Gegensatz wie Vergangenheit und Gegenwart. Sie verhalten sich eher wie eine Vergangenheit, die eine Kluft vom gegenwärtigen Augenblick trennt, auf die wir keinerlei Einfluß mehr haben, ein Plusquamperfekt, wie die Grammatiker sagen (»perfekt« im Sinn von »vollendet«), zu einer Zeit, die sich in die Gegenwart hinein oder über sie hinaus verlängert: eine Zeit, die in der Vergangenheit (aber diesmal einem »Imperfekt«, einer unvollendeten Vergangenheit) oder aber in einer nahen Zukunft liegen kann, wenn ich die künftigen Reaktionen der anderen antizipiere. Das reflektierte Selbst arbeitet also retrospektiv und antizipierend. Immer handelt es sich aber um das Bild, das wir uns von dem Bild machen, das die anderen sich von uns machen.

Wenn es eine unbestreitbare Erkenntnisleistung des Freudschen Denkens gibt, so betrifft sie das archaische Selbst. Vor Freud nahmen nur einige hellsichtige Schriftsteller wahr, wie weit das gegenwärtige Verhalten des Erwachsenen von seinen vergangenen Erfahrungen als Kleinkind bestimmt wird. Nach Freud akzeptieren selbst diejenigen, die sich nicht in der Psychoanalyse (sondern eher in einer »Tiefenpsychologie«) wiederfinden, diese Entdeckung. In unserem Zusammenhang bedeutet dies, daß der einzelne während der gegenwärtigen Interaktion aufgrund eines Bildes von sich in der ursprünglichen Interaktion handelt, das zu Beginn seines Lebens fixiert worden ist. Denn es gibt eine Phase im Leben, in der das Selbst formbar ist; sie beginnt mit der Geburt und geht weiter mit zunächst wachsender, dann abnehmender Intensität bis zu einem schwierig festzulegenden Augenblick: dem Eintritt ins Erwachsenenalter. Das Selbst formt sich nach den Angeboten und Verlangen der Menschen in seiner Umgebung. Ist es jedoch einmal gebildet, verhärtet sich dieses archaische Selbst und hat dann große Schwierigkeiten, sich erneut umzugestalten.

Es ist nicht nötig, die großen, bekannten psychoanalytischen Theorien über das archaische Selbst darzustellen, aber vielleicht nützlich, sie in unserer Perspektive zu situieren. Welchen Platz gibt man der ödipalen Konstellation? Es ist klar, daß sich die Gefühle des Kindes verdoppeln können: es fühlt sich angezogen vom Elternteil des anderen Geschlechts und eifert zugleich dem Elternteil des eigenen Geschlechts nach. Ebenso kann die Rivalität mit seinesgleichen abwechseln mit einem Gefühl der Fremdheit gegenüber dem, der anders ist. Die orthodoxe Psychoanalyse versucht dem Rechnung zu tragen, indem sie von positiven und negativen

Formen desselben »Komplexes« spricht, zu denen alle möglichen Zwischenformen kämen. Aber es ist unklar, was der Bezug auf den griechischen Mythos bringen soll; man kehrt zu dem allgemeinen Gedanken zurück, wonach für das Kind seine Beziehungen zu seinen Eltern eine wesentliche Rolle spielen. Sieht man andererseits im Verhältnis zu den Eltern nur eine Instanz des Konflikts zwischen Begierden und Gesetz, so verwässert man zu sehr die spezifische Rolle der familialen Konstellation. Zudem ist die Stellung des Kindes unter den Geschwistern, sind das Einverständnis und die Rivalität mit den Brüdern und Schwestern ebenso wichtig für die Bildung des Selbst wie die Beziehungen zu den Eltern. Schließlich können sich andere Menschen (Ammen, Lehrer, Freunde und Feinde) sehr früh in diesen Prozeß einmischen. Das archaische Selbst ist also seinerseits eine Minibühne, auf der die Protagonisten unserer Kindheit spielen, wobei sich jede Figur weiter aufspalten kann.

Die wichtige Rolle des archaischen Selbst im Verhalten des Erwachsenen anzuerkennen, bedeutet nicht, daß es die gesamte Entwicklung determinieren würde, unter Ausschluß anderer Faktoren. Man muß sich nicht entscheiden für die »orthodoxen« Psychoanalytiker, die glauben, daß alles in der Kindheit bestimmt wird, oder aber für die »Revisionisten«, die den sozialen Kontext in jedem Fall für prägender halten. Sie haben beide recht: unser Verhalten ist zum Teil die Resultante einer Vielzahl von Faktoren – der Vergangenheit und Gegenwart; aber es veranschaulicht auch, so muß man hinzufügen, die Ausübung unserer Freiheit – in unserem Verhalten gibt es einen unauflösbaren Rest, der Geheimnis bleibt.

Im Unterschied zum archaischen Selbst ist das reflektierte Selbst keine unverrückbare Gegebenheit. Es verändert sich mit der Zeit, und wir können auf es einwirken. Denn dieses Bild von dem Bild, das die anderen von uns haben, führt im Selbstbewußtsein einen Dialog mit dem Bild, das wir selbst von uns haben. Dieser Dialog kann von der vollkommenen Übereinstimmung bis zum völligen Widerspruch reichen. Im ersten Fall ist mein Bild von mir selbst völlig dem Bild untergeordnet, das mir von den anderen in meiner Umgebung zurückgeworfen wird. Im zweiten Fall bestreite ich heftig dieses Bild und versichere den anderen, daß sie sich täuschen würden. Denen, die zu ihm sagen: »Ihnen geht es doch jetzt gut«, antwortet die Opferfigur bitter: »Da irren Sie sich aber sehr, niemals habe ich mich so schlecht gefühlt; und denken Sie nur nicht, Sie hätten damit nichts zu tun: Sie sind hauptsächlich für mein Unglück verantwortlich.«

Michail Bachtin hat in seinen Forschungen über die Intertextualität dem Unterschied zwischen Retrospektion und Antizipation besondere Aufmerksamkeit gewidmet. Wenn Anton Reiser, um ein anderes literarisches Beispiel als die *Suche nach der verlorenen Zeit* zu nehmen, gegenüber seinem Direktor eine unwürdige Geste macht, so aus einem zweifachen Grund: *weil* er denkt, dieser habe eine abschätzige Meinung von ihm, und *damit* er eine derartige Meinung von ihm haben möge. Sehr viel häufiger ändert man sein Verhalten in der einen oder anderen Weise, um der vermuteten Erwartung des anderen zu entsprechen. In anderen Fällen wiederum antizipiert man Vorwürfe und nimmt von Beginn an einen polemischen Ton an. Ich spiele die Szene in meinem Kopf, bevor ich sie dem Blick des anderen präsentiere, und bei der Vorstellung berücksichtige ich dann die vorgestellten Reaktionen dieses anderen. Das antizipierende reflektierte Selbst ist im Verhältnis zum retrospektiven stärker aus den Umständen geboren und punktueller. Es hängt von der konkreten Identität meines gegenwärtigen Gesprächspartners ab und bildet nicht den ungefähren Mittelwert aller meiner vergangenen Gesprächspartner. Ebenso wenig wie das vorangegangene Selbst kann es an der Elle der Wahrheit gemessen werden: es ist eine Tatsache und nicht die Beschreibung einer Tatsache, und als solche verändert es mein gegenwärtiges Verhalten, nicht weil es die wirklichen Reaktionen des Gesprächspartners richtig errät.

Dies sind also die intersubjektiven Quellen unseres Selbst. Wenden wir uns nun den Rollen zu, die es auf der Bühne des Theaters unserer Seele spielen kann. Es empfiehlt sich, drei Figuren zu unterscheiden: das positive, das negative und das ideale Selbst. Die letzte Figur ist das Bild, das wir uns von unseren Helden machen: wir möchten ihnen ähneln, sehen aber sehr wohl den Unterschied zwischen Ideal und Wirklichkeit. Der Gegensatz zwischen dem guten und dem schlechten Selbst setzt sich dagegen in unserem Verhältnis zu den anderen fest. Unablässig verlangen wir von ihnen Anerkennung, ein Verlangen, das notwendigerweise auch enttäuscht wird. Die Wechselfälle des Verlangens werden gleichwohl von den Menschen ganz unterschiedlich erlebt und verarbeitet. Jeder kann leicht zwischen Menschen unterscheiden, die von einem positiven Selbst beherrscht sind, »das Leben bei seinen guten Seiten zu nehmen« wissen, und den Menschen, bei denen das negative Selbst im Vordergrund steht und die von ihrer eigenen Mittelmäßigkeit und Schlechtheit überzeugt sind.

So sieht es bereits in der Kindheit aus: ein Kind kann sich im ganzen gesehen befriedigt oder enttäuscht fühlen, je nachdem, ob es ihm gelungen ist oder nicht, die wichtigen Augenblicke und Klippen seines Daseins richtig zu verarbeiten – die Geburt von Geschwistern, die Trennung der Eltern und mithin die längere Trennung von zumindest einem Elternteil, das Verlassenwerden von einem oder beiden. Das abstrakte Wissen um diesen Prozeß ermöglicht übrigens selbst Eltern mit den besten Absichten und hinreichend viel Zeit nicht, vorher zu entscheiden, wieviel Aufmerksamkeit sie ihrem Kind zuwenden müssen. Ein schmaler Pfad trennt die Frustrationen des vernachlässigten Kindes von den Enttäuschungen des verwöhnten, und es ist schwer zu sagen, welches der beiden Kinder als Erwachsener die schlimmsten Streiche verüben wird. Dem vernachlässigten (oder sich vernachlässigt glaubenden) Kind wird es vielleicht an Selbstvertrauen mangeln und es flüchtet sich in die Opferrolle. Umgekehrt muß das verwöhnte Kind, selbst wenn es anfangs größere Sicherheit besitzt, befürchten, niemals mehr die gleiche Aufmerksamkeit bei den anderen zu finden; folglich beschließt es, ihnen gegenüber einen Panzer aus Stolz und Ablehnung aufzubauen, und wird so ebenfalls unfähig zum Zusammenleben. Das positive Selbst kann uns also genauso wie das negative böse Streiche spielen.

Anton Reiser glaubt, all sein Mißgeschick habe seinen Ursprung in der Kindheit. Warum gelingt ihm jetzt nichts? »Es war die unverantwortliche Seelenlähmung durch das zurücksetzende Betragen seiner eignen Eltern gegen ihn, die er von seiner Kindheit an noch nicht hatte wieder vermindern können.«[19] Man bemerkt nebenbei, daß diese Schuldzuweisung an die Eltern hier als Arznei (als Palliativ) dient. Dennoch ist das archaische Selbst unablässig bei Anton Reiser am Werk. Aber die Ergebnisse seines Eingreifens sind nicht immer vorhersehbar: wenn man seine Kindheit im Erwachsenenalter nachspielt, will das nicht heißen, daß man sie wiederholt; ebenso oft kompensiert man, was gefehlt hat. »Weil er von Kindheit auf zu wenig eigene Existenz gehabt hatte«, bemerkt Moritz in einer anderen Situation und stellt dabei eine eindeutige Beziehung zwischen der Aufmerksamkeit des anderen und der Existenz des Selbst her, »so zog ihn jedes Schicksal, das außer ihm war, desto stärker an.«[20] Aus den ursprünglichen Situationen lassen sich die gegenwärtigen ableiten und umgekehrt: Anton wird dort angezogen, wo andere zurückgewiesen würden.

Anton findet niemals die Kraft, das Bild von sich anzufechten, das er von den anderen empfängt oder zu erhalten glaubt. Ist dieses Bild positiv, so ist alles gut; er wird sich seiner würdig erweisen. »Diese Empfindung der Achtung erhöhte sein Selbstbewußtsein und schuf ihn zu einem andern Wesen um.«[21] Unglücklicherweise geht die Abfolge zumeist in die andere Richtung. Wie gesehen hat er von den Eltern, die ihn nicht sehr liebten, die ersten Zurücksetzungen erfahren; davon hat er sich nie erholt. In der Folgezeit bleibt er das Opfer derselben schicksalhaften Verkettung: um recht zu handeln, braucht er Selbstvertrauen in sich; um dieses Selbstvertrauen zu haben, muß er von den anderen Achtung erfahren (oder von einem bestimmten anderen). Doch wie soll er diese Achtung erlangen, wenn er doch unfähig ist, recht zu handeln, solange er sie nicht erhalten hat? »Reiser hätte sich vielleicht seinen Zustand angenehmer machen können, hätte er nur das gehabt, was man bei manchen jungen Leuten ein insinuantes Wesen nennt. Allein zu einem solchen insinuanten Wesen gehört ein gewisses Selbstzutrauen, das ihm von Kindheit auf war benommen worden; um sich gefällig zu machen, muß man vorher den Gedanken haben, daß man auch gefallen könne. – Reisers Selbstzutrauen mußte erst durch zuvorkommende Güte geweckt werden, ehe er es wagt, sich beliebt zu machen.«[22]

Ohne die anfängliche Sicherheit, welche die Liebe, die Achtung und die Aufmerksamkeit der Eltern geben, kann Anton aus seinem archaischen Selbst nicht die Elemente seines Selbstzutrauens schöpfen. Könnte er sie in seinem reflektierten Selbst finden? Das wäre zu wünschen, denn »Selbstachtung, welche sich damals bei ihm nur noch auf die Achtung anderer Menschen gründen konnte, ist die Basis der Tugend«, die guten Taten sind bei ihm die Wirkung und nicht die Ursache des guten Bildes. Umgekehrt, wenn die Welt ihn verkennt, verliert er jedes Interesse für sich selbst, »denn es war sehr natürlich, daß Reiser keine Lust zu seinem Körper hatte, da er doch niemandem in der Welt gefiel«.[23] Sobald er meint, die anderen hätten eine schlechte Meinung von ihm, beeilt sich Anton, diese zu bestätigen; er ist gefangen von einem mächtigen negativen Selbst, einem wahren Anti-Selbst, das ihn völlig zerstört. »Das Betragen des Direktors gegen Reisern war eine Folge von dessen schüchternen und mißtrauischen Wesen, das eine niedrige Seele zu verraten schien, allein der Direktor erwog nicht, daß eben dies schüchterne und mißtrauische Wesen wieder eine Folge von seinem ersten Betragen gegen Reisern war.«[24] Dadurch gewinnen die Worte, die von den anderen an ihn gerichtet werden, eine magische Kraft. Sie schaffen, was sie behaupten, denn sie vermitteln den Eindruck, wahr zu sein, während sie doch nur wirksam sind. Einmal mehr handelt es sich um »persuasive Definitionen«, und einmal mehr wird man gewahr, welche Kontinuität zwischen der inneren Verfaßtheit der Person und ihren Beziehungen zu anderen besteht. La Rochefoucauld hatte die gleiche Beziehung beobachtet, aber umgekehrt: »Selbstvertrauen ist die Quelle des Vertrauens zu anderen.«[25] Wenn umgekehrt die anderen mir nicht mehr vertrauen, vertraue ich mir selbst nicht und schenke folglich ihnen nicht mehr mein Vertrauen!

In seinem autobiographischen Roman *Erste Liebe – letzte Liebe* hat auch Romain Gary sehr genau die Wirkungen des archaischen Selbst auf die gegenwärtigen Handlungen der Person geschildert. Er weiß wohl, daß »in der Kindheit erlittene Entbehrungen tiefe, unauslöschliche Spuren hinterlassen und nicht mehr kompensiert werden können«. Doch seine Schilderung konzentriert sich eher auf die Nachteile der entgegengesetzten Situation, die eines zu positiven archaischen Selbst: wenn man soviel in der Kindheit empfangen hat, kann das ganze folgende Leben als eine Enttäuschung erscheinen. »Es ist nicht gut, wenn man so jung, so bald schon, so sehr geliebt wird. Das führt zu schlechten Gewohnheiten. Man glaubt, so sei das also. Man glaubt, das gäbe es auch anderswo, das könne man wiederfinden. Man rechnet damit. Man sieht sich um, man hofft, man wartet. Mit der mütterlichen Liebe macht einem das Leben in aller Morgenfrühe ein Versprechen, das es niemals hält.« Es gibt freilich noch »verschlimmernde Umstände«: Gary ist das einzige Kind, er hat nicht nur keinen Vater, sondern seine Mutter hat auch keinen Geliebten. Doch ist »es besser …, wenn die Mütter auch noch jemand andern haben, den sie lieben können. Hätte meine Mutter einen Geliebten gehabt, ich wäre nicht mein Leben lang bei jeder Quelle vor Durst gestorben.«[26]

Romain Gary geht durch das Leben und spürt dabei ständig den »begeisterten Blick« seiner Mutter auf dem Gesicht. Sicherlich verdankt er dieser Besonderheit seines archaischen Selbst seine Stärke und seine Schwäche. Er entgeht wunderbarerweise den Gefahren des Krieges, sammelt literarische Aufzeichnungen und häuft gesellschaftliche Ehren an, liebt alle Frauen, die er will, in einer kopflosen Flucht nach vorn. Aber er wird mehr und mehr geängstigt: die Leere, die das Fehlen des mütterlichen Blicks hinterlassen hat, ist so groß, daß nichts sie ausfüllen kann, jede Verwirklichung verblaßt angesichts eines solchen Ideals. »Dieses kindliche Gefühl, um etwas gebracht worden zu sein, dieses unklare Verlangen, verblaßte nicht etwa, als ich größer wurde, im Gegenteil, es wuchs mit mir und verwandelte sich nach und nach in ein Bedürfnis, das weder Frauen noch Kunst jemals zu stillen vermochten.«[27]

Es ist nicht sicher, daß eine solche Interpretation genügt, um die seelischen Krisen Garys zu erklären (er schrieb diese Zeilen 1960 und beging 1980 Selbstmord), aber was er beschreibt, läßt sich mit Sicherheit auf sehr viele Menschen anwenden.

Auf der Bühne des Theaters der Seele begegnet das Selbst (im *Plural*) anderen Figuren, die nicht mehr einer Vermutung darüber entstammen, was die anderen von uns denken, sondern dem unmittelbaren Bild, das wir uns von den anderen machen; jede Figur kann jedoch von einer Vielzahl von Prototypen stammen. Gehen wir nun etwas rascher ihre Herkunft durch, denn die Quellen sind die gleichen: das Plusquamperfekt der ersten Monate des Säuglings, das Imperfekt und die nahe Zukunft des Verkehrs mit anderen. Die Rolle des Herrn der Anerkennung, dieses inneren Richters, der unsere Handlungen positiv oder negativ beurteilt (den Adam Smith den »unparteiischen und wohlunterrichteten Zuschauer« nannte), muß dagegen näher bestimmt werden. Während der Kindheit nehmen wir nicht nur die Gebote und das Exempel der Eltern auf, sondern auch die sozialen Normen der Gemeinschaft, der wir angehören. Sie sind im Verlauf ehemaliger Beziehungen interiorisiert worden, deren Protagonisten nicht notwendigerweise identifizierbare Individuen waren. Es handelt sich in der Tat um einen Konsens über das Sein-Sollen, der nicht das Werk eines Autors ist, sondern aus Bruchstücken besteht, aus Gewohnheiten und Bräuchen, offensichtlichen Tatsachen und wissenschaftlichen Entdeckungen, Gesetzen, Sprichwörtern und Gemeinplätzen, die man irgendwo in der Tiefe seines Gedächtnisses aufnimmt und festhält, ohne zu wissen, was der Herr der Anerkennung damit einmal anfangen wird.

Diese Normen betreffen mich nicht als einzelnen, sondern als Angehörigen einer sozialen Gruppe. Sie sind übrigens nicht ausschließlich moralischer Natur, sondern können auch ästhetische Normen sein: beispielsweise denken die jungen Mädchen, sie müßten schlank bleiben und deshalb so wenig wie möglich essen (alle sozialen Klischees klingen hier an). Es gibt aber auch Fälle, in denen die Gesamtheit der interiorisierten Werte mit einer besonderen Erfahrung verbunden ist, ja sogar mit den Zügen einer bestimmten Person: ein Lehrer oder Professor, ein Elternteil, ein naher Angehöriger oder im Gegenteil ein Fremder, dem man zufällig begegnet ist. Meine eigenen Normen können mit denen meiner sozialen Gruppe nicht übereinstimmen. Für Romain Gary spielt vor allem seine Mutter in ihm die Rolle, die er den »inneren Zeugen« nennt und die er verantwortlich macht für seine moralischen Anforderungen.[28]

Die Aktionen des Herrn der Anerkennung können wohlwollende oder feindselige Handlungen sein, so daß wir diese Figur noch einmal in zwei aufspalten und den Lobenden vom Strafenden trennen. Melanie Klein hat die Aufmerksamkeit darauf gelenkt: »Wir behalten diejenigen, die uns teuer sind, in unserem Geist eingeschlossen, können uns in bestimmten schwierigen Situationen von ihnen geleitet fühlen und uns fragen, ob sie wohl unser Handeln gebilligt hätten oder nicht.«[29] Dank dieser Gestalten können wir bestimmte, zuvor beschriebene Verhaltensweisen besser begreifen. In seiner positiven Version gewährt der Herr der Anerkennung die Konformitätsanerkennung. Er erlaubt mir, auf die ausdrückliche Billigung der anderen zu verzichten, denn ich weiß mich in Übereinstimmung mit den herrschenden Normen; ich befinde mich dann mit meinem Gewissen in Einklang. Ein zugleich positiver und sehr persönlicher Herr der Anerkennung ermöglicht, den Stolz zu begreifen: ich belohne mich selbst, selbst wenn dies im Gegensatz zu den allgemeinen Normen in meiner Umgebung geschieht. Andererseits ist bekannt, wie grausam der »Strafende« (ein schlechter Herr der Anerkennung) sein kann, der uns jede Freude nimmt, indem er uns Anforderungen stellt, die immer schwieriger zu erfüllen sind. Oft ist er verantwortlich für Verhaltensweisen, die wir als masochistisch bezeichnen. Er ist ein unerbittlicher Feind, der über alles spottet, was wir tun, und uns alle unsere Freuden verdirbt. Er vereitelt auch das Vergnügen von Mademoiselle Vinteuil.

Die dritte Hauptfigur ist schließlich das interiorisierte Objekt der Begierde (ich erinnere daran, daß sowohl »existieren« als auch »leben« an der Intersubjektivität teilhaben). Es als gesonderte Figur anzunehmen, heißt nicht, daß man entsprechend ein Subjekt der Begierde (oder *je*) annehmen müßte, das ein für alle Mal vom sozialen Ich (*moi*) getrennt wäre, wie sie Lacan unterscheidet: es gibt keine Kontinuitätslösung zwischen den beiden, deshalb ist das »Imaginäre« keine reine Falle oder Entfremdung.

Dieses Bild nährt sich wie die vorangegangenen aus unseren archaischen oder neueren, persönlichen oder mit anderen Angehörigen unserer Gemeinschaft geteilten Erfahrungen. Und es kennt die gleiche Spaltung in ein gutes und ein böses Objekt. Das gute innere Objekt, die Gewißheit seiner wohltuenden Wirkung auf uns, dies erleichtert die glückliche Liebesbeziehung und eine gewisse Autonomie des Selbst, die für die wohltuende Außenwirkung des Individuums verantwortlich sind. Jeder profitiert von einer solchen, als großherzig empfundenen Einstellung. Das schlechte innere Objekt, das Fairbairn den »Saboteur« nennt, ist ein notwendigerweise unbewußtes, denn in seinem Wesen widersprüchliches Bild, und mithin schwieriger zu beschreiben. Wir sind angezogen von einem bestimmten »Objekt«, aber gleichzeitig, insgeheim, fürchten wir es und weisen es zurück (wahrscheinlich ist der Meister der Anerkennung daran schuld). Das schlechte Objekt der Begierde macht die Erfüllung des Begehrens unmöglich und ist dann verantwortlich für eine größere Aggressivität gegenüber den anderen und sich selbst, begleitet von besonders schmerzhaften Leiden. Die Mißbilligung des Herrn der Anerkennung ist leichter zu rationalisieren und zu bewältigen, denn sie hängt letztlich mit einer bestimmten Moral zusammen. Aber die Unmöglichkeit zu lieben und zu begehren, weil das Objekt der Begierde in Wirklichkeit schlecht sei, das Zusammenfallen des Liebesobjekts mit dem zu zerstörenden Objekt ist absurd und wird als Unmöglichkeit zu existieren empfunden (ein Unterschied, der vergleichbar ist mit dem oben beobachteten Unterschied zwischen Verwerfung und Entwertung).

Wenn die Antagonisten (oder negativen Figuren) über die Protagonisten (oder positiven Figuren) die Oberhand gewinnen, ist die Geisteskrankheit nicht weit. Wenn sich das negative Selbst mit einem schlechten Herrn der Anerkennung verbindet, sind dem Verfolgungswahn und der Paranoia Tür und Tor geöffnet. Der – wirkliche oder vermutete – Haß der anderen bringt den Selbsthaß mit seinen oft verheerenden Auswirkungen hervor. Jedes Tun wird mir unmöglich, so sehr werde ich verzehrt von meiner Selbstscham vor dem interiorisierten Blick der anderen;

meine Schüchternheit verwandelt sich in Ohnmacht und »Bewußtseinslähmung«. Wie kann ich es anstellen, daß mich jemand liebt, wenn ich mich selbst nicht für liebenswert halte, wenn man mich nicht bereits liebt? Wie soll ich Erfolg haben, wenn ich sicher bin, daß ich scheitern werde? So kann sich ein wahres Gefängnis bilden, aus dem man vielleicht niemals mehr herauskommt, denn die negative Aktion des Subjekts nährt sich aus dem negativen Eindruck beim anderen, der wiederum durch die Aktion entsteht, und so immer weiter. Der »Minderwertigkeitskomplex« ist beim Erwachsenen oft nichts anderes als ein negatives reflektiertes Selbst. Das schlechte Objekt der Begierde – das als eine Aggression nicht mehr gegen sich, sondern gegen unsere interiorisierten Figuren wahrgenommen wird und deshalb als noch schlimmer empfunden wird – bewirkt Depression und kann zur Zerstörung der anderen oder zur Selbstzerstörung (zum Selbstmord) führen.

Die negativen Wirkungen dieser interiorisierten Figuren sind auch auf der kollektiven Ebene zu spüren. Bestimmte ethnische oder rassische Minderheiten haben die größten Schwierigkeiten, sich aus diesem Teufelskreis zu befreien: da man sie für gewalttätig hält, werden sie es. Die Armut, die sie kennzeichnet, bewirkt bei den anderen Verachtung, die das Selbstvertrauen zerstört, was wiederum die Angehörigen dieser Minderheit dazu verdammt, noch tiefer in die Armut abzurutschen – oder zum Palliativ der Gewalt zu greifen. Shelby Steeles Analysen des Rassenproblems in den Vereinigten Staaten haben gezeigt, daß die Aggressivität des inneren Saboteurs, des Anti-Selbst der schwarzen Minderheit, weitgehend für die unentwirrbare Situation verantwortlich ist, in der sie sich heute befindet.

Die Komplexität der inneren Bühne der Person ist damit noch nicht ausgeschöpft. C. G. Jung hat bemerkt, daß das Individuum neben den interiorisierten Bildern *der anderen*, denen er die Bezeichnung *Imago* gab, auch ein Bild *für die anderen* produziert, das Jung seine *Persona* genannt hat: sie ist eine dem Publikum zugewandte Maske, ein vorgestelltes Selbst. Die *Persona* ist gleichsam das Gegenteil der *Imago*: nicht mehr das Bild, das ich empfange, sondern dasjenige, das ich produziere, nicht mehr die Interiorisation der anderen, sondern die Exteriorisation von sich selbst; beide sind jedoch Mischgebilde, »ein Kompromiß zwischen Individuum und Sozietät«.[30] Ich beschließe, mich liebenswert oder schroff zu geben, den Hanswurst zu spielen oder melancholisch zu sein, und nehme damit absichtlich eine Rolle an, von der ich weiß, daß sie nicht mein »Ich« oder zumindest nicht mein ganzes Ich ist. Die Rolle kann auch völlig von den herrschenden Normen bestimmt sein (aus dem sozialen Konformismus resultieren). Das sind die bekannten Verhaltensweisen der Heuchelei, Lüge und Täuschung, durch die ich eine gewisse Anerkennung erlangen kann, wohlwissend, daß sie an den Falschen gegangen sein mag. Das nennt man, für die Galerie, das Publikum zu sprechen oder zu agieren. Hierher gehören aber auch Erfindung und künstlerisches Schaffen, die Verzauberung im Alltag, die ihn in ein Schauspiel und Kunstwerk verwandeln. Die selbstgewählte Rolle gegenüber den anderen kann durch die Antizipation ihrer Reaktion beeinflußt und nur darauf ausgerichtet sein, zu verzaubern: Ich versuche so zu erscheinen, daß die anderen, so denke ich mir, mich lieben und bewundern würden (vom unaufrichtigen Verhalten zur bewußten Täuschung ist es nicht weit). Aber die Rolle kann auch völlig unabhängig und auf eine besondere Wirkung ausgerichtet sein: stören, intrigieren, einschüchtern. Der gesellschaftliche Kontext spielt hier eine wichtige Rolle (eine repressive Gesellschaft fördert natürlich das Aufblühen der Heuchelei).

Es ist wichtig, sich klar zu werden, daß dieses vorgestellte Selbst nicht weniger unvermeidlich ist als die anderen. Die menschliche Interaktion mobilisiert immer nur einen Teil der Person, ich spiele also eine Rolle, und sei es nur dadurch, daß ich bestimmte Züge von mir gegenüber anderen in den Vordergrund rücke. Unsere berufliche und öffentliche Identität ist notwendigerweise ein vorgestelltes Selbst. Aus diesem Grund folgen wir C. G. Jung nicht darin, daß jeder einzelne nur eine einzige *Persona* habe. Wir produzieren im Gegenteil eine Vielzahl von ihnen, je nachdem, in welchen Kontext wir uns einordnen: öffentliches und Privatleben, im Freundeskreis und in einer Liebesbeziehung, als Kind oder Eltern (denn wir sind oft beides). Es ist auch sinnlos, »das

Selbst aus den falschen Hüllen der Persona« befreien zu wollen. – Unser Selbst läßt sich nicht trennen von unseren Beziehungen zu den anderen und den Forderungen, die wir in ihrem Blick lesen, genauso wie das »Subjekt« im Sinne Lacans nicht wirklich denkbar ist ohne sein »Ich«. Das vorgestellte Selbst ist weniger eine Maske als vielmehr eine Körperpose, ein Gesichtsausdruck – deren man immer bedarf.

Schließlich muß man zu den Figuren, die sich auf der Bühne tummeln, eine letzte hinzufügen: die Bühne selbst, der Rahmen, in dem sich die Interaktion abspielt. Dies ist ein umfassendes Selbst, aber auch sozusagen ein Kontrollturm. Irgendwo muß jemand eine Entscheidung treffen unter Abwägung des pro und contra, der Vor- und Nachteile jeder Lösung. Dies nennt William James »das Selbst aller anderen« und beschreibt es als einen Schiedsrichter zwischen widerstreitenden Elementen: »Ich bin mir in meinem Denken bewußt, daß Fortschritte und Rückschläge sich abwechseln, daß überwachende und billigende Instanzen lustbegleitende und der Lust entgegenwirkende Tendenzen in ständigem Wettstreit miteinander liegen.«[31] Mal muß man sich den Forderungen des Herrn der Anerkennung fügen, ein andermal dem Verlangen des begehrenden Selbst nachkommen. Einmal muß man – ohne zu wissen warum – den Befehlen des archaischen Selbst gehorchen, dann wider eigenen Willen und Moral Gefangener des reflektierten Selbst bleiben oder gar dem intentionalen vorgestellten Selbst gehorchen (La Rochefoucauld hatte einige dieser inneren Konflikte gut beschrieben). Das umfassende Selbst greift nicht direkt in diese Debatte ein, die manchmal Kampf, ein andermal friedliche Verständigung ist, es ist vielmehr deren Resultante und steht selbst auf einer höheren Ebene. Es ist die Instanz, die, nach einem undurchschaubaren Kalkül, uns zwischen den verschiedenen Optionen wählen läßt, die Prioritäten festlegt und Auszeichnungen verteilt.

Die hier vorgestellten Figuren sind nur eine Minimalbesetzung: jede (außer dem umfassenden Selbst) kann sich weiter unterteilen. Noch komplizierter wird es, weil jede Person mit ihrer inneren Vielfalt anderen Personen begegnet, die ebenso komplex sind wie sie: das *Du* enthält die gleichen Instanzen wie das *Ich*. Jedes *Du* (und wir begegnen täglich vielen) erfordert eine Neuregulierung oder zumindest Anpassung unseres Apparats sozialer Kontaktaufnahme und -pflege. Es gibt also in uns einen wunderbar differenzierten, hochkomplexen Mechanismus, mit dem wir uns »automatisch« auf jede besondere Begegnung einstellen können. Den Schriftstellern ist dies nicht entgangen. Das belegt William James' Bruder Henry, der Sätze der folgenden Art liebte: »Er wußte, daß ich ihm wirklich nicht helfen konnte und daß ich wußte, daß er wußte, daß ich es nicht konnte«, oder »O helfen Sie mir, die Gefühle zu empfinden, von denen ich weiß, daß Sie wissen, daß ich sie empfinden möchte!«[32] Das ist der Alltag des Daseins, denn wir leben in einer ständigen Verhandlung mit anderen, und der menschliche Umgang verlangt die Einberufung und Zusammenarbeit der verschiedenen Instanzen des Selbst. Instanzen, dies sei ein letztes Mal betont, die allesamt intersubjektiv sind, das heißt durch die Interaktion mit anderen produziert werden. Keine Instanz stammt aus dem Urgrund unseres individuellen Seins. Nicht nur diese oder jene Facette unseres Seins ist gesellschaftlich, sondern unser ganzes menschliches Dasein.

FÜNFTES KAPITEL

Koexistenz und Erfüllung

Die Erfüllung des Selbst

Die Anerkennung, die wir von anderen verlangen, ist vielgestaltig und allgegenwärtig. Doch ist sie der einzig mögliche Weg zur Ausbildung unseres Lebensgefühls? Nehmen wir das Beispiel gut getaner Arbeit. Sie vermittelt offenkundig einen Überschuß an Anerkennung: man schätzt mich in der Gesellschaft, weil ich ein guter Spezialist bin, meine Kollegen achten mich, die Schüler strömen mir zu, zudem werde ich gut bezahlt und das Geld ermöglicht mir, noch andere Befriedigungen zu erlangen. Die Anerkennung bleibt erhalten, selbst wenn man bestimmte Umstände verändert: ich kann die Arbeit daheim tun, allein und weit weg vom Blick der anderen, mich aber verdoppeln in ein Produzenten-Objekt und ein Richter-Subjekt. Anders gesagt fungiere ich als mein eigener Richter, beglückwünsche mich innerlich für meine so gut getane Arbeit. Aber es läßt sich noch eine andere Art der Befriedigung finden: nicht durch das eigene Urteil oder das anderer Menschen, sondern außerhalb jeder Anerkennung und selbst jeder Form des Zusammenseins mit anderen – in der Geste, mit der die Arbeit getan wird. Ohne jede Verdopplung oder Vermittlung hat der Mensch durch seine bloße Gegenwart in jedem seiner Handgriffe das Gefühl seiner eigenen *Erfüllung* und beweist sich dadurch sein Dasein.

Das Indiz, das zwischen Selbsterfüllung und Anerkennung einschließlich ihrer solitären (»stolzen«) Formen zu unterscheiden ermöglicht, ist das Vorhandensein oder Fehlen einer Vermittlung. Die Anerkennung wird notwendig durch einen anderen vermittelt, und sei es ein anonymer, unpersönlicher anderer oder eine psychische Instanz. Die Erfüllung dagegen ist unmittelbar, sie schließt den Prozeß der Anerkennung kurz und enthält in sich ihren eigenen Lohn. Wir gewinnen daraus das Gefühl, wir selbst zu sein, in der Wahrheit zu leben (oder der »Aufrichtigkeit«, wie man manchmal versucht ist zu sagen). Aber die Forderung, »man selbst zu sein«, die Oscar Wilde auf dem Giebel des Tempels der Moderne eingeschrieben sah,[1] gehört noch zu stark zur Selbstbeurteilung, denn man vergleicht sein gegenwärtiges Tun mit einem Idealbild, das man von sich hat. Dies gilt auch für die »Selbstverwirklichung«, von der manche Psychologen sprechen. Die Erfüllung hingegen ist reine Präsenz ohne jeden Vergleich. Sie ähnelt darin dem Schönen, wie es Karl Philipp Moritz in einer seiner Schriften zur Ästhetik definiert hat als etwas das »in sich so vollkommen ist, daß es den ganzen Endzweck seines Daseins in sich selbst hat.«[2]

Dies gilt für jede Geste, die zur Erfüllung beiträgt. Doch deshalb verläßt man nicht das »Dasein« und tritt ins »Leben«. Auch wenn sich die Erfüllung nicht im Verhältnis zu anderen bestimmt, ist sie doch noch weiter von der animalischen Welt entfernt als die Anerkennung. Ihre Vorbedingung ist die gesellschaftliche Natur des Menschen, auch wenn sie diese nicht für sich nutzbar macht.

Das Gefühl der Selbsterfüllung, das uns die Ausführung bestimmter Gesten oder das Einnehmen bestimmter Haltungen gibt, ist auch nicht zu verwechseln mit dem, was man gemeinhin »Entfaltung« der Persönlichkeit nennt. Denn diese beinhaltet die Öffnung nach außen, überströmende Mitteilungsbereitschaft, ja eine Form ansteckend wirkender Fröhlichkeit. Auch die Erfüllung bewirkt Freude, schließt aber Einsamkeit und Schweigen nicht aus, sie wirkt nur nach innen.

Martin Buber hat vorgeschlagen, die Welt des menschlichen Handelns in zwei Bereiche aufzuteilen, den des Ich-Du und denjenigen des Ich-Es, je nachdem, ob wir anderen Subjekten begegnen oder nicht.[3] Die Koexistenz ist der Bereich des Ich-Du, die Erfüllung der Gipfelpunkt in der Sphäre des Ich-Es. Innerhalb der zweiten muß man die passiven und aktiven Seiten unterscheiden. Die vielleicht gängigste Form der Erfüllung ist diejenige, die wir im Angesicht der Schönheit empfinden (denn das Schöne ist seinerseits Vollendung). Ich finde die Quelle der Freude nicht in mir selbst, auch nicht in der Existenz des Schöpfers dieser Schönheit, vorausgesetzt, es gibt ihn. Das Schöne ist außerhalb von mir, unpersönlich und erfüllt mich dennoch mit einer Art innerem Frohlocken, das mein Lebensgefühl verstärkt. Wenn ich eingetaucht bin in die Naturschönheit, neige ich dazu, in meinen Sinnen aufzugehen: ich bin verzückt von den Geräuschen, den Aussichten, den Gerüchen und Tastempfindungen; ich erfülle mich in einer schmerzlichen Vereinigung mit der Umwelt.

Das Kunstschöne impliziert eine komplexere Wahrnehmung, denn es appelliert nicht nur an *die Sinne*, sondern auch an *den Sinn*, den die Kunst der menschlichen Erfahrung gibt. Darin ähnelt die Kunst anderen intellektuellen oder spirituellen Erfahrungen. Wenn ich ein Buch lese, das ich bewundere, das Buch eines Philosophen oder Gelehrten, eines Dichters oder Schriftstellers, fühle ich mich in eine Beziehung hineingezogen, in der ich Erfüllung finde durch den bloßen Kontakt, in den ich mit einem mächtigen Denken oder einem unerschöpflichen Bild eintrete: mein Dasein scheint sich im Wortsinn zu erweitern. Das gleiche Gefühl kann ich in der religiösen Erfahrung verspüren: sie ist nicht nur ein »Palliativ« durch das Gemeinschaftserlebnis oder eine beruhigende »Illusion«, wie Freud dachte, sondern auch eine Möglichkeit für das Ich, sich zu einer unendlichen – natürlichen und übernatürlichen – Welt zu öffnen, sein persönliches Dasein in innige Verbindung mit dem ganzen Universum zu bringen.

Zu diesen kontemplativen Ekstasen muß man die Handlungen hinzufügen, die zur aktiven Seite des Bezugs des Menschen zur Welt gehören. Die Erfüllung in der gut getanen (körperlichen oder geistigen) Arbeit gehört dazu. Die Schaffung eines Kunstwerks ist dafür ein Beispiel, genauso wie die Kreation eines neuen Gerichts oder das Bauen einer Sandburg am Strand. Übrigens ist es noch nicht einmal nötig, ein Objekt zu schaffen; ich kann meine Erfüllung in der bloßen körperlichen Anstrengung finden, wenn ich mein Bestes gebe. Die sportliche Leistung unterliegt natürlich ebenso wie die gut getane Arbeit einer vielfachen Beurteilung. Sie kann mir Ruhm und Reichtum einbringen oder mit dem einzigen Ziel vollbracht werden, daß ich höher springen kann als die anderen, fähig bin, den Ozean im Ruderboot zu überqueren. Aber sie kann mich auch mit Freude erfüllen durch das bloße Ausführen und die Vollkommenheit der Geste, weil ich geschafft habe, was mir zuvor unmöglich gewesen ist. Ich kann mich auch über meine geistige Leistung freuen, über meine Fähigkeit, mathematische Probleme zu lösen, ohne eine Belohnung außerhalb des Tuns selbst zu suchen: meine Freude ist extranormativ, rein auf den Augenblick beschränkt.

Die wissenschaftliche und künstlerische Schöpfung kann als Krönung dieser Tätigkeiten angesehen werden, denn sie vereinigt die beiden Seiten, ist zugleich Deutung der Welt und Erschaffen eines Objekts, das es zuvor niemals gegeben hat. Daß die Wissenschaft zum Bereich des Ich-Es gehört, gilt nicht nur für die Physik, wo der Gelehrte auf jeden Fall das einzige menschliche Subjekt ist, sondern selbst für die Sozialwissenschaften, deren Objekt aus anderen Subjekten besteht. Als Forschungsobjekte sind diese vom Dialog ausgeschlossen, aber anschließend können sie daran teilnehmen, als Leser oder Kritiker des Gelehrten. Das gleiche gilt für das Kunstwerk: der Künstler ist im Augenblick seines schöpferischen Tuns allein, auch wenn er vorher und danach mit seinen Zeitgenossen kommuniziert.

All diese Formen der Erfüllung haben einen paradoxen Charakter: das *Ich* scheint darin vergessen und geht doch bereichert daraus hervor. Wenn ich eine Arbeit aus reinem Vergnügen daran tue, denke ich nicht an mich; wenn ich jemanden bewundere oder mich mit ihm eins fühle, trete ich in den Hintergrund. Trotzdem festige ich jedesmal meine Existenz. Aber dieser Überschuß seiner selbst läuft nicht darauf hinaus, in einer verschleierten Form die Bestätigung der Isolation des Individuums wiederzufinden, das nur zufällig in das gesellschaftliche Geflecht eingebunden ist, wie es die verschiedenen Traditionen der individualistischen Psychologie wollten. Erfüllung und Koexistenz stehen einander nicht gegenüber wie die Einsamkeit der Geselligkeit (die Anerkennung kann in der Einsamkeit des Stolzes gesucht, die Erfüllung gemeinsam mit anderen erlebt werden), sondern verhalten sich zueinander wie das Fehlen zum Vorhandensein einer Vermittlung. In der Welt des Ich-Du und in der des Ich-Es gibt es Verabscheuungswürdiges und Erhabenes; Eitelkeit und Entfremdung in der Arbeit sind ebenso verbreitet wie der gelassene Einklang mit anderen und die Erfüllung. Keine der beiden Welten steht aufgrund ihrer inneren Verfaßtheit höher als die andere, und niemand kann auf eine von ihnen verzichten. Der Mensch ist aus den Beziehungen zu seinen Mitmenschen gebildet und zugleich fähig, ganz allein in der Welt zu wirken; das menschliche Wesen ist gleichsam ein Kollektivsingular.

Die schmalen Pfade

In einem Erlebnis oder einer Erfahrung sind viele Mechanismen gleichzeitig am Werk. Dies wurde bei der Liebe deutlich, die zugleich am Leben und am Dasein teilhat, am Physischen und Geistigen, am Nehmen und Geben, an der Anerkennung und der innigen Verbindung mit dem anderen. Doch dies gilt auch für gewöhnlichere Handlungen. In der wohligen Wärme des Sessels lese ich ein Buch, das mir gefällt, und höre dabei Musik: das ist der Inbegriff des Glücks! Mehrere Formen der Anerkennung haben bereits das ihre zu diesem Wohlgefühl getan. Ich bin zufrieden mit dem Bild, das ich vor mir selbst abgebe: die Selbstbeurteilung funktioniert. Wenn jemand den Raum beträte, könnte er mich bewundern oder beneiden, denn ich erfreue mich an sublimen Genüssen. Ich lese einen guten Autor, bin geschmeichelt, zum (kleinen) Kreis seiner Bewunderer zu gehören. Aber diese soziologisch vorhersehbaren Vergnügungen gehören noch zu den oberflächlichsten. Daneben verspüre ich ein anderes, dauerhafteres Vergnügen. Dem Autor, den ich lese, gelingt es in Worte zu fassen, was ich fühlte, aber nicht sagen konnte: *mein* Denken, *mein* Gefühl, *mein* Empfinden. Dadurch erweitert er meine geistige Welt, macht sie schöner und sinnreicher. Ich versetze mich in die Romangestalten hinein und ein zusätzliches Leben gesellt sich zu meinem wirklichen; ich fühle mich bereichert, stärker, intelligenter. Aber ich kann auch ohne jede Vermittlung (nicht einmal die meines eigenen Urteils) gleichsam auf intransitive Weise ein Vergnügen in der Lektüre finden. Das Lesen gibt mir dann das Gefühl einer unmittelbaren Erfüllung, mithin das Gefühl meiner Existenz. Ganz zu schweigen davon, daß Lesen für mich eine Gewohnheit und sich wiederholende Tätigkeit ist – damit auch eine Art und Weise, in meinem Sein weiterzubestehen.

Die Komplexität der Erfahrungen macht es keineswegs sinnlos, ihre einzelnen Bestandteile zu unterscheiden; allein das Zusammenwirken dieser vielfältigen Mechanismen ermöglicht, sich darüber klarzuwerden. Eben diese Komplexität zwingt uns, bei der Beschreibung unserer seelischen Abläufe auf die Begriffe zu verzichten, die einem am leichtesten in den Sinn kommen, wenn man über das Zusammenleben nachdenkt: Einsamkeit und Geselligkeit, Egoismus und Selbstlosigkeit.

Das Leben in Gesellschaft gründet nicht auf einer Entscheidung: wir sind immer schon gesellschaftliche Wesen. Fast zur gleichen Zeit bemerkten der Russe Michail Bachtin und der Amerikaner George Herbert Mead, daß wir unseren Körper niemals ganz sehen können. Diese Teilansicht verkörpert anschaulich unsere konstitutive Unvollständigkeit, unser Bedürfnis nach anderen, um unser Selbstbewußtsein zu begründen und folglich auch unser Dasein. Auf einer ganz anderen Ebene liegt die Wahl zwischen einem isolierten und einem geselligen Leben. Sie enthüllt nichts Grundlegendes über unsere Einstellung zur Welt, sondern zeigt nur, ob man zur Ruhe und Stille neigt oder geschäftiges Treiben liebt. Das Leben in der Einsamkeit impliziert nicht, daß man auf die anderen verzichten könnte, auch nicht, daß sie einem gleichgültig sind. Jedem zurückgezogenen Leben geht eine Bildungs- und Entwicklungsperiode voraus, in der das Verhältnis zu anderen unser Selbst orientiert hat; das vergangene Verhältnis beeinflußt aber das gegenwärtige Leben. In der Einsamkeit hört man nicht auf, mit den anderen zu kommunizieren, man entscheidet sich nur für bestimmte Formen der Kommunikation und gegen andere. Die indirekten Beziehungen oder Kontakte über räumliche Entfernungen hinweg können durch ihre Intensität kompensieren, was sie an Häufigkeit oder Mühelosigkeit verlieren.

Rousseau widerspricht sich nicht, wenn er behauptet, das Leben in Gesellschaft sei die Berufung des Menschengeschlechts und gleichzeitig sagt, persönlich zöge er die Einsamkeit der Gesellschaft anderer Menschen vor. Auch allein bleibt er doch ein soziales Wesen, denn er denkt, fragt, schreibt. Und er hat recht, sich darüber zu empören, daß die anderen aus seinem Hang zur Kontemplation auf irgendeine Menschenfeindlichkeit schließen (»nur der Schurke ist allein«, sagt boshaft eine Figur Diderots).[4] Man kann allein sein inmitten der Menge und sich eng verbunden mit jemandem fühlen, obwohl man offensichtlich allein ist. Obgleich er sich glücklicher fühlt, wenn er allein ist, kann Rousseau deshalb sagen: »Unser süßestes Dasein ist relativ und kollektiv, und unser wahres Ich ist nicht ganz in uns. Kurz, der Mensch in diesem Leben ist so eingerichtet, daß man nie zum rechten Genuß seiner selbst ohne Zutun anderer gelangen kann.«[5] Auch Baudelaire geht über die bloße Gegenüberstellung der Begriffe hinaus: »*Multitudo, solitudo:* gleichwertige Ausdrücke und vertauschbar für den tätigen, den fruchtbaren Dichter. Wer seine Einsamkeit nicht zu bevölkern weiß, ist auch außerstande, in einer geschäftigen Menge allein zu sein.«[6] Die »Gemeinsamkeit mit allen« gelingt dem, »der nachdenklich einsam umhergeht«, sogar leichter als den Liebhabern des Lebens in der Menge: sie hängt nicht von den äußeren Umständen, sondern von einer bestimmten inneren Verfaßtheit ab.

Ein besseres Verständnis des menschlichen Daseins ist nicht nur für sich genommen nützlich, sondern auch, weil es die Ziele beeinflußt, die sich die Gesellschaft für ihre Entwicklung setzt. Aufgrund bestimmter unausgesprochener anthropologischer Vorstellungen sagen die einen, das Ziel des Daseins sei die Erfüllung, die Selbstverwirklichung des einzelnen, während andere den Fortschritt der Gesellschaft zum Ziel erklären, selbst wenn der einzelne dafür auf bestimmte Vorteile verzichten müsse. Beiden

Versionen des menschlichen Ideals liegt jedoch die gleiche Vorstellung vom Menschen zugrunde, die ihn im unversöhnlichen Gegensatz zu seinem sozialen Milieu darstellt, weshalb man sich entscheiden müsse: entweder das Individuum oder die Gesellschaft. Aber man muß es wieder und wieder sagen, es gibt kein vorgängig konstituiertes Selbst, gleichsam ein ererbtes Kapital, das man vergeuden könnte, indem man es an die anderen verteilt oder aber sorgfältig in seinem stillen Kämmerlein einschließt, um nach Belieben davon zu profitieren. Das Selbst existiert nur in seinen und durch seine Beziehungen zu den anderen; den gesellschaftlichen Austausch zu intensivieren, heißt das Selbst zu bereichern. Das Ziel des Daseins ist mithin nicht das eine *oder* das andere, mehr Selbst oder mehr Gesellschaft, sondern liegt darin, »in den Stunden des Wunders«, um wie Saint-Exupéry zu sprechen, »eine ganz bestimmte Beschaffenheit der menschlichen Beziehungen« zu »verkosten«.[7]

Auch wenn die gelehrten Theorien sich nicht mehr auf das hedonistische Prinzip der Lustmaximierung oder das utilitaristische Ideal des größten Glücks für die größte Zahl von Menschen berufen (nicht weil das eine oder andere unmoralisch wäre, sondern weil sie der wirklichen Erfahrung der Menschen nur schlecht gerecht werden), diese Prinzipien und Ideale prägen in Form von Gemeinplätzen und scheinbar offensichtlichen Tatsachen weiterhin unser gesellschaftliches Leben und orientieren die konkurrierenden politischen Projekte. Wenn das letzte Ziel der politischen Kräfte in einem Land nur darin besteht, soviel Konsum und Produktion wie möglich zu erreichen, ohne sich jemals zu fragen, welche Auswirkungen diese Leistungen auf die zwischenmenschlichen Beziehungen haben werden, droht ein böses Erwachen: man kann sich nicht erlauben, das Wesentliche derart im dunkeln zu lassen. Sich bewußt zu werden, daß das Ziel des menschlichen Begehrens nicht die Lust, sondern die Beziehung zu anderen Menschen ist, kann uns zweierlei ermöglichen: uns mit Situationen zu versöhnen, die gemessen an anderen Kriterien unbefriedigend erschienen, und so zu handeln, daß das Leben der Gesellschaft allgemein und dauerhaft verbessert wird.

Nicht die Vereinzelung bedroht das menschliche Dasein, denn sie ist unmöglich. Die menschliche Existenz ist gefährdet durch bestimmte, verarmende und entfremdende Formen der Kommunikation; und sie ist bedroht von den herrschenden individualistischen Vorstellungen vom Dasein, die uns als Tragödie erleben lassen, was doch die *Conditio humana* ist: unsere ursprüngliche Mangelhaftigkeit und unser Bedürfnis nach anderen. Denn diese Repräsentationen sind keine passive Widerspiegelung der Wirklichkeit, sie bestimmen unsere Wertvorstellungen und wirken dadurch auf diese Realität ein. Diese Vorstellungen bewirken, daß so viele Individuen – wie Don Juan – die Bindungen an andere als Fesseln wahrnehmen oder zumindest als lähmende Einengung in einem Beziehungsgeflecht. Benjamin Constant schlug sich sein ganzes Leben mit diesem Paradox herum, das keines ist: wie kann man die politische Autonomie des einzelnen verteidigen und zugleich seine extreme soziale Abhängigkeit konstatieren? »Wie sonderbar ist doch der Mensch«, schreibt er in seinem *Tagebuch,* »daß er sich niemals völlig unabhängig fühlen kann.«[8] Doch die Abhängigkeit ist nicht entfremdend, die Geselligkeit nicht fluchbeladen, sondern befreiend – es gilt, diese individualistischen Illusionen abzuschütteln. Es gibt keine Erfüllung außerhalb der Beziehungen zu den anderen: Fürsorge und Anerkennung, Zusammenarbeit und Nacheifern, der Wettstreit und die innige Verbundenheit mit anderen können als Glück erlebt werden.

Die gesellschaftlichen Verhaltensweisen des Menschen sind der Grund, auf dem sich die Moral errichtet; um so wichtiger ist es, die Darstellung der moralischen Entscheidungen von der Beschreibung des psychischen Apparats zu trennen. Nichts hat der Erkenntnis des spezifisch menschlichen Daseins mehr geschadet als seine Wahrnehmung in ausschließlich moralischen Begriffen wie »Eitelkeit« oder »Ruhmsucht«. Unseren vorgeblich ursprünglichen Egoismus moralisch zu rechtfertigen, bringt uns auch nicht weiter. Man darf in der Sozialität weder eine zu entwickelnde Qualität noch einen zu tilgenden Makel sehen, sie weder auf den Edelmut noch auf die Eitelkeit reduzieren. Ein jeder hat das Recht zu existieren, und er erheischt dazu den Blick des anderen. Dieses

Verlangen hat nichts Verdammenswertes an sich; es geschieht nicht aufgrund irgendeiner Wahl und ist deshalb per Definition extramoralisch. In Gesellschaft leben heißt nicht »unsere Neigungen überwinden« (Kants Forderung an unsere moralischen Handlungen). Das will nicht heißen, Egoismus und Altruismus gebe es nicht oder sie seien gleichwertig, sondern daß ihre Unterscheidung unsere Sozialität nicht im geringsten beeinflußt. Wenn vom moralischen Standpunkt aus das selbstlose Verhalten vorzuziehen ist, so folgt daraus nicht, wie wir bei der Aufopferung gesehen haben, daß es »uneigennützig« ist (eigennützig–uneigennützig ist ein anderes Begriffspaar, dessen Beschreibungswert in der Psychologie gegen Null geht) oder nur Gutes bewirkt. Die Psychologie kann nicht an die Stelle der Moral treten, im Gegensatz zu dem, was manchmal gesagt wird. Nur eine neue Moral kann die zusammengebrochene alte Moral ersetzen. Ein kooperatives und solidarisches Verhalten ist seinem Gegenteil vorzuziehen, andererseits ist die Autonomie jedes einzelnen ein hochzuhaltender Wert. Aber noch einmal: die menschliche Geselligkeit hat einfach kein Gegenteil.

Es wäre gleichfalls vergebens, wollte man die Unterscheidung zwischen Koexistenz und Erfüllung auf einen moralischen Gegensatz zurückführen. Das aus der Erfüllung gewonnene Gefühl der eigenen Existenz ist keineswegs tugendhafter als das von der Anerkennung vermittelte, es ist nur friedlicher. Denn das Dasein mißt sich nicht in Begriffen von gut oder schlecht, sondern nach Glück und Unglück.

Heißt das, wir müßten die als moralisch geltenden Verhaltensweisen wie Großherzigkeit oder Aufopferung, da sie ihre Befriedigung in sich selbst finden, nicht für tugendhafter halten als ihr Gegenteil? Damit würde man wiederum zwei Perspektiven miteinander vermengen, den Blickwinkel der Psychologie des Individuums und den Gesichtspunkt des Gemeinwohls. Richtig ist, daß sich vom psychologischen Standpunkt Egoismus und Generosität nicht so gegenüberstehen wie das Vorhandensein und das Fehlen von Vorteilen für das Subjekt, wie die Sorge um sich und die Sorge um die anderen: Sie verhalten sich vielmehr zueinander wie die

Option für materiellen, unmittelbaren und begrenzten Gewinn zur Entscheidung für einen seelischen Gewinn, der indirekt, aber wesentlich befriedigender ist. Wenn ich den anderen völlig zum Werkzeug mache und ihn auf die Rolle eines Lieferanten unmittelbarer Vergnügungen reduziere, beraube ich mich dadurch unendlich größerer Gaben, die er mir schenken könnte. Vom politischen Standpunkt aus ist der Egoismus bedauernswert, Selbstlosigkeit oder Selbstaufopferung dagegen wünschenswert.

Eine psychologische Analyse der moralischen Handlungen nimmt ihnen also nichts von ihrem Wert und verstärkt sogar ihren Glanz. Sie kann zudem einen gewissen Einfluß auf die Formulierung des moralischen Ideals ausüben. Wir haben gesehen, daß der Herr der Anerkennung sich als unerbittlicher Tyrann zeigen könnte, strenger noch als die »Disziplin«, die sich vor nicht allzulanger Zeit noch die Mönche gaben, und durch seine unablässigen Forderungen alles Lebensglück für immer zu vertreiben drohte. Muß man nun aber ins andere Extrem verfallen und von vornherein beschließen, alles, was man tut, sei gleichermaßen gut, man müsse jedem Ideal entsagen und auf jeden Versuch der moralischen Vervollkommnung verzichten? Das ist nur eine weitere unfruchtbare Alternative, noch eine brutale Anwendung des Gesetzes vom ausgeschlossenen Dritten. Zwischen dem resignierten Realismus und dem repressiven Idealismus steht der Weg der Alltagstugenden offen, die in unserer Reichweite liegen, denn sie bestehen im wesentlichen in der Sorge für den anderen und die anderen – derer wir auf jeden Fall bedürfen. Die Moral zwingt uns nicht, unsere Natur zu bekämpfen, wie es das Christentum und Kant lehren. Sich um die anderen zu kümmern bedeutet keineswegs, sich seiner selbst zu berauben, ganz im Gegenteil. Dies klarer zu sehen fördert das Gemeinwohl gleichermaßen wie das Glück des einzelnen.

Doch eben diese Feststellung, die wie ein Lobgesang des Lebens in Gemeinschaft erscheinen könnte, soll uns die Gefahren bewußt machen, die über ihm schweben. Rousseau, der als erster im Westen die konstitutive Sozialität der menschlichen Gattung erkannt hat, ist sich auch dessen gewahr geworden. Es gibt kein

Glück ohne die anderen, sagt er. »Ich kann mir nicht vorstellen, daß jemand, der keine Bedürfnisse hat, noch irgend etwas lieben kann. Ebenso wenig begreife ich, daß jemand, der nicht liebt, glücklich sein kann.«[9] Man ist glücklich, weil man liebt; man liebt, weil es einem ohne den anderen an etwas mangelt. Aber wenn unser Glück ausschließlich von den anderen abhängt, dann verfügen die anderen auch über die potentiellen Werkzeuge zur Zerstörung dieses Glücks. »Die Mißhelligkeiten unseres Lebens aber kommen viel eher von unseren Begierden als von unseren Bedürfnissen.« Die physischen und materiellen Bedürfnisse sind letztlich leicht zu befriedigen, auch wenn einem großen Teil der Weltbevölkerung dies noch nicht gut gelingt. Zuneigung und Liebe sind jedoch das Wesentliche des Lebens, sie hängen von anderen ab. »Je mehr er seine Bindungen vermehrt, desto größer werden seine Leiden.« Zunächst bedeutet die Vermehrung der Bindungen, sein Lebensgefühl zu verstärken; doch indem man sich so von den anderen abhängig macht, geht man ein ungeheures Risiko ein. Denn »alles, was wir lieben, entgleitet uns früher oder später, aber wir hängen daran, als ob es ewig dauern müßte«.

Dies ist der eigentümliche Widerspruch der *Conditio humana*: unser Bewußtsein und unsere Begierden leben in der immerwährenden Gegenwart und bewegen sich im Unendlichen. Unser Dasein jedoch spielt sich in der Zeit ab und ist endlich. »Unsere Wünsche reichen weit, unsere Kraft aber ist gleich Null«.[10] Es gibt kein Glück außerhalb der Liebe, doch die Liebe ist sterblich: diejenige der Liebespaare stumpft ab oder verwässert sich, die der Eltern und Kinder verwandelt sich, wenn die Kinder ihrerseits erwachsen werden.

Die Gesellschaft selbst lebt in der Zeit, jedes in ihr erreichte politische und soziale Gleichgewicht ist notwendigerweise prekär. Man darf nicht darauf hoffen, daß die Konflikte verschwinden, sondern nur, daß sie gewaltlos geregelt werden. Die Individuen können ihre Begehren nicht beherrschen, noch weniger die der anderen – aber diese Begehren ändern sich. Dennoch träumen die Menschen vom Absoluten. Zwei Figuren Romain Garys führen im Dunkeln das folgende Gespräch. »Aline. – Ja? – Wovor hat man

Angst? – Daß es nicht so bleibt.« Kaum nimmt man die Anerkennung im Wechselspiel wahr, zerbricht das instabile Gleichgewicht. Kaum empfindet man Erfüllung, verlangt das Selbst, erneut nach ihr zu streben. Ein sehr schmaler Pfad zwischen schwindelerregenden Abgründen führt zum Glück. Und niemals kann man die Gewißheit haben, daß man ihn richtig beschritten hat. Was soll man da tun? Sich in einer stolzen Einsamkeit einschließen, wie es die Stoiker vorschrieben, um sich künftige Enttäuschungen zu ersparen? Sich der irdischen Güter zu entledigen, wie es der heilige Augustinus empfahl, um nur noch unendlich das einzig unendliche Wesen zu lieben – Gott? Oder aber der Aufforderung Rousseaus folgen und unsere *Conditio humana* annehmen, ohne Hoffnung auf ein ewiges Leben und ohne unsterbliche Seele, ohne den Trost eines Weiterlebens in der Gemeinschaft, in den Kindern oder den Werken, diesem Ersatz für die Unsterblichkeit? Das Zusammenleben garantiert nie mehr – und auch nur im günstigsten Fall – als ein zerbrechliches Glück.

ANHANG

Anmerkungen

ERSTES KAPITEL

1. Michel de Montaigne: *Essais*, I, 39, übers. von H. Lüthy, 5. Aufl. Zürich 1984, S. 259
2. *Ebd.*, S. 269
3. Jean de La Bruyère: *Charaktere*, übers. von O. Flake, 2 Bände, München 1918, Bd. 2, S. 97 (Nr. 100)
4. Blaise Pascal: *Über die Religion und einige andere Gegenstände (Pensées)*, übertr. und hrsg. von E. Wasmuth, 9. Aufl. (Ndr. der 5. Aufl.) Darmstadt 1994, S. 87
5. François de La Rochefoucauld: *Maximen*, in: *Die französischen Moralisten*, 2 Bände, hrsg. und übers. von F. Schalk, Bd. 1, Bremen 1962, Ndr. München 1973, S. 56
6. Pascal: *Über die Religion*, S. 212
7. La Rochefoucauld: *Maximen*, S. 54
8. Pascal: *Über die Religion*, S. 68
9. Immanuel Kant: *Idee zu einer allgemeinen Geschichte in weltbürgerlicher Absicht*, in: *Werke*, hrsg. von W. Weischedel, Bd. XI, 2. Aufl. Frankfurt a. M. 1978, S. 38
10. Immanuel Kant: *Anthropologie in pragmatischer Hinsicht*, in: *Werke*, Bd. XII, 2. Aufl. Frankfurt a. M. 1978 S. 603, 79 [Akademie-Ausgabe § 82]
11. *Ebd.*, S. 603
12. La Rochefoucauld: »Vorwort zur fünften Auflage« (1678), in: *Reflexionen oder Sentenzen und moralische Maximen*, übers. von H. Bergmann und F. Hörlek, 4. veränd. Aufl. Leipzig 1976, S. 7
13. Denis Diderot: »Nachtrag zu ›Bougainvilles Reise‹, oder Gespräch zwischen A. und B. über die Unsitte, moralische Ideen an gewisse physische Handlungen zu knüpfen, zu denen sie nicht passen«, in: *Philosophische Schriften*, hrsg. und übers. von T. Lücke, 2 Bände, Berlin-Weimar 1961, Berlin-West 1984, Bd. 2, S. 226
14. Marquis de Sade: *Die Philosophie im Boudoir oder Die lasterhaften Lehrmeister. Dialoge, zur Erziehung junger Damen bestimmt*, übers. von R. Busch, 4. Aufl. Gifkendorf 1991, S. 244-245

15. Friedrich Nietzsche: *Der Wille zur Macht. Versuch einer Umwertung aller Werte*, ausgew. und geord. von P. Gast unter Mitw. von E. Förster-Nietzsche (1906), 12. Aufl. Stuttgart 1980, Nr. 300, 636

16. *Ebd.*, Nr. 703

17. Aristoteles: *Eudemische Ethik*, übers. von F. Dirlmeier, in: *Werke in deutscher Übersetzung. Deutsche Aristoteles-Gesamtausgabe*, begr. von E. Gurach, hrsg. von H. Flashar, Bd. 7, 4. Aufl. Berlin 1984, S. 94

18. Marcus Tullius Cicero: *Laelius: über die Freundschaft*. Lat.-dt., hrsg. von M. Faltner, 2. Aufl. München 1993, S. 199

19. Aristoteles: *Politik*, 1253a, übers. von O. Gigon, 2. durchges. Aufl. München-Zürich 1971, Ndr. 3. Aufl. München 1978

20. Platon: *Das Gastmahl*, 191d, in: *Werke in acht Bänden* (Studienausgabe, griechisch-deutsch), hrsg. und überarb. von G. Eigler, Bd. 3, bearb. von D. Kurz, 3. Aufl. Darmstadt 1990

21. Jean-Jacques Rousseau: *Diskurs über die Ungleichheit*, frz.-dt., kritische Ausgabe des integralen Textes von H. Meier, 2. überarb. und erw. Aufl. Stuttgart 1990, S. 47-48 [= *Diskurs*]. Ders.: *Kulturkritische und politische Schriften in zwei Bänden*, hrsg. von M. Fontius, Berlin 1989, Bd. 1, S. 185-318: *Abhandlung über den Ursprung und die Grundlagen der Ungleichheit unter den Menschen*, hier: S. 198-199 [= *Ungleichheit*]

22. Rousseau: *Diskurs*, S. 71; *Ungleichheit*, S. 198-199, 207

23. Rousseau: *Gespräche*, in: *Schriften*, hrsg. von H. Ritter, 2 Bände, München 1978, Bd. 2, S. 429

24. *Ebd.*, S. 264

25. Rousseau: *Diskurs*, S. 189; *Ungleichheit*, S. 247

26. Rousseau: *Diskurs*, S. 189; *Ungleichheit*, S. 247

27. Rousseau: *Essai sur l'origine des langues*, Paris 1990, S. 99

28. Rousseau: *Emil oder Über die Erziehung*, vollst. Ausgabe in neuer dt. Fassung von L. Schmidts, 9. Aufl. Stuttgart 1989, S. 222

29. Rousseau: *Gespräche*, S. 425

30. Rousseau: *Diskurs*, S. 269; *Ungleichheit*, S. 273. Zum Gefühl des eigenen Daseins und zum Selbsterhaltungsinstinkt vgl. Jean-Jacques Rousseau: *Œuvres complètes*, 4 Bände, Paris 1959-1969, Bd. III, S. 164; Bd. II, S. 1324; Bd. I, S. 1047

31. Rousseau: *Gespräche*, S. 420

32. Adam Smith: *Theorie der ethischen Gefühle*, nach der Aufl. letzter Hand übers. von W. Eckstein. Ndr. der 2. Aufl. Hamburg 1985, S. 71-72

33. *Ebd.*, S. 175-176, 86, 72, 82, 71, 176, 92

34. Jean-Pierre Dupuy: *Le sacrifice et l'envie: le liberalisme aux prises avec la justice sociale*, Paris 1992, S. 86

35. *Ebd.*, S. 102

36. Smith: *Theorie der ethischen Gefühle*, S. 513, 193, 168

37. Michel de Montaigne: *Essais*, III, 13, dt. Übers.: *Michaels Herrn von Montagne Versuche, nebst des Verfassers Leben, nach der neuesten Ausgabe des Herrn Peter Coste ins Deutsche übersetzt*, 3 Bände, Leipzig 1753-1754, Ndr. Zürich 1992, Bd. 3, S. 359 [fehlt in der von H. Lüthy besorgten Auswahl]

38. Smith: *Theorie der ethischen Gefühle*, S. 194

39. George Herbert Mead: *Geist, Identität und Gesellschaft aus der Sicht des Sozialbehaviorismus*, übers. von U. Pacher, 4. Aufl. Frankfurt a. M. 1980, S. 308; Michail Bachtin: *Die Ästhetik des Worts*, übers. von R. Grübel und S. Reese, Frankfurt a. M. 1979, S. 48

40. Smith: *Theorie der ethischen Gefühle*, S. 203

41. Alexandre Kojève: *Hegel: eine Vergegenwärtigung seines Denkens. Kommentar zur »Phänomenologie des Geistes«*, hrsg. von I. Fetscher, übers. von I. Fetscher und G. Lehmbruch, Frankfurt a. M. 1975, S. 59, 24, 23

42. *Ebd.*, S. 22, 57

43. *Ebd.*, S. 22, 57; Rousseau: *Ungleichheit*, S. 257; Kojève: *Hegel*, S. 31, 58, 24, 36

44. *Ebd.*, S. 61

45. *Ebd.*, S. 58

46. Sigmund Freud: *Das Unbehagen in der Kultur*, in: *Studienausgabe*, Bd. IX, Frankfurt a. M. 1982, S. 240, 227, 241

47. Kant: *Idee zu einer allgemeinen Geschichte*, S. 38

48. Jean Laplanche und Jean-Bernard Pontalis: *Das Vokabular der Psychoanalyse*, Frankfurt a. M. 1973, S. 319

49. Sigmund Freud: *Totem und Tabu* in: *Studienausgabe*, Bd. IX, Frankfurt a. M. 1982, S. 426

50. Alfred Adler: *Menschenkenntnis*, Frankfurt a. M. 1966, S. 75; ders.: *Der Sinn des Lebens*, Frankfurt a. M. 1976, S. 54; ders.: *Menschenkenntnis*, S. 146

51. Adler: *Sinn des Lebens*, S. 131, 84, ders.: *Menschenkenntnis*, S. 38; ders.: *Sinn des Lebens*, S. 171

52. Adler: *Menschenkenntnis*, S. 38; Adler: *Sinn*, S. 135, S. 38-39; Adler: *Menschenkenntnis*, S. 172

53. *Ebd.*, S. 72, 48, 73

54. Georges Bataille: *Die Erotik*, neu übers. und mit einem Essay vers. von G. Bergfleth, München 1994, S. 163-164, 168. Maurice Blanchot: *Sade*, autoris. Übers. von J. Hübner, Berlin 1963, 1986, S. 11-12

55. Bataille: *Erotik*, S. 185, 163, 164, 189, 167, 168, 185, 170, 166. Ders.: *Die Aufhebung der Ökonomie: Der Begriff der Verausgabung; Der verfemte Teil usw.*, übers. von T. König u. a., 2. erw. Ausg. München 1985, S. 33. Dupuy: *Sacrifice*, S. 101. Lukas-Evangelium 6:35

56. Michael Balint: *Therapeutische Aspekte der Regression: die Theorie der Grundstörung*, übers. von K. Hügel, Stuttgart 1970; Michael Balint: *Die Urformen der Liebe und die Technik der Psychoanalyse*, übers. von K. Hügel, Bern-Stuttgart 1966

57. Erich Fromm: *Die Furcht vor der Freiheit*, 9. Aufl. Frankfurt a. M. 1977, S. 19; siehe auch ders.: *Sigmund Freuds Psychoanalyse – Größe und Grenzen*, Stuttgart 1979, S. 133-135, und *Analytische Sozialpsychologie und Gesellschaftstheorie*, 5. Aufl. Frankfurt a. M. 1970, S. 175-176

58. W. Ronald D. Fairbairn: *An Object-Relations Theory of the Personality*, New York 1952, S. 137 und passim

ZWEITES KAPITEL

1. Kant: *Anthropologie in pragmatischer Absicht*, S. 615, § 84 [Akademie-Ausgabe § 87]

2. Sigmund Freud: *Neue Folge der Vorlesungen zur Einführung in die Psychoanalyse*, in: *Studienausgabe*, Bd. I, Frankfurt a. M. 1982, S. 540

3. Laplanche und Pontalis: *Das Vokabular der Psychoanalyse*, S. 266

4. Benedictus de Spinoza: *Ethik*, Sechster Lehrsatz, in: *Opera (Werke)*. Lat.-dt., Bd. 2, hrsg. von K. Blumenstock, 4. Aufl. Darmstadt 1989, S. 273

5. Erich Fromm: *Die Seele des Menschen. Ihre Fähigkeit zum Guten und zum Bösen*, in: *Gesamtausgabe*, Bd. 2, Stuttgart 1980, S. 189

6. Victor Hugo: »Shakespeare«, in: ders., *Critique*, Paris 1985, S. 389

7. Karl Philipp Moritz: *Anton Reiser. Ein psychologischer Roman*, Frankfurt a. M. 1979, S. 388

8. Jean-Jacques Rousseau: *Träumereien*, in: *Schriften*, hrsg. von H. Ritter, Bd. 2, S. 699

9. Arthur Schopenhauer: *Aphorismen zur Lebensweisheit*, in: *Werke in fünf Bänden*, nach den Ausgaben letzter Hand herausgegeben von L. Lütkehaus, Bd. IV (Parerga und Paralipomena: Kleinere philosophische Schriften I), Zürich 1988, S. 351-352

10. Moritz: *Anton Reiser*, S. 142

11. *Ebd.*, S. 146

12. William James: *Principles of Psychology*, Bd. 1, New York 1904, S. 293; Smith: *Theorie der ethischen Gefühle*, S. 72; Ralph Ellison: *Invisible Man*, New York 1952, S. 7

13. Norbert Elias: *Von der Einsamkeit der Sterbenden in unseren Tagen*, Frankfurt a. M. 1982

14. Jean Piaget: *Nachahmung, Spiel und Traum. Die Entwicklung der Symbolfunktion beim Kinde*, übers. von L. Montada, Stuttgart 1969

15. Balint: *Therapeutische Aspekte der Regression.*

16. H. Rudolph Schaffer: *The Child's Entry in the Social World*, London 1984

17. Jean-Paul Sartre: *Das Sein und das Nichts: Versuch einer phänomenologischen Ontologie*, übers. von H. Schöneberg und T. König, Hamburg 1962, S. 342

18. Balint: *Urformen der Liebe*, S. 58-59

19. *Ebd.*, S. 60.
20. Melanie Klein: *Writings*, Bd. 1, 1921-1945, London 1975; Bd. 3, 1946-1963, London 1975; dt. Übers.: *Gesammelte Schriften*, hrsg. von Ruth Cycon unter Mitarbeit von Hermann Erb, Bd. 1.1.: *Schriften 1920-1945*, Stuttgart-Bad Cannstatt, 1995; Bd. 1.2.: *Schriften 1921-1945*, in Vorber.; Bd. 3: *Schriften 1945-1963*, in Vorber.
21. John Bowlby: *Bindung: eine Analyse der Mutter-Kind-Beziehung*, übers. von G. Mander, München 1980; H. Guntrip: *Personality Structure and Human Interaction*, New York 1961
22. Fairbairn: *Object-Relations Theory*, S. 145

DRITTES KAPITEL

1. James: *Principles*, S. 317
2. La Rochefoucauld: *Maximen*, S. 58
3. Smith: *Theorie der ethischen Gefühle*, S. 72
4. James: *Principles*, S. 309
5. Paul Watzlawick u. a.: *Menschliche Kommunikation: Formen, Störungen, Paradoxien*, Bern usw. 1969, S. 85-86
6. Moritz: *Anton Reiser*, S. 318
7. Fjodor M. Dostojewski: *Aus dem Dunkel der Großstadt. Aufzeichnungen*, übers. von H. Röhl (Sämtliche Romane und Erzählungen Bd. 7), Frankfurt a. M. 1986, S. 61, 68 [frühere Übersetzungen unter dem Titel »Aufzeichnungen aus dem Kellerloch« oder »Aufzeichnungen aus dem Untergrund«]
8. Marek Edelman: *Mémoires du ghetto de Varsovie*, Paris 1983, S. 97
9. Matthäus-Evangelium 6: 1-6
10. Francis Fukuyama: *Das Ende der Geschichte*, übers. von H. Dierlamm, U. Mihr, K. Dürr, München 1992
11. Ernest Jones: *Das Leben und Werk von Sigmund Freud*, übers. von K. Jones, 3 Bände, Bern 1960-1962, Bd. 3, S. 239-246, 241
12. Freud: *Unbehagen in der Kultur*, S. 206 [bezieht sich auf Theodor Fontane, *Effi Briest* (1895)]
13. Jean-Paul Sartre: *Die Wörter*, übers. von H. Mayer, Frankfurt a. M. 1980, S. 86
14. A. Mucchielli: *Les motivations*, Paris 1992, S. 53
15. Freud: *Unbehagen in der Kultur*, S. 209
16. James: *Principles*, S. 308
17. Grimm, Jacob und Wilhelm: *Märchen*. Vollst. Ausg., hrsg. von C. Helbling, Bd. 1, 12. Aufl. Zürich 1986, S. 146-157
18. Joubert zitiert von M.-J. Durry: *La vieillesse de Chateaubriand*, Bd. 1, Paris 1933, S. 524

19. Freud: *Unbehagen in der Kultur*, S. 212-213
20. William Shakespeare: *Richard III., I, 1,* in: *27 Stücke,* übers. von E. Fried, hrsg. von F. Apel, Berlin 1989, Bd. 1
21. Sartre: *Das Sein und das Nichts*, S. 471
22. Karen Horney: *Der neurotische Mensch unserer Zeit,* übers. von G. Lederer-Eckardt, Stuttgart 1951, S. 110
23. Shakespeare: *Richard III.,* V, 3
24. Moritz: *Anton Reiser,* S. 179
25. La Rochefoucauld: *Maximen,* S. 59
26. Carl Gustav Jung: *Die Beziehungen zwischen dem Ich und dem Unbewußten,* in: *Gesammelte Werke,* Bd. 7, Solothurn 1967, S. 187
27. Freud: *Unbehagen in der Kultur,* S. 213
28. Jean-Jacques Rousseau: *Vier Briefe an Malesherbes,* Erster Brief, in: *Schriften,* hrsg. von H. Ritter, Bd. 1, S. 478
29. Moritz: *Anton Reiser,* S. 173
30. Rousseau: *Emil oder Über die Erziehung,* S. 214
31. Romain Gary: *L'Angoisse du roi Salomon,* Paris 1987, S. 202
32. André Gide: *Stirb und Werde,* in: *Gesammelte Werke,* übers. von J. Borek und M. Schäfer-Rümelin, Bd. 1.1, Stuttgart 1989, S. 191, 283
33. Moritz: *Anton Reiser,* S. 121, 120
34. Gary: *L'Angoisse du roi Salomon,* S. 59, 181, 12
35. Marina Zwetajewa: *Im Feuer geschrieben. Ein Leben in Briefen,* hrsg. und übers. von I. Rakusa, 2. Aufl. Frankfurt a. M. 1993, S. 287 (an Rainer Maria Rilke, 2. August 1926)
36. Kant: *Anthropologie,:* S. 560, 61 [Akademie-Ausgabe § 64]
37. Adler: *Menschenkenntnis,* S. 180
38. François Flahault: *Face à face,* Paris 1989, S. 110

VIERTES KAPITEL

1. Montaigne: *Essais, II, 20, Michaels Herrn von Montagne Versuche,* S. 524 [in der von H. Lüthy besorgten Auswahl nicht enthalten]
2. Hermann Melville: *Pierre oder Im Kampf mit der Sphinx,* Hamburg 1965, S. 93
3. James: *Principles*; Fairbairn: *An Object-Relations Theory;* Jung: *Die Beziehungen zwischen dem Ich und dem Unbewußten.*
4. Jorge Luis Borges: *Gesammelte Werke,* Bd. 5.2.: *Essays 1952-1979,* München 1981, S. 24-25
5. Samuel Beckett: *Company. Gesellschaft. Compagnie. Eine Fabel,* Frankfurt a. M. 1981, S. 7, 41, 35, 37

6. Marcel Proust: *Auf der Suche nach der verlorenen Zeit*, übers. von E. Rechel-Mertens, *Werkausgabe in 13 Bänden*, Bd. 1: *In Swanns Welt. Combray*, Frankfurt a. M. 1964, S. 214, 214-215, 215

7. *Ebd.*, S. 216, 217, 216

8. *Ebd.*, S. 215, 217

9. *Ebd.*, S. 218, 219, 218

10. *Ebd.*, S. 217, 215, 216, 218, 215

11. *Ebd.*, S. 219, 219-220, 215, 219

12. Marcel Proust: *Auf der Suche nach der verlorenen Zeit*, Bd. 10: *Die Gefangene*, S. 352-353

13. Proust: *In Swanns Welt*, S. 218

14. Proust: *Die Gefangene*, S. 351

15. Proust: *In Swanns Welt*, S. 218

16. Klein: *Writings,* Bd. 3, S. 141

17. La Rochefoucauld: *Maximen*, S. 197

18. Jacques Lacan: *Schriften*, hrsg. von N. Haas und H.-J. Metzger, übers. von N. Haas u. a., Bd. III, Olten 1980, Weinheim-Berlin 1986, S. 158-159

19. Moritz: *Anton Reiser*, S. 317-318

20. *Ebd.*, S. 358

21. *Ebd.*, S. 275

22. *Ebd.*, S. 121

23. *Ebd.*, S. 201, 174

24. *Ebd.*, S. 167-168

25. La Rochefoucauld: *Maximen*, S. 102

26. Romain Gary: *Erste Liebe – letzte Liebe*, Zürich o. J., S. 115, 32, 33, 283

27. *Ebd.*, S. 17

28. Romain Gary: *La nuit sera calme*, Paris 1976, S. 27

29. Klein: *Writings*, Bd. 1, S. 338 [dt. Übers. in: *Gesammelte Schriften*, Bd. 1.2., in Vorber.]

30. Jung: *Die Beziehungen zwischen dem Ich und dem Unbewußten*, S. 173

31. *Ebd.*, S. 192; James: *Principles*, S. 297, 299

32. Henry James, zitiert bei Tzvetan Todorov: *Poetik der Prosa*, übers. von H. Müller, Frankfurt a. M. 1972, S. 153

FÜNFTES KAPITEL

1. Oscar Wilde: *Essays*, in: *Sämtliche Werke in zehn Bänden* hrsg. von N. Kohl, Bd. 6-7, übers. von N. Kohl u. a., Frankfurt a. M. 1982

2. Karl Philipp Moritz: *Schriften zur Ästhetik und Politik. Kritische Ausgabe,* in: *Werke*, hrsg. von H. J. Schrimpf, Tübingen 1962, S. 69

3. Martin Buber: *Ich und Du*, in: *Dialogisches Leben. Gesammelte philosophische und pädagogische Schriften*, Zürich 1947, S. 13-128

4. Denis Diderot: *Le fils naturel*, in: *Œuvres complètes*, Bd. 10, Paris 1980, S. 62; dt. Übers.: *Der natürliche Sohn oder die Proben der Tugend. Schauspiel*, Leipzig 1775

5. Rousseau: *Gespräche*, S. 429

6. Charles Baudelaire: *Die Menge*, in: *Sämtliche Werke / Briefe in acht Bänden*, hrsg. von F. Kemp und C. Pichois, Bd. 8: *Le Spleen de Paris. Gedichte in Prosa*. München 1985, S. 149-151

7. Antoine de Saint-Exupéry: *Brief an einen Ausgelieferten*, übers. von O. von Nostitz, in: *Gesammelte Schriften*, Bd. 3, Düsseldorf 1959, S. 200

8. Benjamin Constant: *Tagebuch*, in: *Werke in vier Bänden*, hrsg. von A. Bläschke und L. Gall, übers. von E. Rechel-Mertens, Bd. 2, Berlin usw. 1970, S. 188

9. Rousseau: *Emil oder Über die Erziehung*, S. 222

10. *Ebd.*, S. 489

Bibliographie

Abraham, Karl: *Gesammelte Schriften in zwei Bänden,* hrsg. von J. Cremerius, Frankfurt a. M. 1982

Adler, Alfred: *Der Sinn des Lebens*, Frankfurt a. M. 1976
– *Menschenkenntnis*, Frankfurt a. M. 1966

Argyle, Michael und Marc Cook: *Gaze and Mutual Gaze*, Cambridge 1976

Aristoteles: *Eudemische Ethik*, übers. von F. Dirlmeier, in: *Werke in deutscher Übersetzung. Deutsche Aristoteles-Gesamtausgabe*, begr. von E. Gurach, hrsg. von H. Flashar, Bd. 7, 4. Aufl. Berlin 1984
– *Nikomachische Ethik,* übers. von F. Dirlmeier, in: *Werke in deutscher Übersetzung.* Bd. 6, 9. Aufl. Berlin 1991
– *Politik*, übers. von O. Gigon, 2. durchges. Aufl. München-Zürich 1971, Ndr. 3. Aufl. München 1978

Bachofen, Johann Jakob: *Das Mutterrecht: eine Untersuchung über die Gynaikokratie der alten Welt nach ihrer religiösen und rechtlichen Natur*, eine Auswahl hrsg. von Hans-Jürgen Heinrichs. 8. Aufl. Frankfurt a. M. 1993

Bachtin, Michail: *Die Ästhetik des Worts*, übers. von R. Grübel und S. Reese, Frankfurt a. M. 1979

Balint, Michael: *Therapeutische Aspekte der Regression: die Theorie der Grundstörung*, übers. von K. Hügel, Stuttgart 1970, Reinbek 1973
– *Die Urformen der Liebe und die Technik der Psychoanalyse*, übers. von K. Hügel, Bern-Stuttgart 1966

Bataille, Georges: *Die Aufhebung der Ökonomie: Der Begriff der Verausgabung;*
Der verfemte Teil usw., übers. von T. König u. a., 2. erw. Ausg. München 1985
- *Die Erotik*, neu übers. und mit einem Essay vers. von G. Bergfleth, München 1994

Batson, C. Daniel, *The Altruism Question*, Hillsdale / N. J. 1991

Baudelaire, Charles: *Die Menge*, in: *Sämtliche Werke / Briefe in acht Bänden*,
hrsg. von F. Kemp und C. Pichois, Bd. 8, *Le Spleen de Paris. Gedichte in
Prosa,* München 1985

Beckett, Samuel: *Company. Gesellschaft. Compagnie. Eine Fabel*, Frankfurt a. M.
1981

Benjamin, Jessica: *The Bonds of Love*, New York 1988

Blanchot, Maurice: *Sade*, autoris. Übers. von J. Hübner, Berlin 1963, 1986

Borges, Jorge Luis: *Gesammelte Werke*, Bd. 5.2.: *Essays 1952-1979*, München
1981, S. 24-25

- Bowlby, John: *Bindung: eine Analyse der Mutter-Kind-Beziehung*, übers. von G.
Mander, München 1980

Buber, Martin: *Ich und Du*, in: *Dialogisches Leben. Gesammelte philosophische und
pädagogische Schriften*, Zürich 1947, S. 13-128
- *Werke*, 3 Bände, München und Heidelberg 1962-1964

Burston, D.: *The Legacy of Erich Fromm*, Cambridge / Mass. 1991

Chodorow, Nancy J.: *Das Erbe der Mütter: Psychoanalyse und Soziologie der
Geschlechter*, übers. von G. Mühlen-Achs, 4. Aufl. München 1994

Cicero, Marcus Tullius: *Laelius: über die Freundschaft*. Lat.-dt., hrsg. von M.
Faltner, 2. Aufl. München 1993

Constant, Benjamin: *Werke in vier Bänden*, hrsg. von A. Bläschke und L. Gall,
übers. von E. Rechel-Mertens, Berlin usw. 1970-1972

Diderot, Denis: *Der natürliche Sohn oder die Proben der Tugend. Schauspiel*, Leipzig 1775
- »Nachtrag zu ›Bougainvilles Reise‹, oder Gespräch zwischen A. und B.
über die Unsitte, moralische Ideen an gewisse physische Handlungen zu
knüpfen, zu denen sie nicht passen«, in: *Philosophische Schriften*, hrsg. und
übers. von T. Lücke, Bd. 2, Berlin-Weimar 1961, Berlin (West) 1984

Dostojewski, Fjodor M.: *Aus dem Dunkel der Großstadt. Aufzeichnungen*, übers.
von H. Röhl (Sämtliche Romane und Erzählungen Bd. 7), Frankfurt
a. M. 1986

Dupuy, Jean-Pierre: *Le sacrifice et l'envie: le liberalisme aux prises avec la justice
sociale*, Paris 1992

Durry, M.-J.: *La vieillesse de Chateaubriand,* Bd. 1, Paris 1933

Edelman, Marek: *Mémoires du ghetto de Varsovie*, Paris 1983

Elias, Norbert: *Von der Einsamkeit der Sterbenden in unseren Tagen*, Frankfurt a.M. 1982

Ellison, Ralph: *Invisible Man*, New York 1952

Fairbairn, W. Ronald D.: *An Object-Relations Theory of the Personality*, New York 1952

Feuerbach, Ludwig: *Grundsätze der Philosophie der Zukunft*, in: *Gesammelte Werke*, hrsg. von W. Schuffenhauer, Bd. 9, Berlin 1982

Flahault, François: »Le renouvellement des idées et la question du sentiment d'exister«, *Politiques* 7 (1994) S. 119-140

- *Face à face*, Paris 1989
- *La Parole intermédiaire*, Paris 1978

Freud, Anna: *Das Ich und die Abwehrmechanismen*, in: *Schriften* hrsg. von H. Watson und M. Schröter, Bd. 1, München 1980, Frankfurt a.M. 1987

Freud, Sigmund: *Studienausgabe*, 12 Bände Frankfurt a.M. 1969-1979, Ndr. 1982

- *Das Unbehagen in der Kultur*, in: *Studienausgabe*, Bd. IX
- *Jenseits des Lustprinzips* in: *Studienausgabe*, Bd. III
- *Totem und Tabu*, in: *Studienausgabe*, Bd. IX

Fromm, Erich: *Analytische Sozialpsychologie und Gesellschaftstheorie*, 5. Aufl. Frankfurt a.M. 1970

- *Die Furcht vor der Freiheit*, 9. Aufl. Frankfurt a.M. 1977
- *Die Seele des Menschen. Ihre Fähigkeit zum Guten und zum Bösen*, in: *Gesamtausgabe*, Bd. 2, Stuttgart 1980
- *Sigmund Freuds Psychoanalyse – Größe und Grenzen*, Stuttgart 1979

Fukuyama, Francis: *Das Ende der Geschichte*, übers. von H. Dierlamm, U. Mihr, K. Dürr, München 1992

Gary, Romain: *Erste Liebe – letzte Liebe*, Zürich o. J

- *L'Angoisse du roi Salomon*, Paris 1987
- *La nuit sera calme*, Paris 1976

Gide, André: *Stirb und Werde*, in: *Gesammelte Werke*, übers. von J. Borek und M. Schäfer-Rümelin, Bd. 1.1, Stuttgart 1989

Girard, René: *Mensonge romantique et vérité romanesque*, Paris 1961

Grimm, Jacob und Wilhelm: *Märchen*. Vollständige Ausgabe, hrsg. von C. Helbling, 2 Bände, 12. Aufl. Zürich 1986

Guntrip, H.: *Personality Structure and Human Interaction*, New York 1961

Habermas, Jürgen: *Theorie des kommunikativen Handelns*, 2 Bände, Frankfurt a.M. 1981

Hegel, Gottfried Wilhelm Friedrich: *Phänomenologie des Geistes*, in: *Werke in zwanzig Bänden*, Bd. 3, Frankfurt a.M. 1970

Helvétius, Claude Adrien: *Traité de l'esprit*, in: *Œuvres complètes*, Bd. 1 und 2, Paris 1827

Hinde, Robert Audrey: *Biological bases of human social behavior*, New York usw. 1974

Hobbes, Thomas: *Leviathan oder Stoff, Form und Gewalt eines bürgerlichen und kirchlichen Staates*, übers. von W. Euchner, hrsg. und eingel. von I. Fetscher, Darmstadt-Neuwied 1966, Frankfurt a. M. usw. 1976

Horney, Karen: *Der neurotische Mensch unserer Zeit*, übers. von G. Lederer-Eckardt, Stuttgart 1951

Hugo, Victor: *Critique*, Paris 1985

Huston, N.: *Tombeau de Romain Gary*, Arles 1995

James, William: *Principles of Psychology*, Bd. 1, New York 1904

Jones, Ernest: *Das Leben und Werk von Sigmund Freud*, übers. von K. Jones, 3 Bände, Bern 1960-1962

Jung, Carl Gustav: *Die Beziehungen zwischen dem Ich und dem Unbewußten*, in: *Gesammelte Werke*, Bd. 7, Solothurn 1967

Kant, Immanuel: *Anthropologie in pragmatischer Hinsicht*, in: *Werke*, hrsg. von W. Weischedel, Bd. XII, 2. Aufl. Frankfurt a. M. 1978

– *Idee zu einer allgemeinen Geschichte in weltbürgerlicher Absicht*, in: *Werke*, hrsg. von W. Weischedel, Bd. XI, 2. Aufl. Frankfurt a. M. 1978

Klein, Melanie: *Writings*, Bd. 1, 1921-1945, London 1975; Bd. 3, 1946-1963, London 1975; dt. Übers.: *Gesammelte Schriften*, hrsg. von Ruth Cycon unter Mitarbeit von Hermann Erb, bisher erschienen: Bd. 1.1.: *Schriften 1920-1945*, Stuttgart-Bad Cannstatt, 1995

Kojève, Alexandre: *Hegel: eine Vergegenwärtigung seines Denkens. Kommentar zur »Phänomenologie des Geistes«*, hrsg. von I. Fetscher, übers. von I. Fetscher und G. Lehmbruch, Frankfurt a. M. 1975

La Bruyère, Jean de: *Charaktere*, übers. von O. Flake, 2 Bände, München 1918

Lacan, Jacques: *Schriften*, hrsg. von N. Haas und H.-J. Metzger, übers. von N. Haas u. a., 4 Bände, Olten 1980, Weinheim-Berlin 1986

Laplanche, Jean und Jean-Bernard Pontalis: *Das Vokabular der Psychoanalyse*, übers. von E. Moersch, Frankfurt a. M. 1973

La Rochefoucauld, François de: *Maximen*, in: *Die französischen Moralisten*, 2 Bände, hrsg. und übers. von F. Schalk, Bd. 1, Bremen 1962, Ndr. München 1973

– *Reflexionen oder Sentenzen und moralische Maximen*, übers. von H. Bergmann und F. Hörlek, 4. veränd. Aufl. Leipzig 1976

Lévinas, Emmanuel: *Totalität und Unendlichkeit: Versuch über die Exteriorität*, übers. von W. N. Krewani, Freiburg-München 1987

Machiavelli, Niccolò: *Der Fürst*, übers. und hrsg. von R. Zorn, 6. Aufl. Stuttgart 1978

Mahler, Margaret S., Fred Pine und Anni Bergman: *Die psychische Geburt des Menschen: Symbiose und Individuation*, übers. von H. Weller, Frankfurt a. M. 1978.

Mead, George Herbert: *Geist, Identität und Gesellschaft aus der Sicht des Sozialbehaviorismus*, übers. von U. Pacher, 4. Aufl. Frankfurt a. M. 1980

Melville, Herman: *Pierre oder Im Kampf mit der Sphinx*, Hamburg 1965

Mitchell, Stephen A.: *Relational concepts in psychoanalysis: an integration*, 4. Aufl. Cambridge / Mass. usw. 1993

Montaigne, Michel de: *Essais*, übers. von H. Lüthy, 5. Aufl. Zürich 1984
- *Michaels Herrn von Montagne Versuche, nebst des Verfassers Leben, nach der neuesten Ausgabe des Herrn Peter Coste ins Deutsche übersetzt*, 3 Bände, Leipzig 1753-1754, Ndr. Zürich 1992

Moritz, Karl Philipp: *Schriften zur Ästhetik und Politik. Kritische Ausgabe*, in: *Werke*, hrsg. von H. J. Schrimpf, Tübingen 1962
- *Anton Reiser. Ein psychologischer Roman*, Frankfurt a. M. 1979

Mucchielli, A.: *Les motivations*, Paris 1992

Nietzsche, Friedrich: *Der Wille zur Macht. Versuch einer Umwertung aller Werte*, ausgew. und geord. von P. Gast unter Mitw. von E. Förster-Nietzsche (1906), 12. Aufl. Stuttgart 1980
- *Die fröhliche Wissenschaft*, in: *Sämtliche Werke: kritische Studienausgabe*, hrsg. von G. Colli und M. Montinari, Bd. 3, Berlin und München, 1980

Nussbaum, M.: *Need and Recognition*, The Gifford Lectures, Manuskript 1993

Pascal, Blaise: *Über die Religion und einige andere Gegenstände (Pensées)*, übertr. und hrsg. von E. Wasmuth, 9. Aufl. (Ndr. der 5. Aufl.) Darmstadt 1994

Piaget, Jean: *Nachahmung, Spiel und Traum. Die Entwicklung der Symbolfunktion beim Kinde*, übers. von L. Montada, Stuttgart 1969

Platon: *Das Gastmahl*, in: *Werke in acht Bänden* (Studienausgabe, griechisch-deutsch), hrsg. und überarb. von G. Eigler, Bd. 3, bearb. von D. Kurz, 3. Aufl. Darmstadt 1990

Proust, Marcel: *Auf der Suche nach der verlorenen Zeit*, übers. von E. Rechel-Mertens, *Werkausgabe in 13 Bänden*, Frankfurt a. M. 1964

Rousseau, Jean-Jacques: *Œuvres complètes*, 4 Bände, Paris 1959-1969
- *Diskurs über die Ungleichheit*, frz.-dt., kritische Ausgabe des integralen Textes von H. Meier, 2. überarb. und erw. Aufl. Stuttgart 1990
- *Emil oder Über die Erziehung*, vollst. Ausgabe in neuer dt. Fassung von L. Schmidts, 9. Aufl. Stuttgart 1989
- *Essai sur l'origine des langues*, Paris 1990

- *Kulturkritische und politische Schriften in zwei Bänden*, hrsg. von M. Fontius, Berlin 1989
- *Schriften in zwei Bänden*, hrsg. von H. Ritter, München 1978

Sade, Marquis de: *Die Philosophie im Boudoir oder Die lasterhaften Lehrmeister. Dialoge, zur Erziehung junger Damen bestimmt*, übers. von R. Busch, 4. Aufl. Gifkendorf 1991

Saint-Exupéry, Antoine de: *Brief an einen Ausgelieferten*, übers. von O. von Nostitz, in: *Gesammelte Schriften*, Bd. 3, Düsseldorf 1959, S. 200

Sartre, Jean-Paul: *Das Sein und das Nichts: Versuch einer phänomenologischen Ontologie*, übers. von H. Schöneberg und T. König, Hamburg 1962
- *Die Wörter*, übers. von H. Mayer, Frankfurt a. M. 1980

— Schaffer, H. Rudolph: *The Child's Entry in the Social World*, London 1984

Schopenhauer, Arthur: *Aphorismen zur Lebensweisheit*, in: *Werke in fünf Bänden*, nach den Ausgaben letzter Hand herausgegeben von L. Lütkehaus, Bd. IV: *Parerga und Paralipomena: Kleinere philosophische Schriften I*, Zürich 1988

Shakespeare, William: *27 Stücke*, übers. von E. Fried, hrsg. von F. Apel, Berlin 1989

Smith, Adam: *Theorie der ethischen Gefühle*, nach der Aufl. letzter Hand übers. von W. Eckstein. Ndr. der 2. Aufl. Hamburg 1985

Sperber, Manès: *Alfred Adler, oder Das Elend der Psychologie*, Frankfurt a. M. usw. 1983

Spinoza, Benedictus de: *Ethik*, in: *Opera (Werke)*. Lat.-dt., Bd. 2, hrsg. von K. Blumenstock, 4. Aufl. Darmstadt 1989

Steele, S.: *The Content of Our Character*, New York 1991

Sullivan, Harry Stack: *Die interpersonale Theorie der Psychiatrie*, übers. von M. Kruttke, Frankfurt a. M. 1980

Taylor, Charles: *Multikulturalismus und die Politik der Anerkennung*, übers. von R. Kaiser, Frankfurt a. M. 1993

Todorov, Tzvetan: *Mikhaïl Bakhtine. Le principe dialogique*, Paris 1981
- *Poetik der Prosa*, übers. von H. Müller, Frankfurt a. M. 1972

Watzlawick, Paul, Janet H. Beavint und Don D. Jackson: *Menschliche Kommunikation: Formen, Störungen, Paradoxien*, Bern usw. 1969

Wilde, Oscar: *Essays*, in: *Sämtliche Werke in zehn Bänden*, hrsg. von N. Kohl, Bd. 6-7, übers. von N. Kohl u. a., Frankfurt a. M. 1982

Winnicott, Donald Woods: *Reifungsprozesse und fördernde Umwelt*, übers. von G. Theusner-Stampa, München 1974, Frankfurt a. M. 1984, 1993

Zwetajeva, Marina: *Im Feuer geschrieben. Ein Leben in Briefen*, hrsg. und übers. von I. Rakusa, 2. Aufl. Frankfurt a. M. 1993

Richard Sennett

Verfall und Ende des öffentlichen Lebens

Die Tyrannei der Intimität

Aus dem Amerikanischen von Reinhard Kaiser

Band 7353

Was geschieht, wenn die Öffentlichkeit als Forum gesellschaftlicher Erfahrung und kulturellen Austauschs zerfällt? Welche
Folgen hat die zunehmende Abkoppelung der Privatsphäre von
den Belangen des Gemeinwesens? Wo liegen die Ursachen für
fortschreitende Auszehrung der »offenen Verhaltensstile« durch
die »Tyrannei der Intimität«? Die Formen und Verlaufsweisen
des »Verfalls der öffentlichen Lebenswelt« in den Industriege-
sellschaften bilden das Thema der Studie von Richard Sennett.
Gestützt auf eine Vielzahl von Quellen, untersucht er diesen
Prozeß seit dem Ancien régime. Und er untersucht ihn an man-
nigfaltigen Gegenständen: an dem Bedeutungswandel der städ-
tischen Märkte und Plätze, an der Mode, der Familie, den Auswirkungen der Industrialisierung und der Warenproduktion, an
der politischen Rhetorik, dem »Star-System«, dem Theater, der
Architektur, den »Ressentiments gegen Fremde«, der sozialen
Karriere des Narzißmus, der »Psychologisierung der Politik und
der menschlichen Beziehungen«, den Zivilisationssymbolen.

Fischer Taschenbuch Verlag

Mary Douglas

Ritual, Tabu und Körpersymbolik

Sozialanthropologische Studien in Industriegesellschaft
und Stammeskultur

Aus dem Englischen von Eberhard Bubser

Band 7365

Mary Douglas zeigt in diesem Buch, daß der Begriff des »Rituals« nicht auf die Bedeutung einer entfremdeten Routinehandlung, einer Formel für Machtausübung und sklavischen Konformismus reduziert werden darf. Dem ethnologischen Sprachgebrauch folgend, versteht sie unter rituellem Verhalten in erster Linie eine Form der Kommunikation. Es vergegenwärtigt in verdichteter, nicht-verbaler Gestalt die Geschichte der Gruppe; Symbole, Tabus und Rituale sind Merkmale der Conditio humana und für den Menschen eine lebensnotwendige Orientierungshilfe. Eine besondere Rolle spielt dabei das Zeichen- und Ausdrucksrepertoire des Körpers. In und mittels der »Sprache« der Körpersymbolik prägt die Vorstellung vom eigenen Körper auch das Gesellschaftsbild.

Fischer Taschenbuch Verlag

Ina Hartwig

Sexuelle Poetik

Proust. Musil. Genet. Jelinek.

Band 13959

Daß große Literatur einiges mit den libidinösen Verstrickungen ihrer Autoren zu tun hat, steht außer Zweifel. Aber nicht darum geht es in diesem Buch, sondern um die ungleich spannendere Frage, welche poetische Funktion dem Erzählen von sexuellem Begehren in literarischen Werken zukommen kann. Was unsere Kultur als Sexualität bezeichnet, interessiert hier in seiner literarischen Manifestation, als organisierendes Prinzip einer poetischen Logik. Vier verschiedene Poetiken des Sexuellen arbeitet die Autorin heraus: Ihre Aufmerksamkeit gilt dabei der oft fehlgedeuteten Liebe zur weiblichen Homosexualität in Prousts »Auf der Suche nach der verlorenen Zeit«, der inzestuösen Geschwisterliebe in Musils »Mann ohne Eigenschaften«, der männlichen Homosexualität bei Genet und Jelineks obsessivem Abgesang auf alle ehelichen Verheißungen des Eros. Ina Hartwigs Lektüren erschließen nicht nur zentrale Motive der Literatur unseres Jahrhunderts, sondern werfen auch neues Licht auf die interpretierten Romane.

Fischer Taschenbuch Verlag

fi 249 / 9